別冊 淡海《おうみ》文庫 28

サンライズ出版

北川 徹 著

# 江戸時代の長浜湊と船持たち

# はじめに

ＪＲ北陸本線の長浜駅から米原方面行きの電車が出発すると、すぐ米《よね》川鉄橋にかかる。江戸時代に長浜湊の中心を占めた堀筋にあたる。船片原町《ふなかたはら》（現、長浜市朝日《あさひ》町）の実家に私が生まれた昭和20年代には存在した船入にあたる石垣の位置は、どのあたりか今は定かでない。また焼玉エンジンを積んだ漁船などの姿も見られない。長浜湊の名残として、現在の河口付近にある明治初期に作られた漁船用の船泊りや、江戸時代の「大通寺《だいつうじ》の別荘」が「慶雲館《けいうんかん》」へと変わり面影を残す程度である。

米川鉄橋には、明治に敷かれた鉄道のレンガ製の橋脚と昭和期の複線化にともなうコンクリート製の橋脚が、江戸時代の長浜湊の堀筋に並んで架かっている。米川と橋梁《きょうりょう》とを対比して見ると、江戸時代以前の水運の上に、明治期以降の陸運が交差しているような不思議な感覚にもなる。現在の物流の主流は鉄道輸送から道路によるトラック輸送へと変わり、将来的にはさらにドローンなど空域を利用した空運に発展しそうな兆しすらある。

また、江戸時代までは浄国寺《じょうこくじ》前にかかる鞴《たたら》橋までの堀筋が長浜湊の中心部を占めていたが、現在はよくある川の下流部として、1艘《そう》の船も見ることができない。150年前の長浜湊終焉期ごろと比較すると家並もずいぶん変わってしまった。

本書は、享保期（1716～36）には150艘近く、幕末期には180艘程度の大小の船が行き交っていた長浜湊の姿を多方面から再考し、忘れ去られようとしている長浜湊の姿をできるかぎり復元することを目的としている。

文学的な素養のない筆者であるので、読み物としては退屈に感じる向きもあるかもしれない。また、数字ずくめの内容にひるむ方もおられるかもしれないが、数字は「傾向」ととらえて、本文を読みながらグラフや図だけでも参照していただければと思う。各資料のデータは統計的に処理して、できるだけグラフ化など視覚的に表せるよう努めたつもりである。

# 目次

## 第2章　丸子船の船持たち



## 第3章　長浜湊の丸子船

## 第6章　長浜湊の住人と各町の特徴

現在の長浜湊周辺（2022年 Google Earth に文字などを追加）

# 第1章 長浜の湊の変遷

米川河口から慶雲館を望む（明治時代、『写真集長浜百年』から転載）

## 1　現在の長浜港

本書の主題である江戸時代の長浜湊の話に入る前に、長浜の港の歴史を現在から順にさかのぼる形で振り返ってみる。現在の長浜港は、江戸時代の長浜湊を初代とすると、3代目にあたる。主な船便は、琵琶湖汽船の観光船が、長浜港—竹生島《ちくぶしま》往復や長浜港—今津港《いまづ》（高島市《たかしま》）に1日5便（通常期）運航されている。その他不定期にはイベント船が運行しているほか、小学5年生が乗る滋賀県の学習船「うみのこ」などの発着もある。

北に設けられたヨットハーバーには、年間契約をした所有者のヨットやモーターボートが係留されており、周辺に観光ホテルが並ぶ。さらにその北にある自由広場と緑地は「豊公園《ほうこうえん》」の一部にあたる。

昭和30年代に旧長浜港（2代目にあたる）の港内の水深が浅くなり、大型船が入港できなくなった。そのため、現在の長浜港部分の埋め立てが昭和36年（1961）に着工し、昭和38年7月に完成した。その後、北西側の琵琶湖岸の埋め立てもおこなわれ、昭和46年（1971）に完成した。豊公園が拡大し、自由広場や噴水などが整備されている。

長浜城天守跡近くに天守閣形の長浜城歴史博物館が完成したのは昭和58年（1983）、同館の

現在の長浜港周辺（2022年 Google Earth に文字などを追加）

現在の長浜港（2022年撮影）
琵琶湖汽船の観光船乗り場と観光船「べんてん」

北から西へ大きくカーブして走る湖岸道路が竣工したのは平成10年（1998）のことである。そのため、現在残っている昔ながらの浜はほんのわずかとなってしまった。

## 2　昭和20〜30年代の長浜港

### のんびりしたたたずまいの港

現在の港ができるまで使われていた2代目長浜港は、次ページ上の空中写真のように長浜駅のすぐ西隣にあり、慶雲館《けいうんかん》敷地南端の米《よね》川河口から分かれて、船着場付近は丸くふくらんだ形になっていた。これは船が方向転換するためである。観光船「八幡丸《はちまんまる》」が帰港時、桟橋《さんばし》前で半回転する姿はダイナミックなものであった。2代目長浜港は筆者らの世代にとっては学生時代であり、懐かしい光景として記憶に刻まれている。

慶雲館正面（北側）から西を向けば長浜港の待合所があり、スピーカーからラジオ番組で、プレスリーの「GIブルース」が流れていた時代の話である。その先に木製の専用桟橋に接岸した「八幡丸」が見えた。昭和12年（1937）進水のこの船も竹生島巡りの1日1便が運航されるだけで、昭和38年（1963）に廃船となった。鉄道路線から遠い塩津《しおつ》・大浦《おおうら》方面からの木材や薪《まき》を積んだ丸子船《まるこぶね》や漁船がたまに見られるだけで、「八幡丸」の出航・帰港時以外は釣り人しかいないのん

昭和22年の長浜港周辺（1947年米軍撮影）
西の浜から沖に向かって琵琶湖特有の定置網である魞《えり》が設けられている。

旧長浜駅舎方向から見た２代目長浜港（昭和35年、和田清太郎氏撮影に文字を追加）

びりしたたたずまいの港だった。南の慶雲館石垣に沿って、小船を係留できる桟橋があったが、船の姿を見た記憶はあまりない。港より西の一帯に人家はなく、桑畑やヨシ原が広がっていた。長浜港の北の細長い水路とを区切る慶雲橋は、空中写真から昭和22年には架けられていたことがわかる。昭和2年（1927）の「長濱全図」に橋はなく、昭和10年代に架けられたと思われる。そのため、旧駅舎裏から港の対岸や大島浜へ近道できるようになった。

一方、米川河口に設けられた船泊《ふなどま》りには、丸子船や艜船《ひらたぶね》が係留されていた。そのほかに、船持の家に近い米川沿いの河岸に打たれた杭に係留されている船もあった。「丸二《まるに》」青果市場に近い大橋のたもとには、セリ時に合わせて近在から運ばれてきた野菜や果物が荷揚げされ、一時の賑わいを見せた。

また、2代目長浜港には港の目印として米川の河口左岸に植えられた大ヤナギの木があった。この木は、港周辺が改修工事で4回形を変えたにもかかわらず、位置を変えずに残された奇跡的な存在であった。大切に扱われたためか、現在は右岸の跡地に祠が設けられている（15ページ上写真、17ページ中写真、23ページ右下写真参照）。

昭和30年代当時の栄船《えいせん》町（明治12年に船片原《ふなかたはら》町と小船《こふな》町が合併した町）全体で、丸子船5艘、艜船2艘、漁船3艘、あわせて10艘ほどの船が細々と活用されていた。当時の丸子船は、焼玉エンジン付きの動力船で、窓がある部屋が操縦室、その前がエンジン室、その前に荷が積まれた。港間で砂・砂利・粘土などの輸送や、鉄道では扱えない危険物の輸送などに使われていた。長浜で最後のころまで丸子船に乗っておられた尾《お》板《いた》勝《まさる》さんによれば、長浜新港（3代目）の築港当時、ときどき琵琶湖北端の葛籠《つづら》尾崎《おざき》から砂利を運んだのが、丸子船での最後の仕事だったそうである。

旧長浜駅舎と薪や柴が積み上げられた駅構内。中央奥が丸子船の荷揚げ・荷下ろし場。手前は漁船
（昭和34年ごろ、和田清太郎氏撮影）

米川河口から琵琶湖方向。右が大ヤナギ、手前が漁港として利用されていた船泊り
（昭和36年、和田清太郎氏撮影）

新港工事と並行しておこなわれた、明治山南の堤防の撤去作業に用いられた焼玉エンジン付き丸子船
（昭和36年ごろ、和田清太郎氏撮影）

焼玉エンジンは、エンジンのシリンダーの外に着火用の鋳物《いもの》の玉を入れた燃焼室がついたもので、バーナーなどで熱した焼玉とシリンダーの内圧で軽油などを爆発させてエンジンが回転する仕組みである。琵琶湖の船には、大正時代ぐらいから使われるようになった。大正14年(1925)に初めて焼玉エンジン付きの船が登場した塩津港の場合、米を積んで長浜港まで運ぶのに、それまでの帆船《はんせん》では往復に2日はかかったのが、1日2回往復できるようになったという。

このエンジン付きの船は、独特の排気音から「ポンポン船」と呼ばれたが、私の耳には「ポンポン」でなく「パンパン」と聞こえたように思う。また、音に合わせてドーナツ状の煙が勢いよく排気されていた光景も思い出す。すでに漁船も、焼玉エンジン付きになっていた。

また、漁業用としても使われていて、もっとも最近まで漁師を続けておられた旧栄船町の山本《やまもと》美男《よしお》さんは、平成13年(2001)ごろまで漁をしておられた(このころ、漁船の動力はディーゼルエンジンに変わっていた)。息子の豊造《とよぞう》さんによれば、春にはコアユ、夏にはウナギ、ワタカ、ヒガイ、冬にはシジミ、小エビ、コイ、フナなど、季節ごとの漁がおこなわれていたとのことである。

艜船は当時も竿《さお》や艪《ろ》で扱う無動力船で、冬季の浅瀬でのシジミ採りや、農家が道具や肥料、稲を積んで耕地との間を行き来するために使われていた。米川河口付近ではまだ、陸運より多量の荷物を容易に送れる舟運《しゅううん》が利用されていたのである。

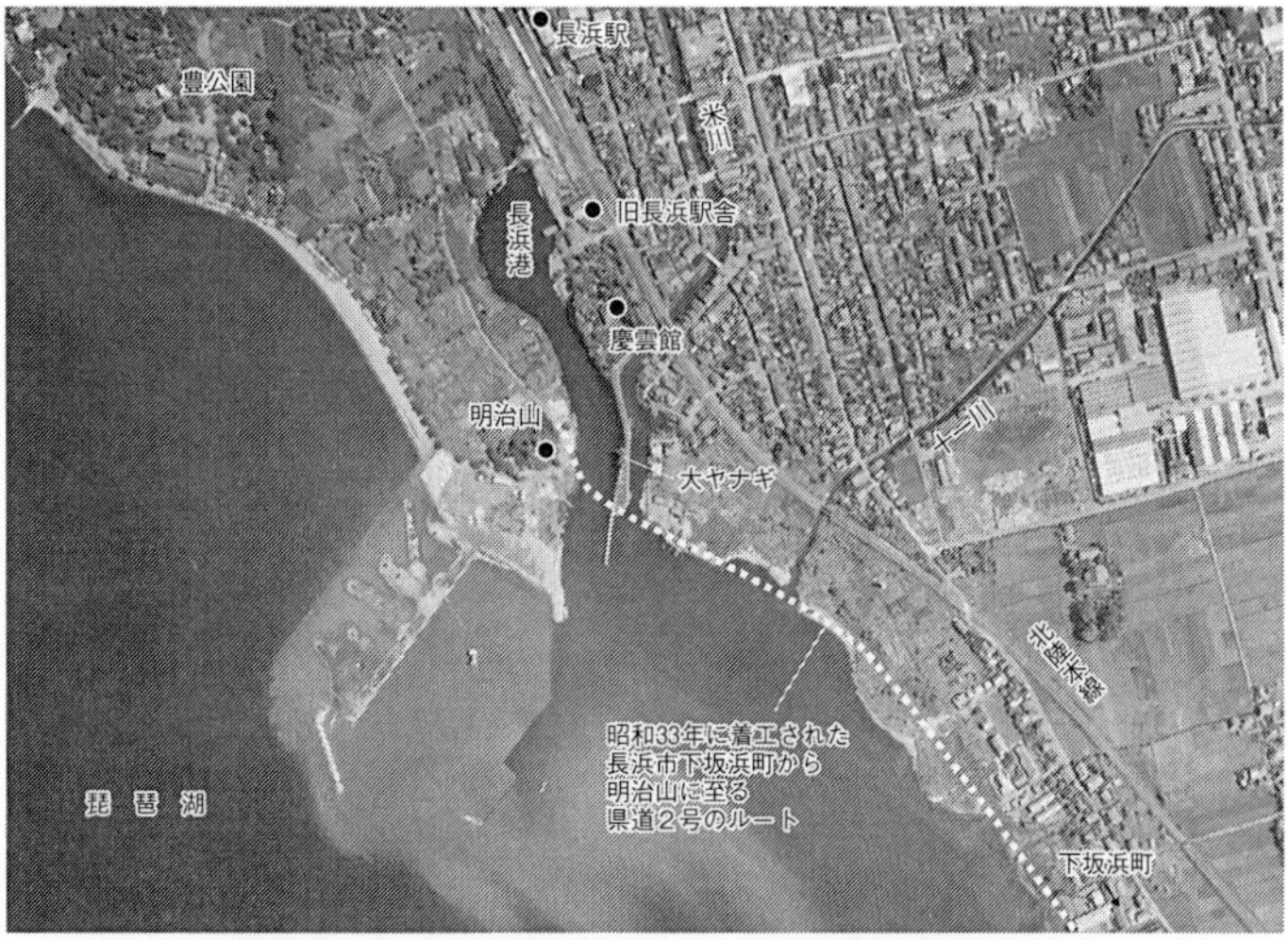


昭和36年の長浜港周辺（1961年国土地理院撮影）
新港の埋め立てが南端から始まったころのようすである

明治山（2021年撮影）
大正14年（1925）に戦死者慰霊のための忠魂碑が建てられた

旧長浜港跡の碑（2022年撮影）
慶雲館北西に立つ。「旧長浜港」は２代目長浜港をさす

## 慶雲館から伸びた堤防

19ページ上の昭和36年（1961）に国土地理院が撮影した空中写真では、新港（3代目）の埋め立てが始まったばかりのころの姿が記録されている。興味深いのは慶雲館の南の米川河口と長浜港の間に突堤《とってい》（導流堤の役割も果たした）が長く伸びていることである。この目的は、米川が運ぶ土砂が長浜港の入口に堆積するのを防ぐためと考えられる。昭和22年の空中写真にはこの突堤がなく、筆者が小学生のころには存在した記憶があるので、昭和30年ごろに改修されたと思われる。左岸堤防のうち船入石垣や大ヤナギがある先端の突堤部を残して、米川の河道を新たに開削し、慶雲館の先端から新たに作られた堤防を、左岸の先端突堤部につなげた。港の船入口と米川河口が分離した構造にしたのである。堤防の中ほどに大ヤナギの木だけ残されていることがわかる。大ヤナギの下の木陰は夕涼みにちょうどよかったので、当時、米川の新河道で隔てられてしまったことを嘆く人もいた。

以上の対策により、米川からの土砂の流入は防げたが、水の流れ込みがなくなり港内の水はよどんでヨシなどが繁茂しはじめた。結局、港内の浅瀬化は防げなかったため、3代目長浜新港の築港に至ったわけである。

新港工事と相まって、湖岸道路の充実も図られた。『長浜市二十五年史』には県道2号「大津能登川《のとがわ》長浜線」の長浜市下坂浜町《しもさかはま》から明治山《めいじやま》地先までの「拡幅工事」が昭和33年（1958）に起工されたとある。『長浜市史』第4巻でも「拡幅工事」となっているが、もともとこの琵琶湖岸はほとんど道などない湿地帯が続いていた。

国土地理院撮影の空中写真を順に追うと、下坂浜町地先の琵琶湖を埋め立てて長浜市の上水道浄水場が昭和36年に完成し、それに面した湖岸すれすれを一部埋め立てながら新道が北へと伸びていく。そして、3代目長浜港完成後の昭和42年（1967）ごろ、十一川と米川の河口をまたいで明治山の東に南北に通る道に県道がつながった。

以上のように、長浜港は港だけでなく、付帯の道路や公園も含め現在の形に作り替えられていった。

## 3　大正から昭和初期の長浜港

### 豊公園の整備

次ページの長浜町の地図は、大正9年（1920）1月1日発行の大阪毎日新聞の付録として制作された「京都府滋賀県交通地図」の長浜部分の拡大図である。明治36年（1903）に現在の長浜駅の位置に駅舎（次ページ地図中の停車場）が移された。

2代目にあたる長浜港をはさんで西側には、入り組んだ水路と湿地帯が広がっていた。明治20

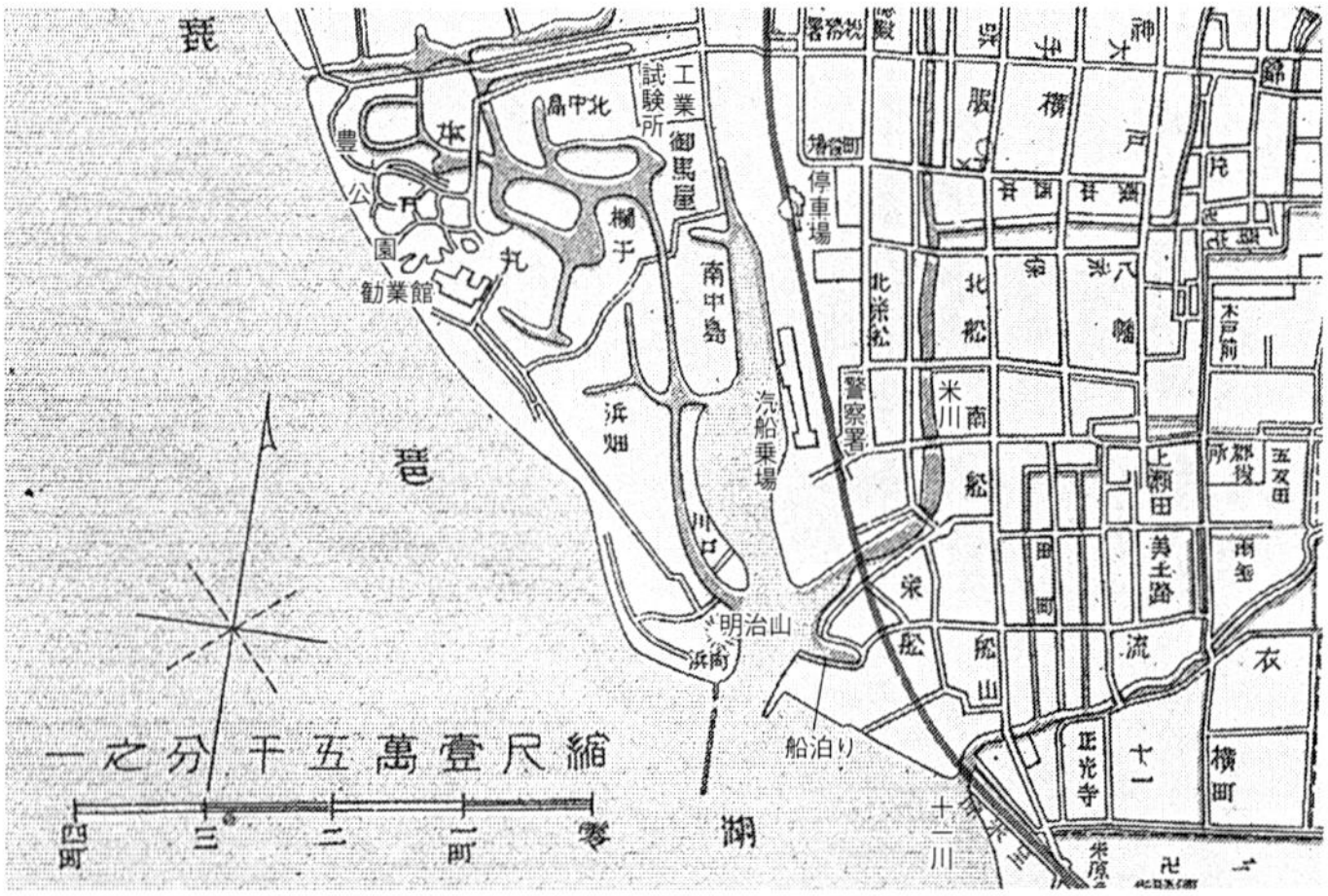


「京都府滋賀県交通地図」のうち長浜町部分図（大正９年、滋賀県立図書館蔵）

（上）長浜港から見た旧駅舎（昭和初期、『湖北の100年』から転載）
旧駅舎の左奥が長浜警察署（とんがり屋根）、中央右手に慶雲館の森、右端の堤防上に大ヤナギが写っている

（左）慶雲橋から見た２代目長浜港の湾（昭和初期、『写真集長浜百年』から転載）

豊公園（2022年撮影）
奥が天守を模した長浜城歴史博物館

北から見た2代目長浜港付近の現在（2021年撮影）
矢印が初代長浜駅舎、点線囲みの辺りが2代目長浜港跡地

米川河口の船泊り（2021年撮影）

米川河口（2021年撮影）
大ヤナギがあった辺り（矢印）には、現在、祠が立っている

～30年代には埋め立てられて桑畑となっていたが、明治42年（1909）に吉田作平《よしださくへい》町長が公園化を提案し、翌年豊公園が開設された。長浜城跡地を整備して、長浜で豊臣秀吉《とよとみひでよし》を敬って呼ぶ「豊公」を冠した都市公園にしたものである。豊公園内には、大正元年（1912）、坂田郡内の産物を陳列した勧業館が建設され、大正4年に京都御所で挙行された大正天皇の即位の礼を祝う事業として園内の整備や植樹がなされると、花見などの行楽地として町民に親しまれるようになった。

大正9年に鐘淵《かねがぶち》紡績（のちのカネボウ）が明治山から豊公園にかけてを工場用地として買収する計画を立てたが、北側の土地（現、鐘《かね》紡《ぼう》町）に変更され、昭和5年（1930）に長浜工場が完成した。

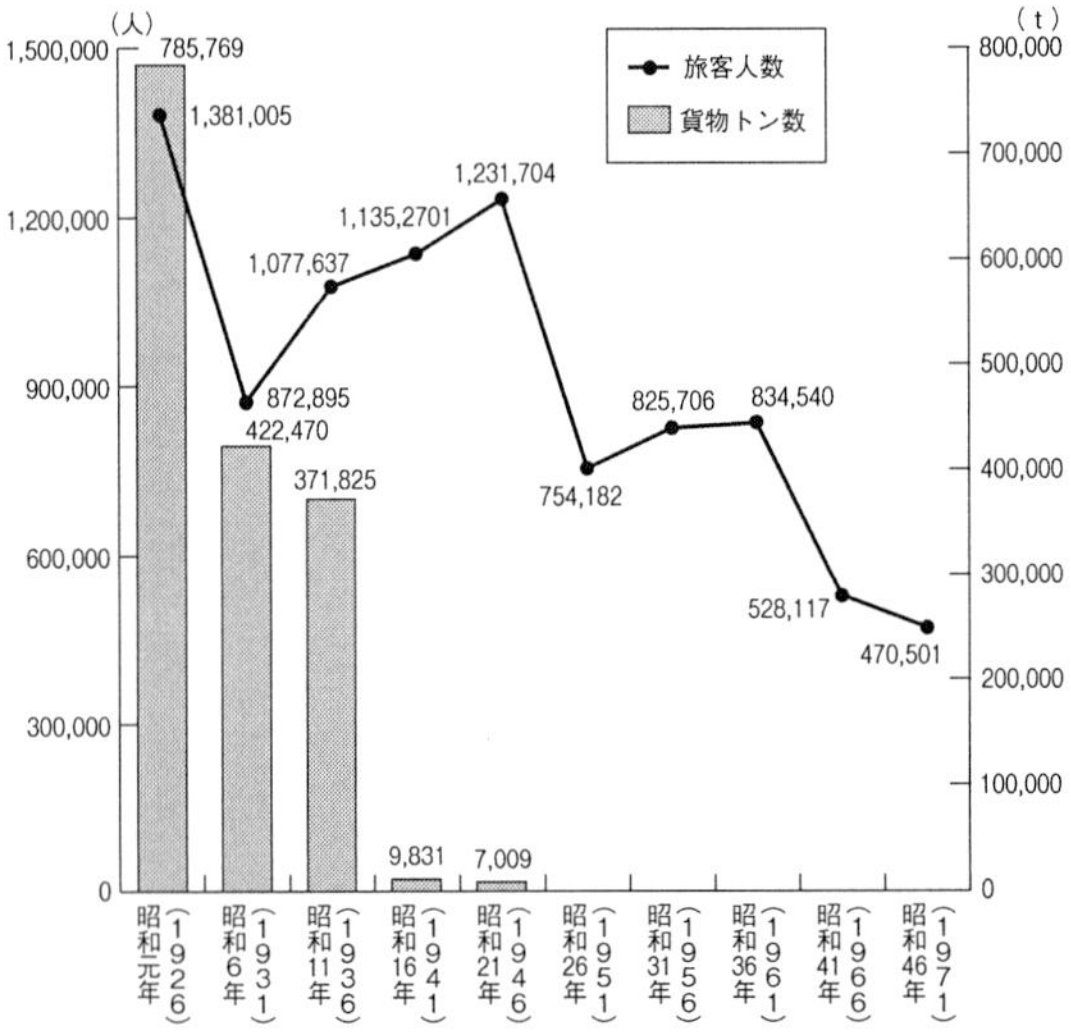

図1－1　汽船による琵琶湖の旅客・貨物輸送量の変遷

## 貨物輸送から観光へ

このころ、琵琶湖全体では、鉄道のなかっ

た湖西にも江若《こうじゃく》鉄道が開通した。大正10年（１９２１）の三井寺《みいでら》―坂本《さかもと》間から次第に路線を北に伸ばし、昭和６年（１９３１）に今津《いまづ》駅が開業、汽船会社にダメージを与えた。

図１-１に示したとおり、太湖《たいこ》汽船の大型船による貨物輸送は戦時中に激減し、戦後も鉄道輸送やトラックによる陸上輸送がめざましく発展したため、舟運による貨物輸送はほぼなくなった。昭和26年（１９５１）、太湖汽船は社名を琵琶湖汽船と改称し、同年に就航した豪華客船「玻璃《はり》丸《まる》」などの遊覧船事業にしぼり、運航することとなった。長浜港をふくめ、琵琶湖での貨物輸送の終焉にあたる。

なお、大正の終わりごろから昭和の初めごろまでの米川の水は、顔を洗えるほど澄《す》んでいたとのことであり、このころまで米川は日々の暮らしに欠かせない存在であった。

## ４　明治初期の長浜港

### 新長浜港と鉄道敷設

27ページに示した「長浜町略図」は、明治７年（１８７４）前後に作成された坂田郡各村絵図のうちの一つである。江戸時代の姿をほぼ引き継いでいたが、文明開化による鉄道と蒸気船の導入により大きく様変わりし、琵琶湖の湖上輸送にも変化がおよぶことになる。

最初に琵琶湖に現れた蒸気船は、明治2年(1869)に大津―海津《かいづ》(高島市)間に就航した「一《いち》番丸《ばんまる》」で、加賀大聖寺藩《だいしょうじ》が建造したものだった。長浜でも積極的に翌年、大聖寺藩に願い出て「二番丸」を月200両で借り受けた。金主となったのは湊屋茂兵衛《もへえ》だった。

明治4年11月には小船町《こぶね》の尾板六郎《おいたろくろう》(舟屋六右衛門)が蒸気船を購入・修理して、翌年「湖龍丸」として就航させた。さらに明治6年、尾板は「長運丸」も就航させたが、翌年に「長運丸」の汽《き》罐《かん》が唐崎《からさき》沖(現、大津市)で爆発して沈没、死者も出す事故が起こった。そのため、明治11年には汽船取締所が設置され、乗員数の制限などの取締規則も定められた。この尾板六郎は大丸子船《おおまるこぶね》を代々所有していた船持であり、明治25年(1892)に3代目長浜町長に就任している。

ちなみに、琵琶湖上の和船で最も速かった「押切早船《おしきりはやぶね》」と「湖龍丸」を比較すると、前者がおよそ時速5・3㎞であったのに対し、後者は時速13・7㎞と、2・6倍の速さであった。

一方、鉄道については明治13年(1880)4月、米原《まいばら》(のちに長浜に変更)―敦賀《つるが》間の鉄道敷設《ふせつ》工事が始まった。「吉川三左衛門文書」には同年11月の「鉄道設置ニ付陸揚物品簿」という記録もあり、鉄道路線に用いたレールや枕木などの材料、スパナなどの工具類が船で長浜湊に陸揚げされたことがわかっている。

長浜の特産品である縮緬《ちりめん》製造などをおこなっていた実業家、浅見又蔵《あさみまたぞう》は県の許可を得て、明治13年11月から蒸気船が着岸できる新たな長浜港の築港工事を始めた。小字《こあざ》川口などの浚渫《しゅんせつ》工事

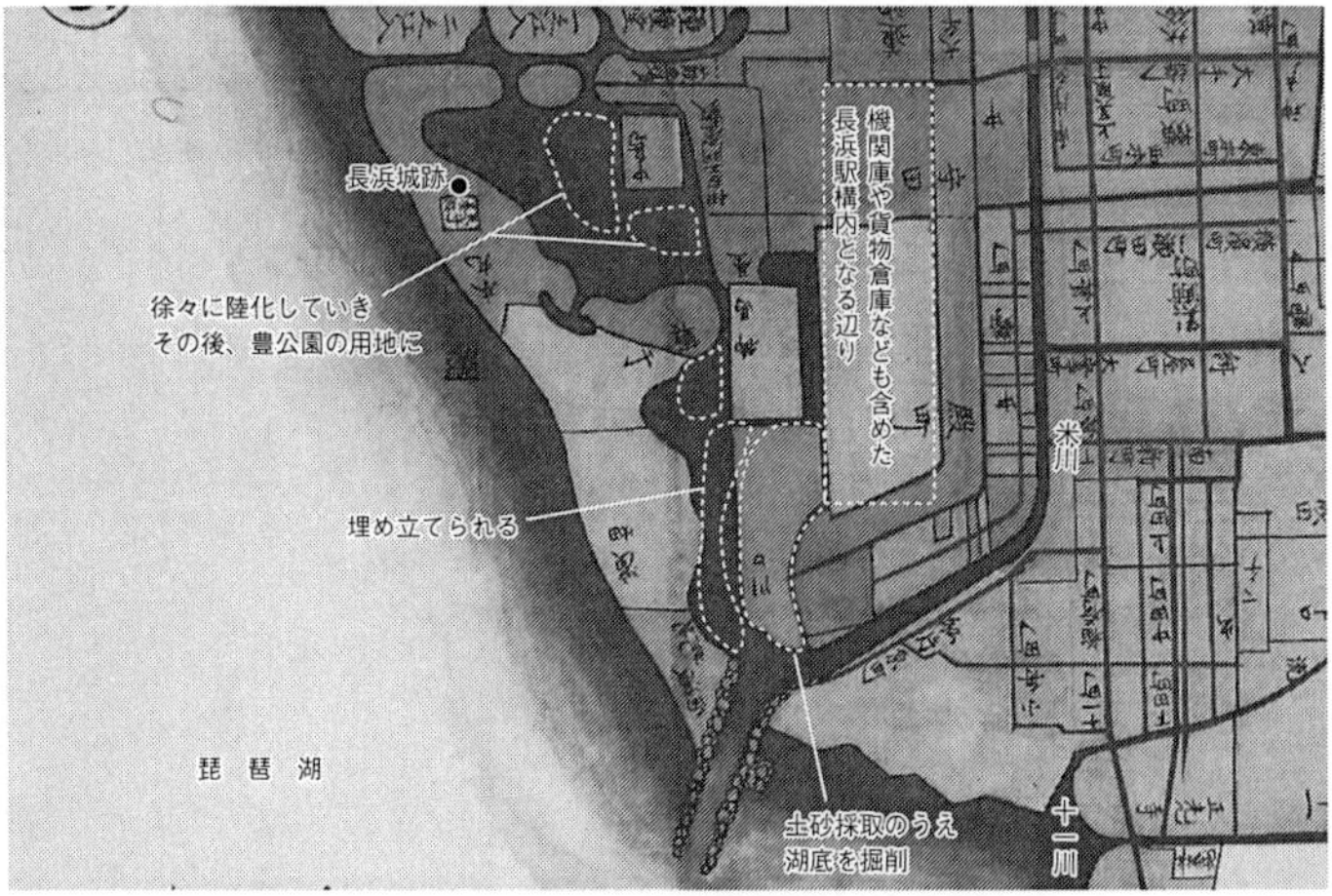


長浜町略図（明治初期、滋賀県立公文書館蔵　明治-へ-6）

と水路開削《かいさく》には3万6400円ほどの経費を要した。川底からすくい上げた土砂を使って明治15年に築かれたのが「明治山《めいじやま》」（のちに「忠魂碑」が立つ）と呼ばれる丘である（15ページの上図・19ページの上図参照）。

明治15年3月に柳ヶ瀬《やながせ》トンネルを除く長浜—敦賀間で鉄道が開業。長浜では旅客ホームの南端西側（琵琶湖側）には長浜駅舎が建ち、長浜港との連絡を考慮してさらに湖岸寄りに貨物倉庫が建てられた。同年5月には、大津で設立された太湖《たいこ》汽船が大津—長浜間の航路を設けた。

新たな長浜港は明治16年4月に竣工し、5月には築港式がおこなわれた。明治16年9月に太湖汽船が長浜—大津間の鉄道連絡船として進水させた「第一・第二太湖丸」は、イギリス人キルビーが経営する神戸鉄工所で製造された日本初の鉄製の船であった。明治17年に鉄道局が長浜港を築港費用の実費で買い上げて、以降の管理をおこなうようになった。

浅見又蔵は太湖汽船の設立にも関わり、明治18年には頭取に就任している。初代長浜駅舎の向かいにある慶雲館《けいうんかん》は、浅見が京都へ行幸《ぎょうこう》した明治天皇の休憩用に明治19年（１８８６）に私財を投じて大通寺別荘跡に建設した行在所《あんざいしょ》である。

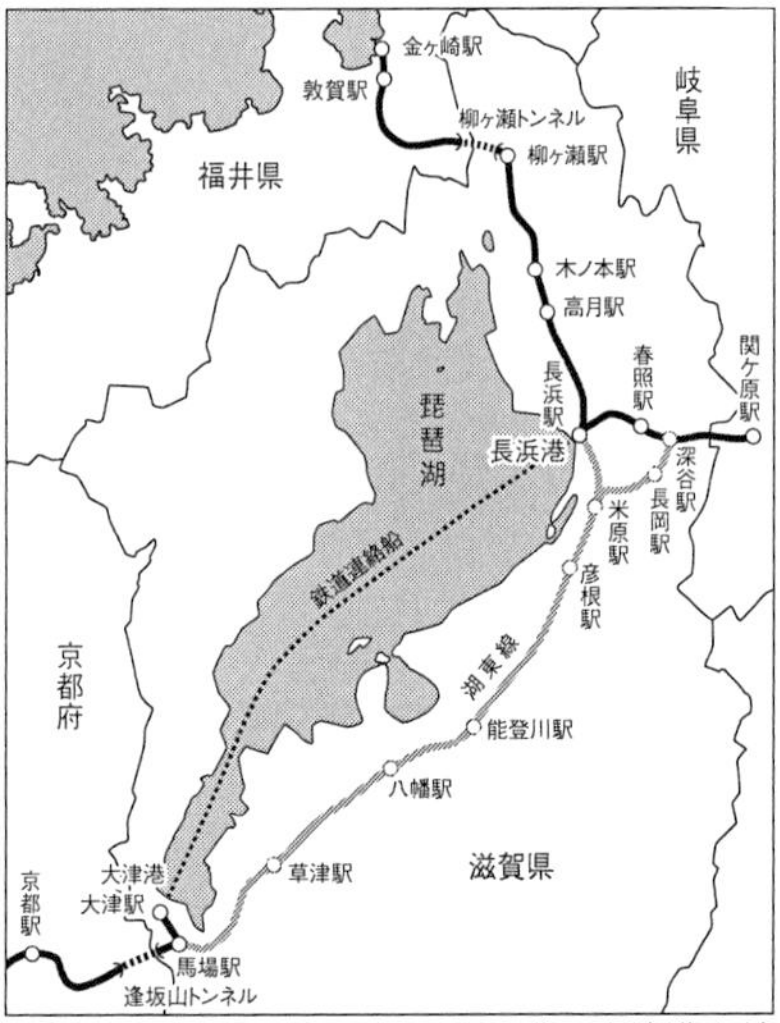


図1－2　明治15～22年に長浜港と大津港を結んだ鉄道連絡船　鉄道のグレーの部分は、その間に開通した路線にあたる

明治16年5月には、岐阜方面とをつなぐ関ケ原―長浜間の鉄道（米原に向かう現在の東海道線とは異なるルート）も開通した。北と東からの列車が乗り入れる鉄道のターミナルとなった長浜駅には多くの旅客と貨物が集まり、駅近くの北船《きたふな》町には貨物取扱所が設けられて長浜はかつてない賑わいを見せた。

ところが、開通まで30年かかると見込まれていた米原―大津間の湖東線が明治22年（１８８９）に開業。関ケ原から結ばれていた路線も同年に米原に通じるルートが開通したため、長浜への旅客と貨物は激減し、鉄道局は長浜港の管理から手を引いて鉄道連絡船を廃止した。したがって、

「近江国実測図」のうちの「長浜市街」（明治18年、筆者蔵）

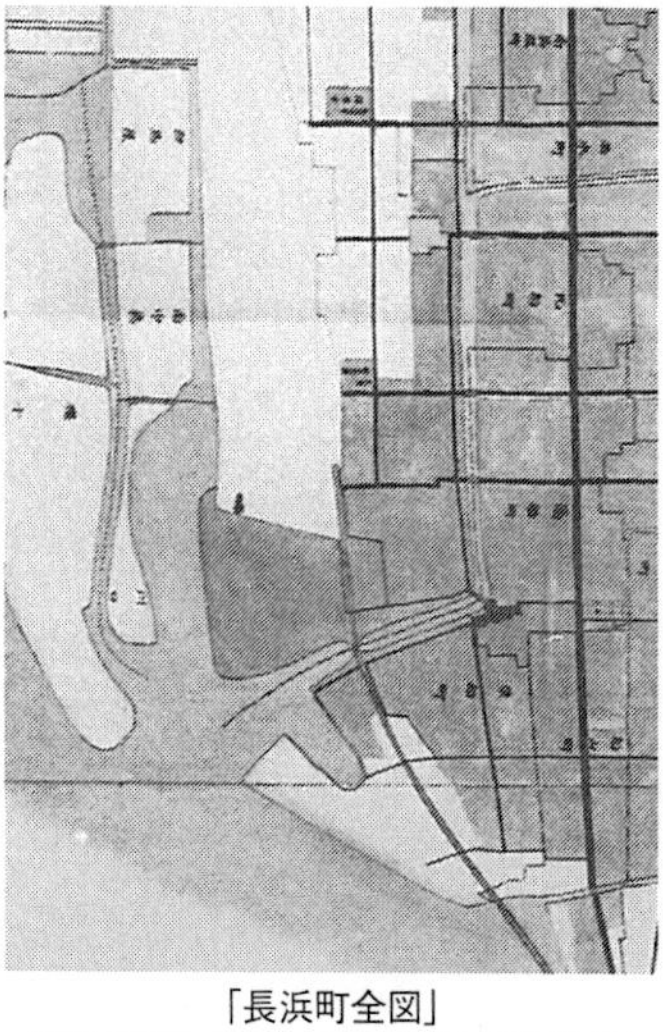

「長浜町全図」
（明治23年、部分、長浜城歴史博物館蔵）

長浜港の連絡船による繁栄はわずか10年たらずで終わり、物流は舟運から陸運の時代となる。

上の図は、明治18年（1884）「近江国実測図」の「長浜市街」拡大図の部分で、2代目長浜港が形を整えている。また、長浜—米原間に鉄道を敷設する準備が進んでおり、鉄道の通る栄船町の一部が空き地になっている（図中の矢印の先）。

また、この明治18年「長浜市街」拡大図には、米川河口に「船泊り」が描かれていない。船泊りは29ページ下に示した明治23年（1890）の「長浜町全図」に初めて描かれるので、明治20〜22年ごろに設けられたと考えられる。

また、この2枚の地図では、江戸時代の長浜湊では大型船が帆柱を畳まずに通れるよう米川下流には1本もなかった橋が（地図では見にくいが）架けられており、鉄橋も架かったことを考えると、それまで米川筋に停泊していた船の行き場がなくなったため、「船泊り」が設けられたとも考えられる。

## 5　江戸時代の長浜湊

### 長浜築城と城下町・長浜

長浜と名を変える前の今浜《いまはま》には、すでに室町時代に近江国守護の京極導誉《きょうごくどうよ》が築いた今浜城があり、長く京極氏の重臣である上坂《こうざか》氏が守ったとされるが、位置や規模などは不明である。

天正《てんしょう》元年（1573）、小谷《おだに》城の浅井《あざい》氏を滅ぼした織田信長《おだのぶなが》は、最も功績のあった羽柴秀吉《はしばひでよし》に浅井氏の支配した伊香《いか》・浅井・坂田《さかた》の3郡を支配させた。秀吉は小谷城にいったん入城するが、翌年、今浜に新たに城を築き始めた。同時に城の東側にもともと存在した今浜村を拡張して城下町を建設し、当地の名を「長浜」に改めた。長浜の各町には、「郡上《ぐじょう》町」「伊部《いべ》町」のように、小谷城の城下町の住人が移住して形成された町もふくまれる。

その後、長浜城の城主は、柴田勝豊《しばたかつとよ》、山内一豊《やまうちかずとよ》と変わり、天正18年（１５９０）に一豊が掛川城《かけがわ》（静岡県）に移ると、城主のいなくなった天守は解体された。湖北支配は同年に石田三成《いしだみつなり》が城主となったが佐和山城《さわやま》へと移る。関ヶ原の合戦後は、慶長11年（１６０６）に江戸幕府の大名、内藤信成《ないとうのぶなり》が北陸―大坂間の備えとして長浜城を再建したが、大坂の陣で豊臣家が滅亡すると、その必要もなくなり再び廃城となった。石材をふくめ、長浜城の遺構は彦根城や長浜の寺院の門などに移築されたが、内堀や外堀は元禄年間（１６８８～１７０４）になっても姿を留めていたらしい。

関ヶ原の合戦後、長浜城の敷地内に真宗大谷派の別院、大通寺《だいつうじ》の前身にあたる御堂《みどう》が建設されたが、まもなく内藤氏が入城したため、城の外郭南端に移転した。しかし、湖岸で浸水被害をたびたび受け、寛永年間（１６２４～４４）に、旧長浜町の北東にあたる現在地に移転したとされる。城下町でなくなった長浜は、大通寺の門前町として発展することになる。

これとは別に、文政４年（１８２１）、大通寺第６世明達院によって米川河口の中鞴《なかたたら》町の南西端（現在の慶雲館がある場所）に、船入などを備えた大通寺別荘が設けられた。

## 長浜町の町割

長浜の町は碁盤目状の通りをはさむ形で町割がなされ、最初に49の町が成立したとされる。天正19年（1591）、すでに豊臣《とよとみ》姓を賜り天下統一をほぼ完了していた秀吉は、長浜の町屋敷の年貢米300石を免除する朱印状を与えた。この特権は江戸時代になっても引き継がれたため、長浜町の絵図には朱印地の境界線が引かれている。この朱印地に含まれない町は、城下町ができあがる過程で新たに形成された後発の町が多いとされる。

江戸時代初期に西端の大手《おおて》片原町を北・中・南の三町に分け51町となるが、実質300石の朱印地にたりないため、城内の中鞴町を加えて52町となった。そのうち朱印地は36町、年貢地は16町と複雑に分かれ、この町組のまま明治12年（1879）まで維持された（次ページの図1‐3参照）。

町の主要な道としては、坂田郡の鳥居本《とりいもと》宿（彦根市）で中山道から分かれ、伊香郡の木之本《きのもと》宿に至る北国《ほっこく》街道が南北に通っていた。木之本以南の北国街道は参勤交代には用いられず、大名が宿泊することはなかった。したがって、江戸時代を通じて、「長浜宿」ではなく「長浜町」と呼ばれている。北陸地方の大名は、木之本宿から山地沿いを中山道《なかせんどう》の関ヶ原宿に至る北国脇往還《わきおうかん》を通った（47ページの図1‐5参照）。

## 長浜湊と米川の流路変更

長浜湊は長浜城の外堀を利用して整備された湊で、のちに北国街道となる通りが南北に通る上《かみ》船《ふな》町・下船《しもふな》町の西側の裏に外堀である湊が面するように工夫されていた。江戸時代の湊の主要部

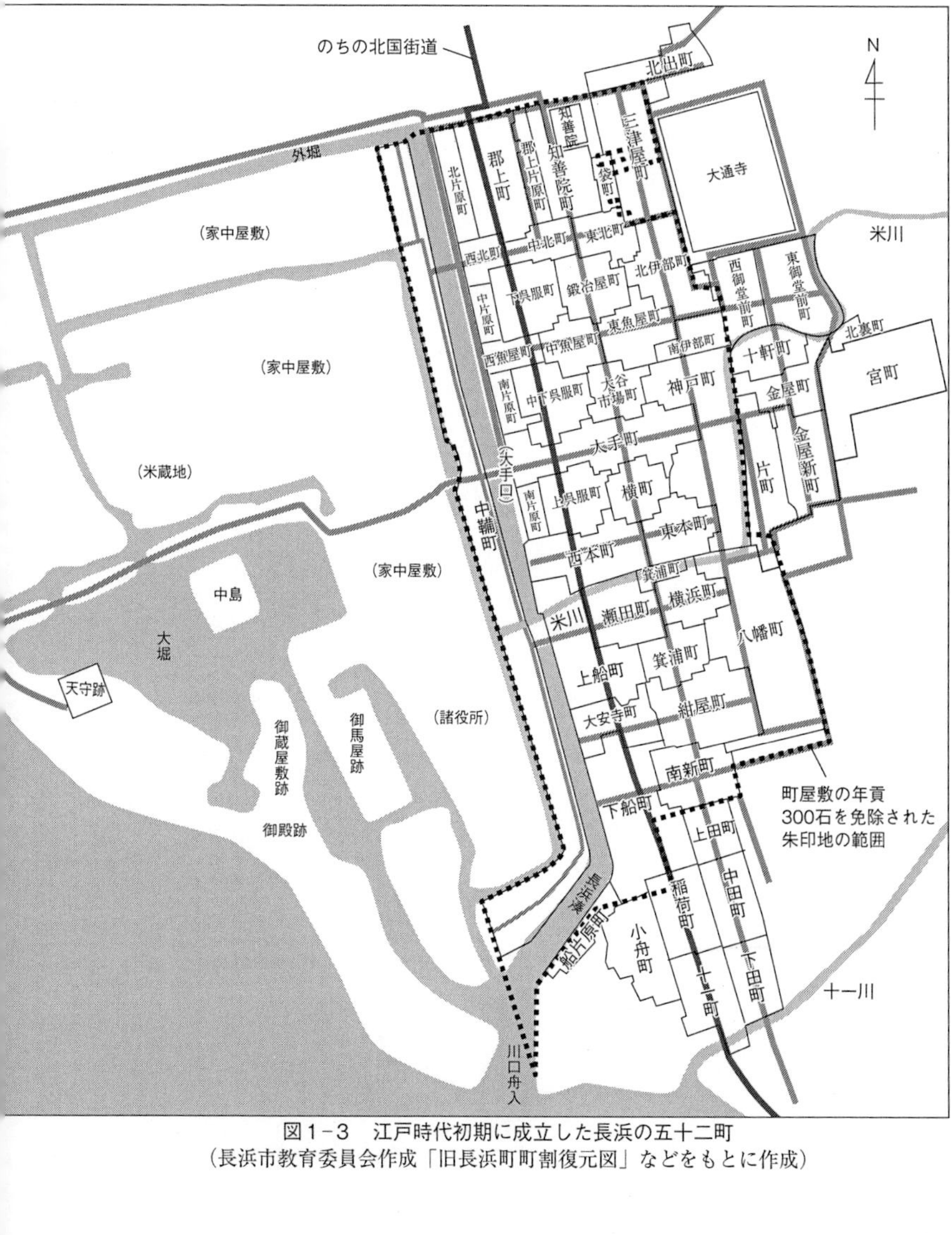


図1−3　江戸時代初期に成立した長浜の五十二町
（長浜市教育委員会作成「旧長浜町町割復元図」などをもとに作成）

は、上船町の北端（現在の轆轤橋《たたら》付近）から南下して下船町の南端で南西に角度を変え、琵琶湖につながる部分である。

元禄9年（1696）、長浜町は彦根藩に命じられて500分の1縮尺の絵図を作成した。2m×3m程度の巨大な絵図は2通つくられ、1通を奉行所に提出、1通を町年寄が保管したが、残念ながら現存しない。これを利用しやすく南北の短いほぼ正方形に縮尺した絵図の写しと考えられる「長浜町絵図」①が、現存最古の長浜町の絵図である。東から西に流れてきた米川は中轆町の西側の堀につながっていることがわかる。当時轆橋は存在せず、米川は上船町の家屋や道で長浜湊の掘割とは遮断されていた。長浜湊にあたる船入から轆橋までには橋がなく、大丸子船が帆柱を畳まずに行き来できた（30ページ参照のとおり、現在架かっている大永橋、朝日橋、大橋の3本は、明治19年〈1886〉作成の「近江国実測図　長浜市街図」に初めて現れる）。

しかし、『近江長濱町志』第2巻には、享保《きょうほう》年間（1716～36）におこなわれた船入普請《ふないりぶしん》のときに改修がなされ、「堀に入れしが如《ごと》し」（長浜湊の掘割につなげたらしい）とあるので、町絵図の作成から20～40年後には米川での土砂堆積が激しく堀筋への流入が図られたと考えられる。

ところが、元禄期の「長浜町絵図」①を引き写し続けた後年の絵図は、150年以上のちの万延元年（1860）制作「長浜町之絵図」②に至るまで、この点を反映していないものが多い。ただし、この地図には元禄絵図にない「浄国寺」が書き込まれている。この寺は、正保《しょうほう》2年

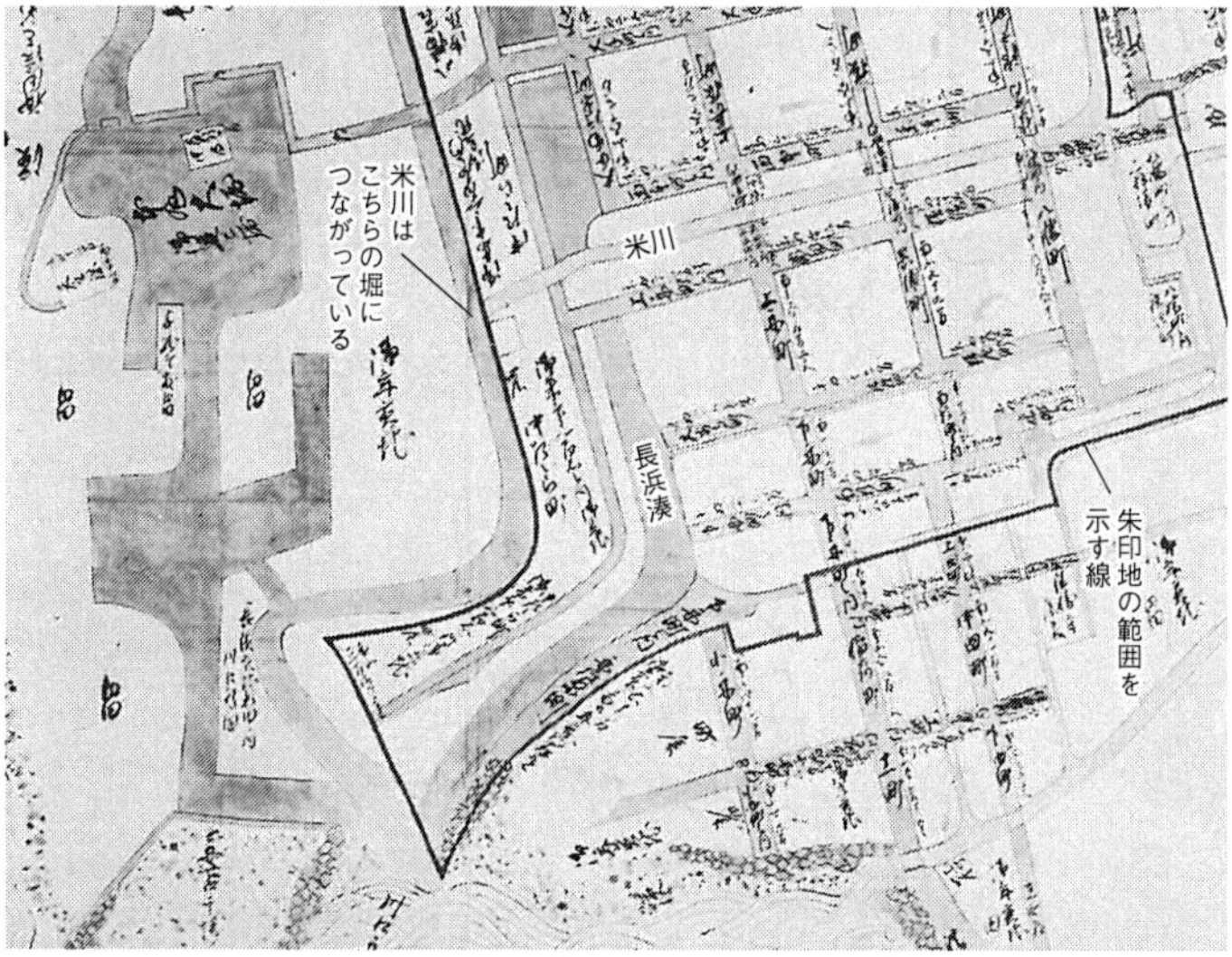


① 元禄９年（1696）　長浜町絵図
（部分、個人蔵、長浜城歴史博物館編『特別展　湖北の絵図—長浜町絵図の世界—』から転載）

この絵図は町の区画を正方形に描く手法をとり、南北が実際より縮められている。

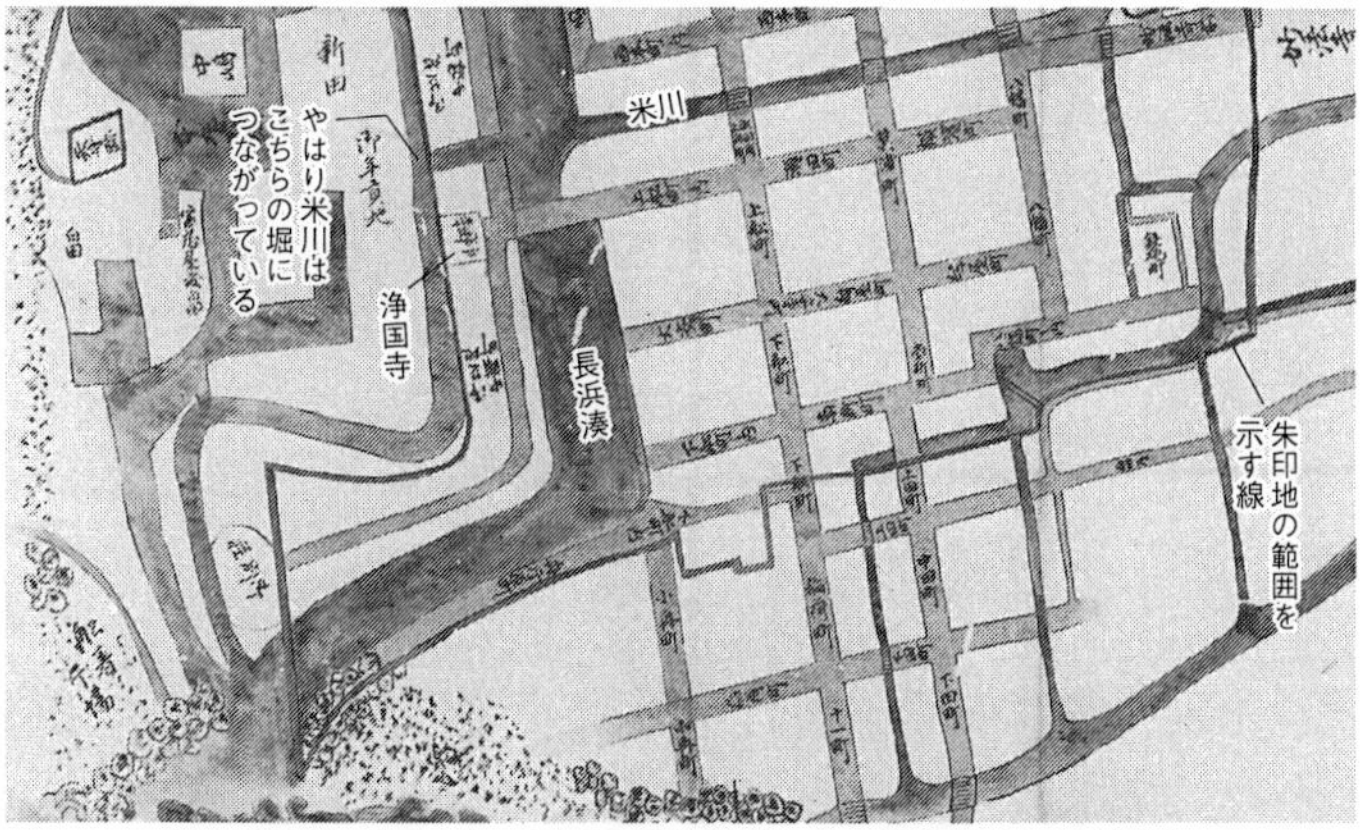


② 万延元年（1860）　長浜町之絵図（部分、滋賀県立図書館蔵）

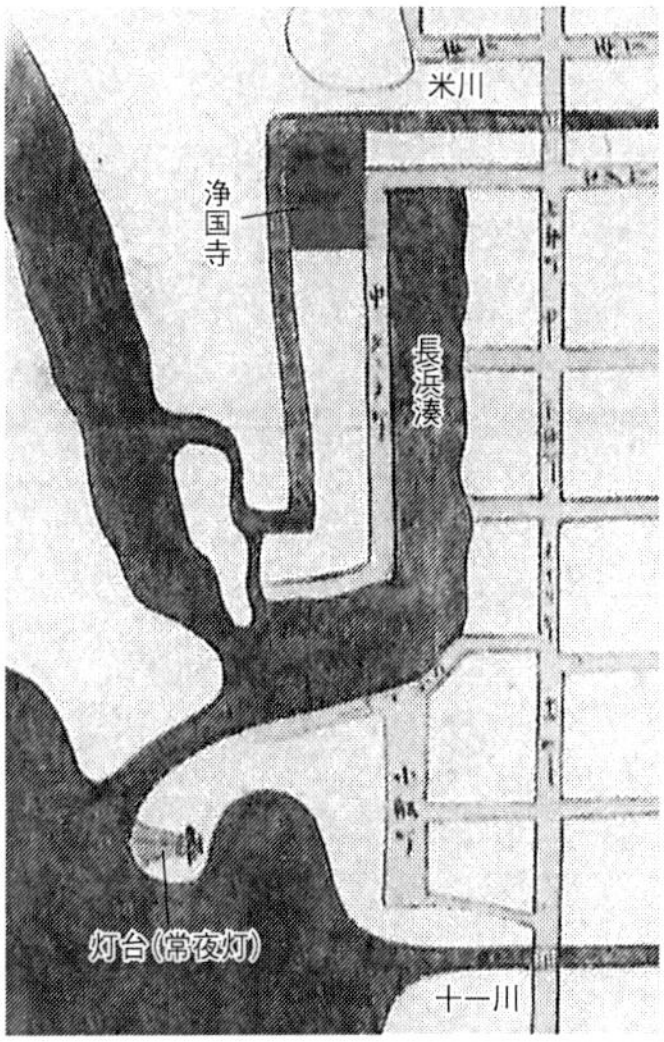

③ 江州坂田長浜町絵図
（部分、嘉永２年、個人蔵、長浜城歴史博物館編『特別展　湖北の絵図―長浜町絵図の世界―』から転載）

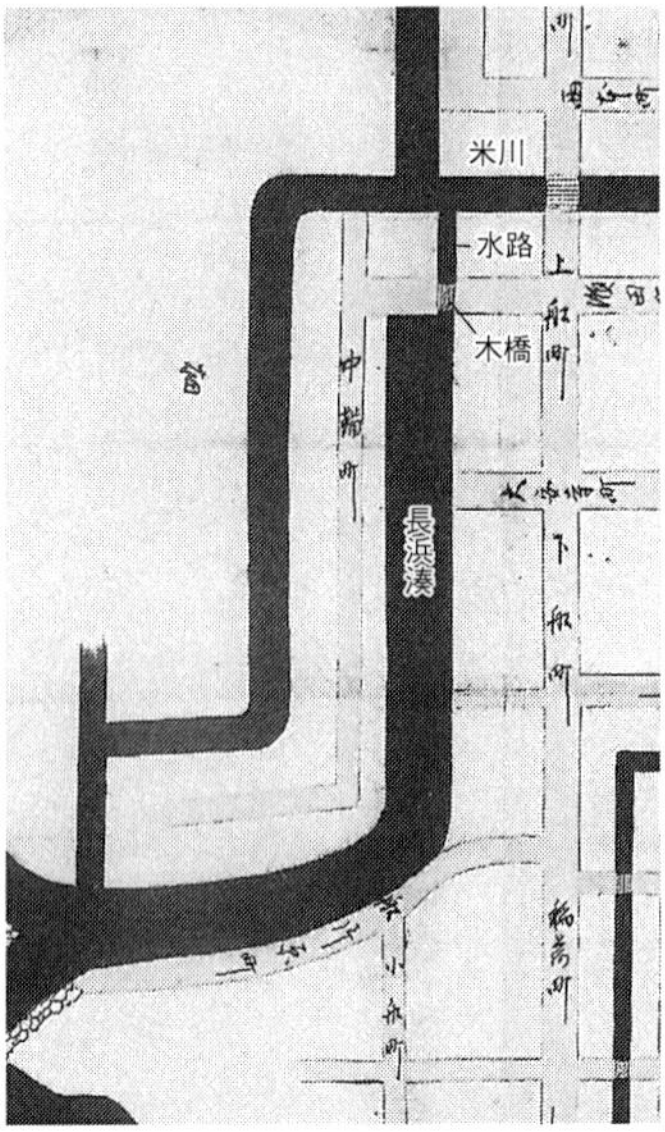

④ 長浜町木戸絵図
（部分、江戸時代後期、長浜城歴史博物館蔵）

（1645）開基と伝わる浄土宗寺院で、同地に現存する。また、元禄絵図では米川と通りの間にあった地面がなくなり、米川と通りが接している。

そこで、元禄期「長浜町絵図」（①）とは別系統の絵図を並べて、米川の流路の変化を考えてみる。

まず、嘉永《かえい》2年（1849）の「江《ごう》州《しゅう》坂田長浜町絵図」（③）では明らかに米川と長浜湊は分離している。この絵図は文政《ぶんせい》3年（1820）調整の図を30年近く後に改訂したものとされ、港の南端に描かれている灯台（常夜灯）は天保《てんぽう》2年（1831）に建造されたものである。

次の「長浜町木戸絵図」（④）は吉川

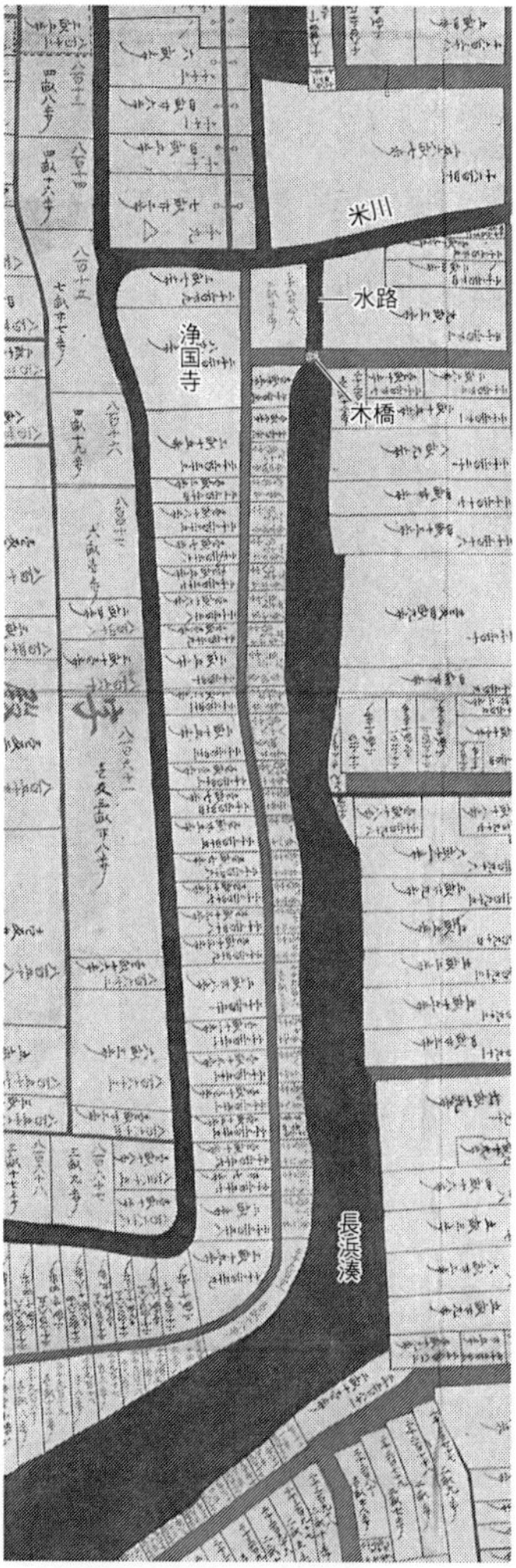


41ページの絵図⑥につながる↓

⑤ 長浜町地籍図
（部分、明治初年、長浜城歴史博物館蔵）

現在の鞴橋と米川（2022年撮影）
米川下流の川幅のまま、川筋が流れ込んでいる。

三左衛門文書の一つで、治安維持などのために町と村の境に設けられた木戸門の位置を示するために作成された。江戸時代後期というだけで、正確な作成年は不明だが、ここでは、米川と長浜湊の間に細い水路が掘られ、木橋がかけられている。つまり、米川の水が長浜湊に流れ込み、米川への土砂の流入を軽減させる役割を果たしていたことがわかる。

最後の「長浜町地籍図」⑤は、明治初年に長浜町の町割と田畑の地割《じわり》（区画）を1筆《ぴつ》ごとに示したもので、これまでの絵図と比較すると極めて正確な地図になっている。ここでも同じく米川と長浜湊は細い水路でつながり、橋がかけられている。西へ直進して南に折れる本来の米川下流は、その西に鉄道が敷かれ、2代目長浜港がつくられる過程で埋め立てられて、現在は中鞴町の裏の細い溝としてわずかに残っているのみと思われる。掲載していないが、明治初めの写しとされる「江州《ごうしゅう》長浜町小図」（聖心女子大学図書館蔵）も米川と長浜湊が通りで隔てられたように描いている。しかし、長浜湊にあたる部分に「大川幅十五間《けん》」と書き込まれているので、大川（米川）の下流だという意識があったことがわかる。15間は約27mにあたる。

## 享保の船入普請

ここまで町絵図をもとに長浜湊の変化を追ってきたが、『近江長濱町志』第2巻には「船入御《ご》普請《ふしん》ニ付諸事留帳《つきしょじとめちょう》」（現存せず）を用いて享保12年（1727）に始まった船入普請の経緯が記されているので分析しておきたい。当時、川の下流にあった長浜湊の「船渠《せんきょ》」（船泊り）は土砂の堆積で船の出入りに支障が生じていた。そのため、船年寄と町奉行が彦根藩の船奉行に願い出て、土砂の浚渫《しゅんせつ》と船泊りの移設をおこなった。その概要は、以下のとおりだと記されている。

①応急措置として、船持と御用人足が河口の砂浚《ざら》えをおこなう。

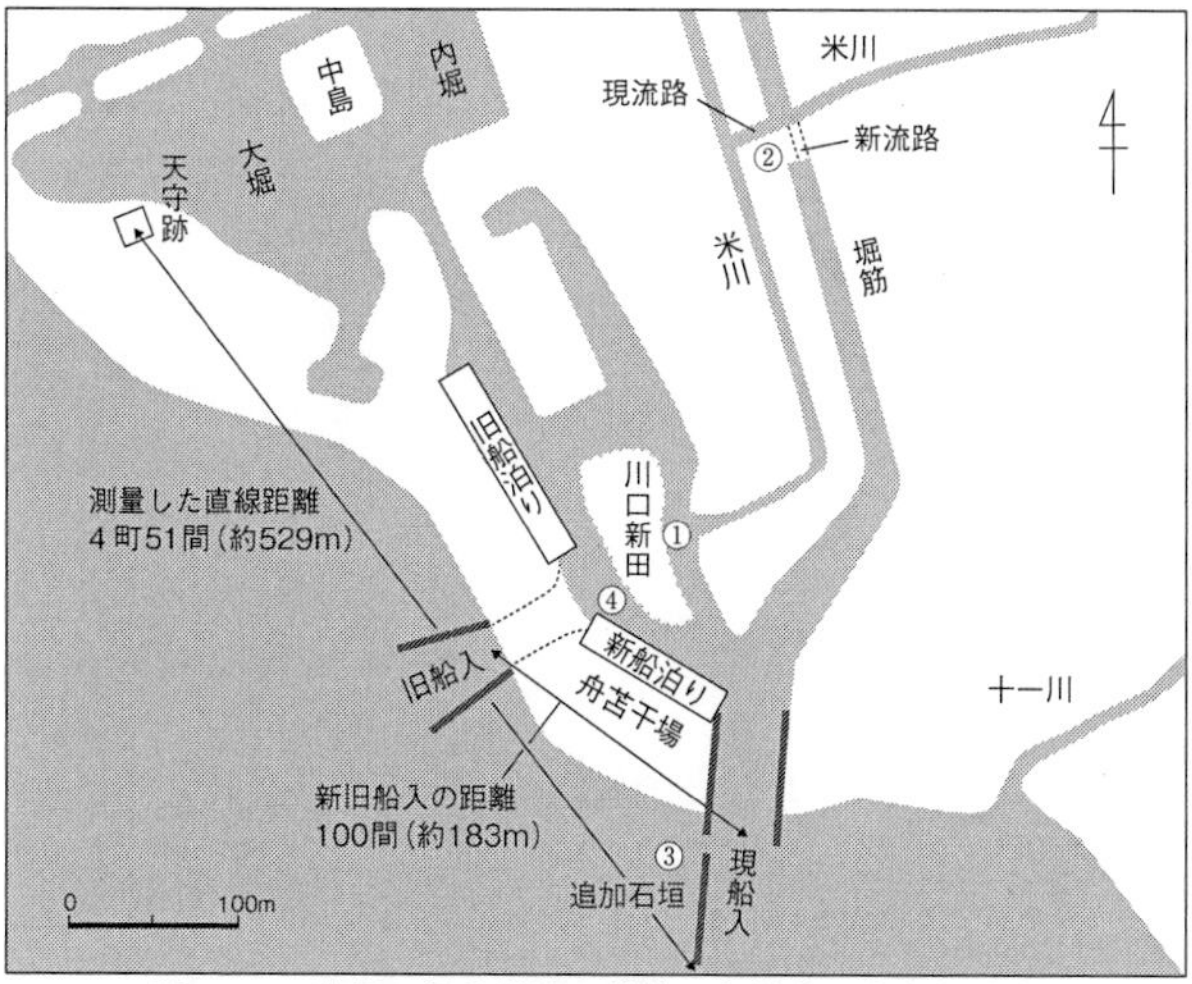

図1－4　享保の船入普請の前後　丸数字は本文と対応

②船泊りへ流れ込む河口を1町（約109m）ほど上の堀口へつけ替え、米川への水量を一部堀筋に逃し、米川への水量を減らして、米川河口の土砂堆積を軽減する工夫をおこなう。

③もとの船泊りから約80間《けん》（約146m）西北（東南の誤りと思われる）にある砂除け石垣が土砂で埋まってきたので、長さ2間の松杭1000本を基礎として打ち込み、湖底からの高さ1丈2尺（約3m64㎝）、長さ50間（約91m）の石垣をつぎたす。この石垣工事は、2年後の享保14年に入札で請負先を決め、同年完成した。

④もとの船泊り（長さ69間×幅7・5間＝約126m×14m）は南東（北東の誤り）に偏在していて不便だったため、舟苫干場《ふねとまほしば》の内側に新たな船泊り（長さ50間×幅10間＝約91m×18m）を設ける。

昔の船入は約100間（約183m）西北に

あったというとも書かれている。現船入の石垣は、半世紀ほど前の延宝6年（1678）に築造されている。

享保12年の時点ですでに旧船入は埋まっていたようだが、後年まで琵琶湖上の石垣が残されていた。幕末の慶応3年（1867）に寺子屋師匠の中川季綱《すえつな》が製作した「近江坂田郡長浜大絵図」（長浜城歴史博物館蔵）には2本、明治時代につくられた「坂田郡長浜新田絵図」（滋賀県立図書館蔵）には1本、石垣が描かれている。

以上をふまえて作成したのが、39ページの図1-4である。『長濱町志』の記述には方角や距離が実際とは合わない部分もあるため、あくまで推測である。

普請にあたっては、事前に町奉行と船奉行が現地を歩いて地図を作成したとあるのだが、同図も現存しない。天守跡から船入の石垣先端までは4町51間（約529m）であるという測量結果が記されており、地図上のスケールで計るとおおむね合っている。

## 湊を囲む船持の町

次に堀筋にあたる湊部の概要を見てみる。先ほどの「長浜町地籍図」の南側⑥を見てみよう。琵琶湖から長浜湊に入る船入口の両岸には波止めの石垣があり、右岸の石垣に続く小字向浜《むかいはま》と左岸の石垣に続く船片原町の町道で囲まれた最河口部が舟入である。その左岸が「新船泊り」と

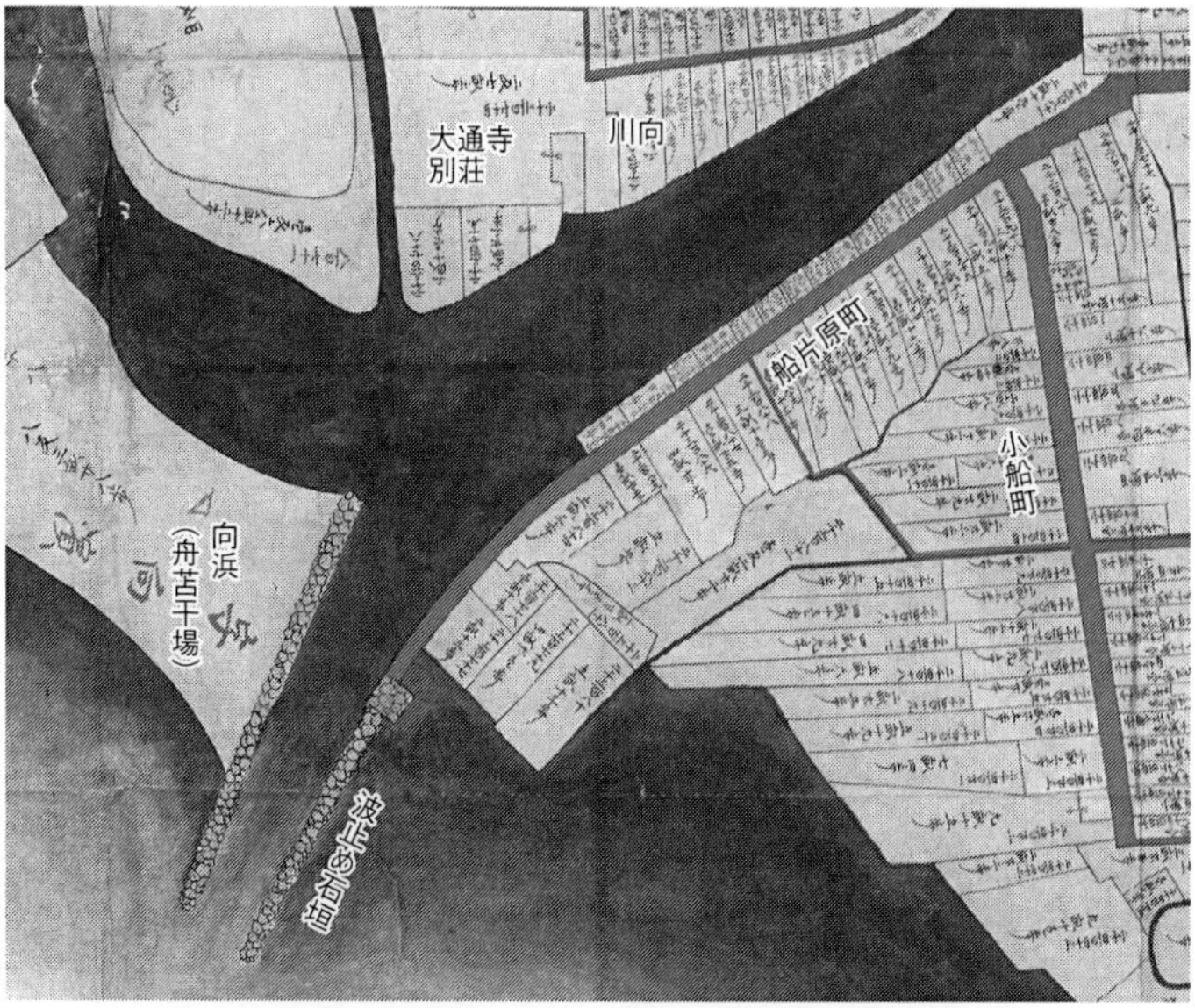


⑥ 長浜町地籍図（部分、明治初年、長浜城歴史博物館蔵）

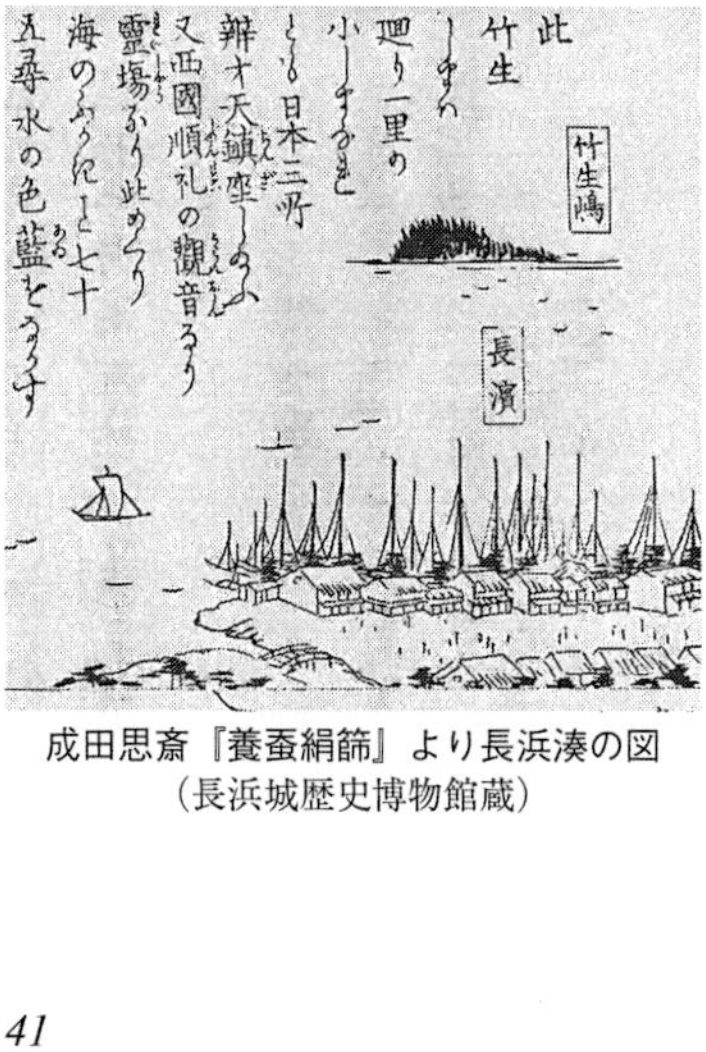


成田思斎『養蚕絹篩』より長浜湊の図
（長浜城歴史博物館蔵）

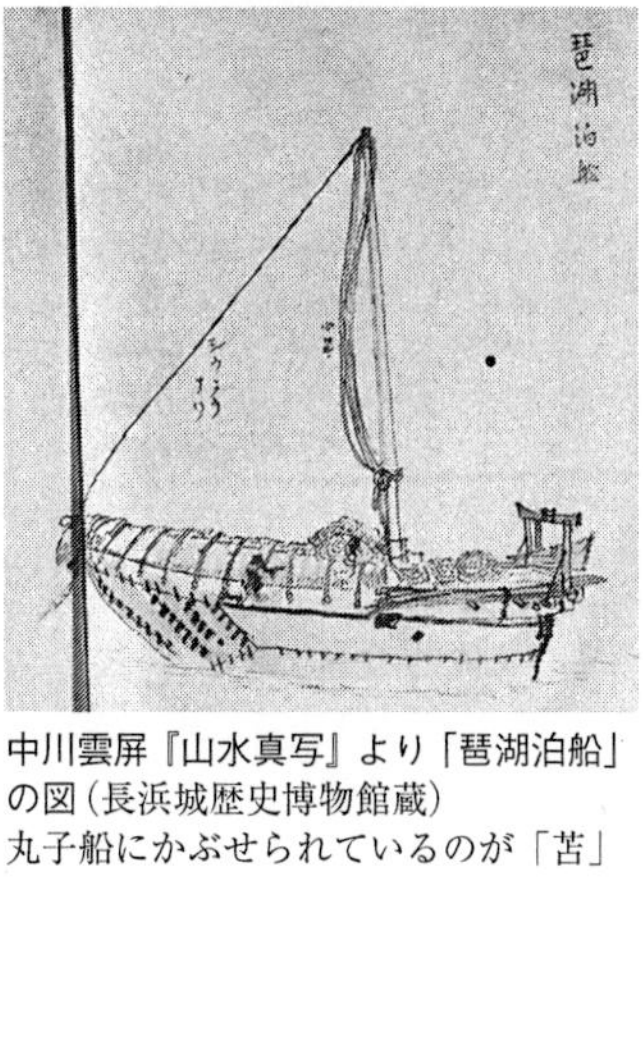


中川雲屏『山水真写』より「琵湖泊船」の図（長浜城歴史博物館蔵）
丸子船にかぶせられているのが「苫」

なる大丸子船の丸子船の係留場所であった。ただし、停泊船の多い場合や長期停泊の場合には「旧船泊り」や「大堀」も利用されたであろうし、長浜湊の湖岸は遠浅な地形であるため、荷駄を積んだ大型船の中には湊に入れず、沖泊りする船もあったと考えられる。向浜には、「干ハ《ほしば》」と小さく朱書きされている。これは35ページ上の元禄9年（1696）に描かれた「長浜町絵図」には「舟苫干場」と記されている場所にあたり、先の「享保の船入普請」にも出てきた。船にかぶせて雨露をしのぐ苫《とま》（スゲやカヤを粗く編んだもの）を干して乾燥させた場所である。この内側も船泊りとして利用されたようだ。大通寺別荘などがある右岸（北側）は、小字川向《かわむかい》へと続く。もとは城内のため高い石垣で囲まれており、荷揚げは対岸の船片原町側で行われていた。

湊に関係がある町を船入付近から見ていくと、船片原町は名前が表すように片町《かたまち》（通りを挟んだ向かいどうしの家から成る両側町に対し、片側だけの家から成る町）で、南側にだけ屋敷が存在していた。北側の湊岸側は、川岸を起点にダラダラ坂で町道まで登っていた。この空き地は、河岸へ抜けることが可能な小道を持つ倉庫や、船大工の造船・修理場に利用されていたと考えられる。

この船片原町の入口から南に伸びる道沿いの両側が、小船《こふな》町である。小船町は住人のほとんどが丸子船持の町であり、長浜湊と他湊・浦との実質的な湖上運送をつかさどる中心の町であった。

33ページの52町図に戻って説明を続けると、堀筋は船片原町の入口付近から北に変わる。西は高い堀岸が続く中鞴町で、江戸時代になってから民家が建てられるようになった場所である。

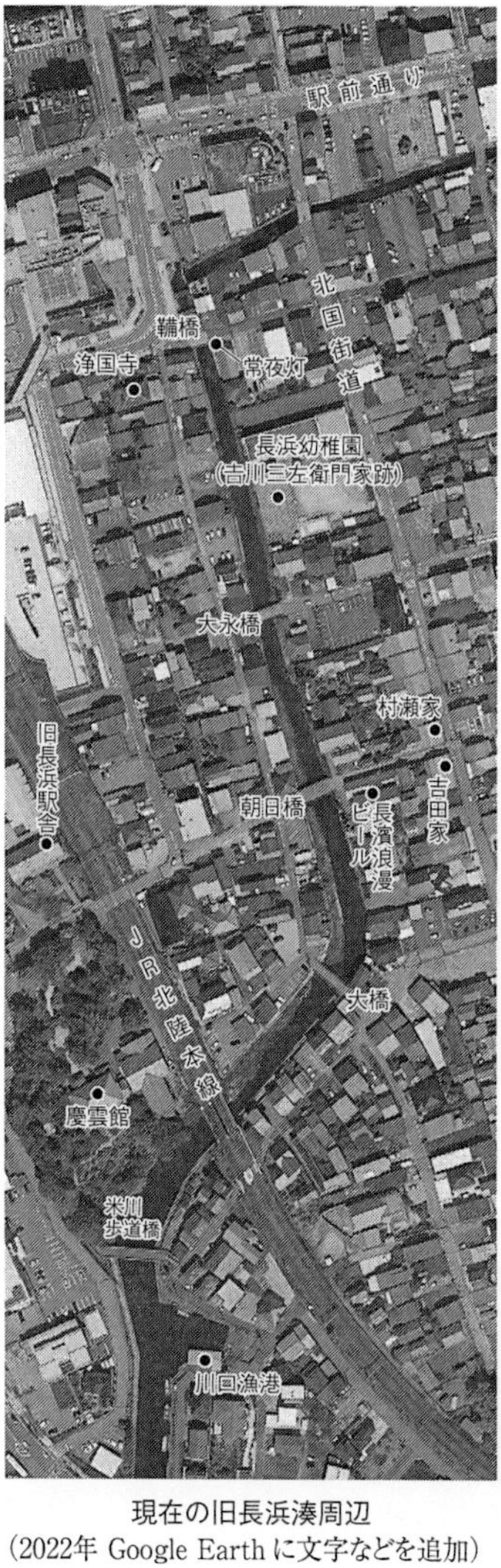


現在の旧長浜湊周辺
（2022年 Google Earth に文字などを追加）

文政12年（1815）の建立年が入った
轆橋東詰の常夜灯（2021年撮影）
北から米川下流（初代長浜湊）を望む。
常夜灯は別の場所から移築の可能性あり。

旧下船町の村瀬家（2021年撮影）

旧下船町の吉田家（2021年撮影）

米川下流のようす(『目で見る湖北の100年』から転載)

明治末期の撮影。大橋の上から朝日橋方向を撮影したもので、下船町の船持の蔵が並んでいる。朝日橋が2代目の鉄橋にも見えるので、大正時代かもしれない。

米川下流の現在(2022年撮影)

一方、東側は堀筋が北国街道と並行になり、堀筋沿いに下船町の主要な商家の裏にあたる土蔵などが連なる。さらにさかのぼると大安寺町《だいあんじ》・上船町へと続く。北国街道沿いのこれらの町は、長浜における商業活動の中心地の一部であった。また、船持は少ないが、北船町には本陣を務めて船年寄も兼ねる吉川三左衛門が、下船町には多数の船問屋が居住しており、長浜湊の中枢部であったと考えられる。北国街道筋には、多数の旅籠《はたご》屋も営まれていた。

なお、江戸後期から数が増えた旅行者のための乗船場は十一川の河口にあり、最も東の南新町《みなみしん》・上田町《かみた》・中田町《なかた》・下田町《しもた》あたりの借り艜も十一川の河口部を係留場所として利用したものと思われる。よって、十一川河口部も長浜湊の一部と見なすこともできる。

## 6　長浜湊が属した「彦根三湊」

### 大津百艘船

第1章を終えるにあたり、範囲を近江国に広げて、江戸時代の琵琶湖を取り巻く諸浦の状況を整理しておきたい。

天下統一を果たした羽柴（豊臣）秀吉は、天正11年（1583）に大坂城築城を開始した。琵琶湖と淀川を用いた年貢や物資の輸送拠点として大津の地を重視した秀吉は、天正14年、坂本城を廃城として、大津城築城を命じた。あわせて坂本・堅田《かたた》（ともに大津市）・木浜《このはま》（守山市）の船持に命じて大津へ100艘の船を集めた。これを起源として、「大津百艘船」と呼ばれる船持仲間が組織された。大津浦の百艘船仲間は、①課役《かえき》の免除、②大津浦から出る荷物・旅人は他の浦の船には乗せない、③大津浦では百艘船以外の船による荷の積み出しを禁止するなどの特権を得た。

## 彦根三湊の成立

一方、関ヶ原の合戦において戦功をあげ近江に入った井伊《いい》直政《なおまさ》は、石田三成の居城佐和山城と大津にあった三成の蔵屋敷を拝領した。慶長11年（1606）には新たに彦根城を築き、城下町の整備にも取りかかる。湖北の松原《まつばら》（彦根市）・米原《まいはら》（米原《まいばら》市）・長浜の三湊は彦根藩の年貢米と蔵米、人や物資の輸送を担うことになった。大津浦で幕府蔵につぐ大きさを誇った彦根蔵は、幕府直轄領（天領）であった大津奉行の管轄には属さず、江戸時代を通して大津百艘船仲間と彦根三湊の間にはたびたび対立が生じることになった。

## 三湊の活動範囲と湖北地域の湊・浦

松原湊は、彦根城の北、松原内湖《ないこ》と琵琶湖を結ぶ水路に中世から形成されていた湊で、佐和山城の外港ともなった。松原蔵から大津蔵への年貢米の回送が主な役割だった。松原内湖は昭和19

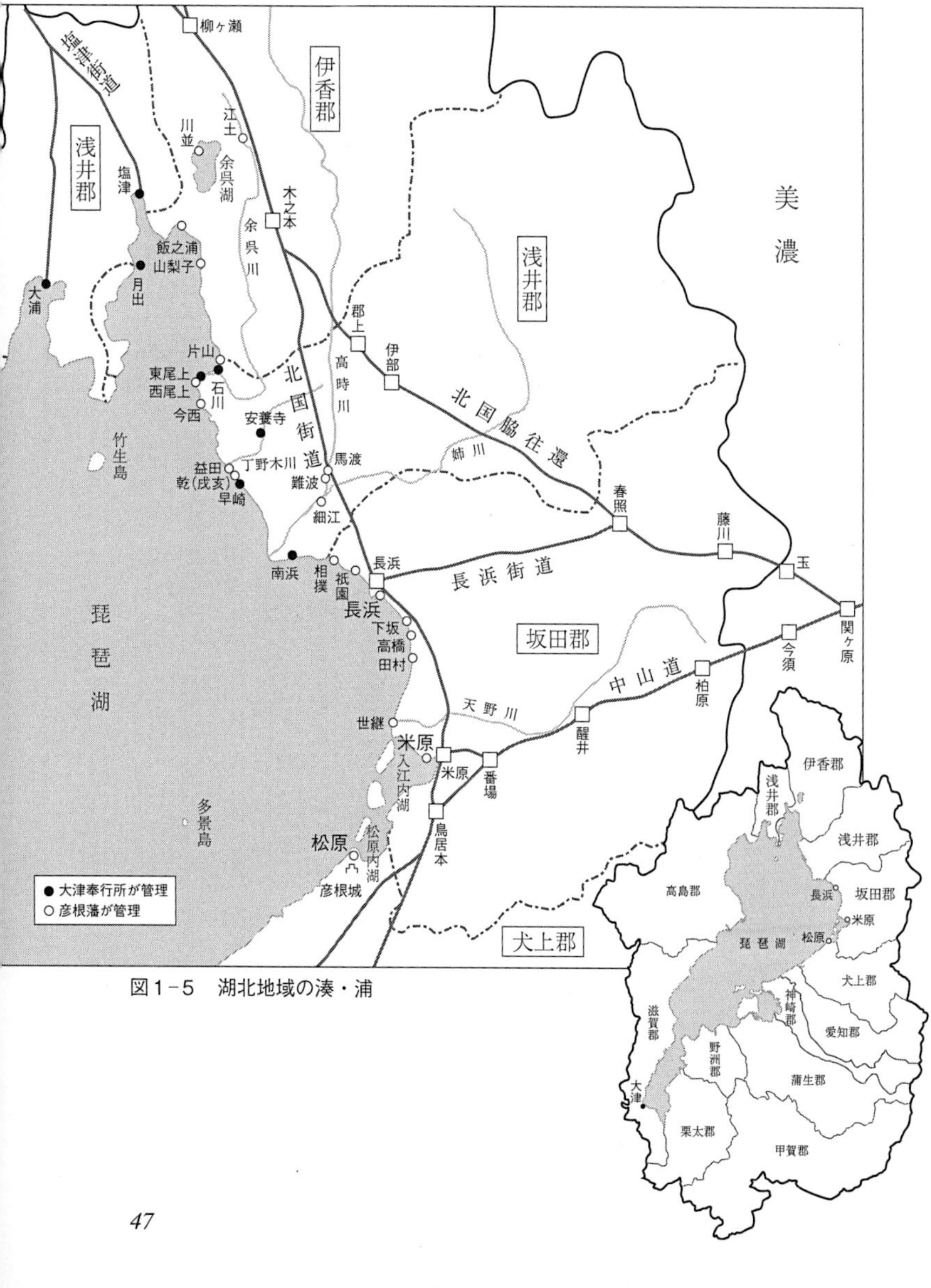

柳ヶ瀬
塩津街道
伊香郡
浅井郡
川並
江土
余呉湖
塩津
木之本
余呉川
美濃
飯之浦
山梨子
大浦
月出
浅井郡
郡上
伊部
片山
東尾上
西尾上
石川
今西
北国街道
高時川
北国脇往還
安養寺
竹生島
姉川
益田
丁野木川
馬渡
乾(戌亥)
早崎
難波
細江
春照
藤川
南浜
相撲
祇園
長浜
長浜街道
玉
長浜
関ヶ原
下坂
高橋
田村
坂田郡
今須
琵琶湖
中山道
柏原
天野川
世継
醒井
米原
入江内湖
米原
番場
多景島
鳥居本
松原
松原内湖
彦根城
● 大津奉行所が管理
○ 彦根藩が管理
犬上郡
伊香郡
浅井郡
浅井郡
高島郡
長浜
坂田郡
米原
琵琶湖
松原
犬上郡
神崎郡
滋賀郡
愛知郡
野洲郡
蒲生郡
大津
栗太郡
甲賀郡


図1−5　湖北地域の湊・浦

年（1944）から23年にかけての干拓で消失している。

米原湊は、琵琶湖寄りにもともと存在した朝妻湊《あさづま》に代わり、慶長8年（1603）に彦根藩の命令で、琵琶湖と筑摩江《ちくまえ》（入江内湖《いりえ》）をつなぐ堀（磯川《いそ》）を開削して米原宿の西に面してつくられた湊である。入江内湖も太平洋戦争中に干拓されて消失しており、湊は現在のJR米原駅付近にあたる。中山道の番場宿《ばんば》を通じて、美濃方面への物資輸送の拠点となった。

これら二つに長浜湊を加えた三湊で彦根藩領内の年貢米や荷物を運ぶため、藩令によって各湊の積出し区域（持分《もちぶん》）が決められていた。

松原湊…坂田郡の天野川《あまの》北岸にある世継村《よつぎ》以南と彦根城下、および湖東の犬上《いぬかみ》・愛知《えち》・神崎《かんざき》・蒲生《がもう》の4郡の諸荷物の船積運送。

米原湊…北は坂田郡山東部から中山道筋を南鳥居本《みなみとりいもと》に至る村、および関ヶ原より東の国々から出る諸荷物の船積運送。

長浜湊…南は坂田郡世継村から、北は伊香・浅井・坂田の3郡の彦根領はもちろん他領でも最寄りの村々および北国筋から出る米をはじめとする諸荷物の船積運送。

これ以外にも、長浜湊の場合であれば、湖北地域の産物や彦根藩以外の大名・旗本・直参《じきさん》などの年貢米などの大津湊への舟運、上方筋《かみがた》（京都・大坂方面）から大津を経由した湖北地域への舟運、北国・中京方面との中継荷の舟運も担っていた。

湖北地域（伊香郡・浅井郡・坂田郡）には、これら三湊のように彦根藩領ではなく、大津奉行所管轄の湊も存在した（図1－5参照）。浅井郡尾上《おのえ》村のように東尾上は大津奉行所、西尾上は彦根藩と分割して管理された村もあった。また、「北四ヵ浦」と称された伊香郡の飯浦《はんのうら》・山梨子《やまなし》・片山《かたやま》、浅井郡の尾上（西）は、いずれも10艘程度の丸子船が廻船業を営み、彦根藩管轄領に属しているが、大津奉行所・彦根藩管轄の区別なく荷を取り扱っていた。

彦根藩の文書を見ると、世継村から飯浦にかけての船持がいる村すべての名をあげて回覧させた命令書もあり、足並みがそろうよう管理されていたことがわかる。また、地図に示したとおり、船持のいる村は余呉《よご》湖に面した川並《かわなみ》、余呉川沿いの江土《えど》、高時《たかとき》川沿いの馬渡《もうたり》・難波《なんば》、丁野《ちょうの》木《ぎ》川沿いの安養寺《あんようじ》、姉《あね》川沿いの細江《ほそえ》のように内陸部にもあり、年貢米や御用炭《ごようずみ》の輸送に携わっていたことがうかがえる。

最後に享保7年（1722）の「船方諸事留メ帳《ふなかたしょじとどめちょう》」（吉川三左衛門文書）にある彦根藩が管轄していた湊・浦の船持宛ての回覧部を紹介しておく。回覧順は、「松原村庄屋」から上段を横への順に進み、「作十郎」から下段の「祇園《ぎおん》村」へ進み、最後は「馬渡」まで至る。上段の世継村・下《しも》坂浜《さかはま》村・長浜と下段の全村が現在の長浜市に、それ以外は米原市と彦根市にあった湊・浦である。

なお、差出人として「片一郎兵」とあることから、彦根藩船奉行を務めた片岡一郎兵衛《いちろべえ》からの文書であることがわかる。

右之趣少モ違背仕間敷候、村々船持共へ急度可㆓申渡㆒者也

寅

十一月四日　　片一郎兵

松原村庄屋

同所船年寄

孫七

善五郎

磯村庄屋

筑摩村庄屋

中島村庄屋

朝妻村庄屋

世継村庄屋

宇賀野村

下多良村

祇園村

相撲村

細江村

増田村

戊亥村

早崎村

今西村

尾上村

片山村

源五郎

山梨子

中多良村　孫衛門
梅ヶ原村　飯之浦
米原村舟年寄　久五郎
孫兵衛　川並
介兵衛　馬渡
下坂浜村
長浜
吉川三左衛門
同所大艜方
作十郎

# 第2章

# 丸子船の船持たち

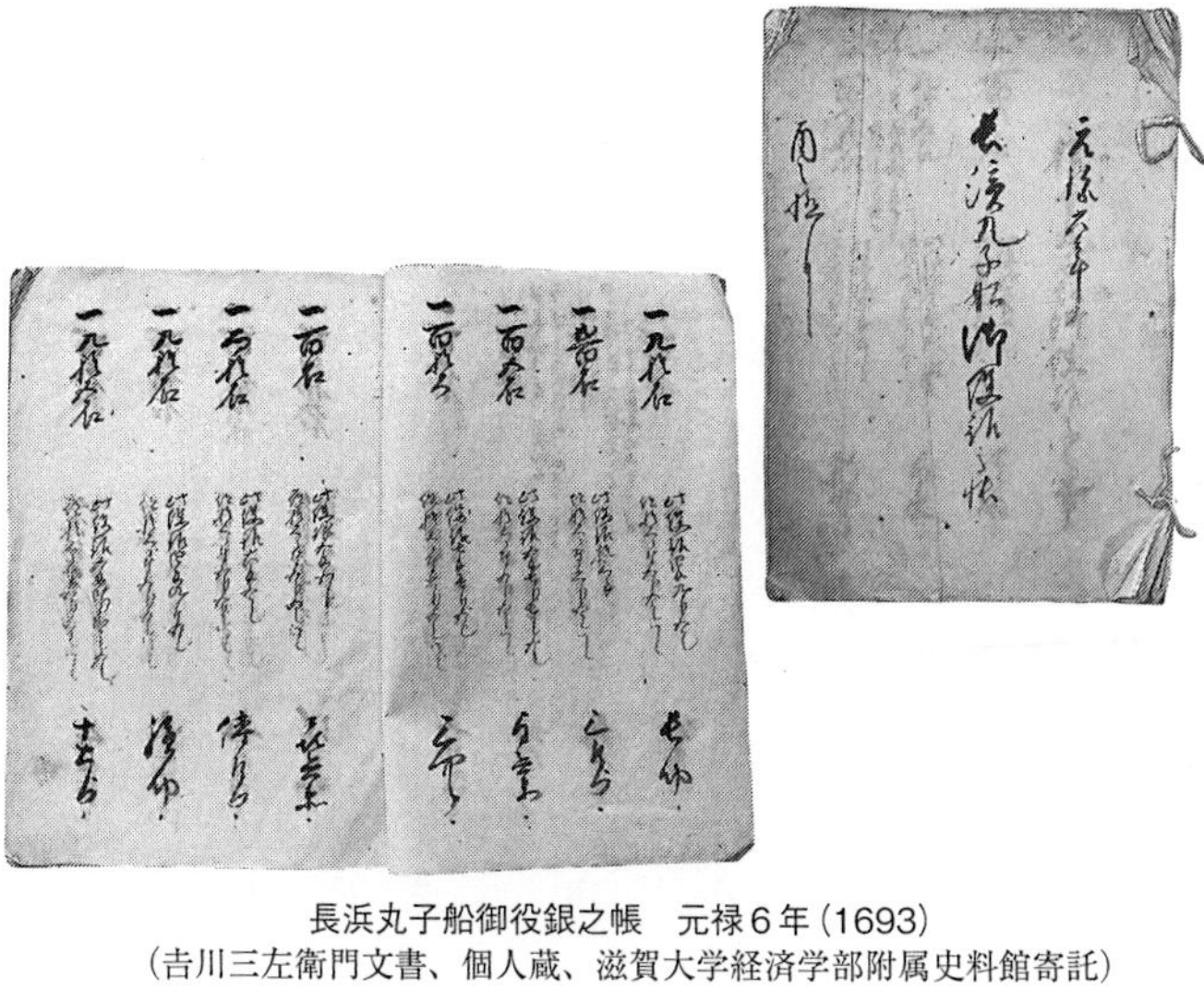

長浜丸子船御役銀之帳　元禄6年（1693）
（吉川三左衛門文書、個人蔵、滋賀大学経済学部附属史料館寄託）

## 1 「吉川三左衛門文書」について

滋賀大学経済学部附属史料館には、長浜湊の舟運に関する膨大な「吉川三左衛門文書」が寄託されている。本書では、同文書を基本資料の一つとしてあつかう。

第1章でも述べたとおり、吉川家の名が歴史に現れるのは、秀吉が長浜の地に城下町を整備した時代にさかのぼる。秀吉は城下町の49町を10組に分けて、「十人衆」と呼ばれる組ごとに一人の町年寄を任命した際、長浜湊地域の船町に、わざわざ浅井郡早崎《はやざき》村の三左衛門（五助）を呼び寄せた。築城時の木材運搬などにあたって早崎村とのつながりが生まれていたためだろう。

その後、秀吉による朝鮮出兵で文禄《ぶんろく》元年（1593）に琵琶湖の船持が動員された際、はじめは三左衛門も選ばれていたが、長浜に欠かせない人材であるため秀吉の指示ではずされた記録もある（以下、代替わりが行われているが何代目にあたるかは不明なため、「三左衛門」で通している）。

徳川の世となってからも、慶安《けいあん》4年（1651）井伊《いい》氏の御用船建造に用いる材木購入のため、日本海を北上して出羽《でわ》国能代《のしろ》（秋田県能代市）まで赴き、苦難の末に使命を果たしたという逸話も残っている。よって、彦根藩からも三左衛門は信頼されていたといえよう。

江戸時代における三左衛門の事績をまとめると以下のとおりである。

## 舟運関係

江戸時代の長浜湊は、彦根藩の「船奉行」の管轄下にあった。「船奉行」に対応する長浜湊の元締役が「船年寄《ふなどしより》」である。元和《げんな》2年（1616）ごろには、三左衛門をはじめとする6名がこの任にあったが、元禄2年（1689）には下郷助三郎《しもごうすけさぶろう》と2名のみとなり、享保18年（1733）以降は三左衛門1名で明治5年（1872）に退役するまで、ずっとこの役を務めた。

船年寄の役割は、船奉行からの指示に従う以外に、船数改め、船道具の販売許可、新造船の積載量決め、彦根藩からの指示で江戸からやってきた藩主への上使《じょうし》（使者）の大津への迎えの手配など、さまざまなものがあった。

また、舟運の実務として、一般の荷駄《にだ》を扱う「船問屋《ふなどんや》」も営み、荷主からの要望に応えて船の手配から積込・出船までの管理を行っていた。同時に長浜湊の重要な収入源であった石灰《いしばい》をあつかう「石灰問屋」の一員でもあった。

## 町政関係

「十人衆（町年寄）」として、吉川三左衛門は長浜の町政にも関わっていた。彦根藩による長浜町の管理は、彦根在住の「町奉行」が担当し、これに町年寄が対応していた。町年寄には、秀吉時代の有力町人であった十人衆のうち、絶家となった5家を除く5家と、新たに就任した下村・大谷・河崎家の3家、これに明治5年（1872）のみ務めた西川家を加えた9家で運用されていた。

三左衛門が初めて町年寄に就任したのは天和《てんな》2年（1682）からであり、享保《きょうほう》3年（1718）までは町年寄役全員が町年寄を務める惣年寄時代であった。その後、寛保《かんぽう》2年（1742）からは、「三年寄」と呼ばれる安藤・下村・吉川家による3名制の時代が続く。文化《ぶんか》5年（1808）に吉川三左衛門は退任して、川崎（河崎）家にその席を譲る。そして、再び安政《あんせい》3年（1856）から安藤家と交代する形で吉川家が加わり、下村・川崎・吉川の3家で明治2年（1869）まで維持された。

参考に『長浜市史』第3巻にある「長浜町年寄歴代表」をもとに各家の寄与率を計算してみると、安藤家26％、下村家24％、川崎家20％、吉川家19％の割合（合計89％）で町年寄についており、江戸時代を通じて、長浜の町の運営はこの4家が担っていたといえる。

表2－1　長浜町の十人衆（町年寄）

※『長浜町年寄并びに肝煎諸役御免の帳』「吉川三左衛門文書」より

| 秀吉時代の町年寄 | 元禄3年（1690）の町年寄と肝煎※ | |
|---|---|---|
| 宮部家 | →絶家 | |
| 西村家 | →絶家 | |
| 下村家 | 下村家 | 肝煎 |
| 田辺家 | 田辺家 | 町年寄 |
| 樋口家 | →絶家 | |
| 大依家 | →絶家 | |
| 川崎家 | 河崎家 | 町年寄 |
| 安藤家 | 安藤家 | 町年寄 |
| 吉川家 | 吉川家 | 町年寄 |
| 今村家 | →絶家？ | |
| | 下村家 | 町年寄 |
| | 大谷家 | 肝煎 |
| | 河崎家 | 肝煎 |

　町年寄としての業務はさまざまなものがあったが、その中で最も苦労したのは、宿駅の維持であっただろうと考えられる。長浜は主要な参勤交代のルートからははずれ、経済的に人馬を維持できないような運営状況であった。三左衛門は、宿駅の実際の業

務である、「馬借《ばしゃく》問屋」を元文《げんぶん》（1736～41）ごろに始めた。さらに、文政7年（1824）ごろからは「問屋」職を明治2年（1869）に退任するまで続けている。

「吉川三左衛門文書」は約1500点にのぼり、町政・舟運・問屋・宿駅・戸口・土地・租税・法法令・支配・農業・水産業・醸造・鉱業・商業・売買・金融・貸借・助郷・本陣・運輸・治安・軍事・社寺・習俗・凶災・救恤《きゅうじゅつ》・地誌・絵図・家・学芸・書簡・雑などに分類されている。この分類名・数からも町年寄・船年寄としての業務が非常に多岐《たき》にわたったことがうかがえる。

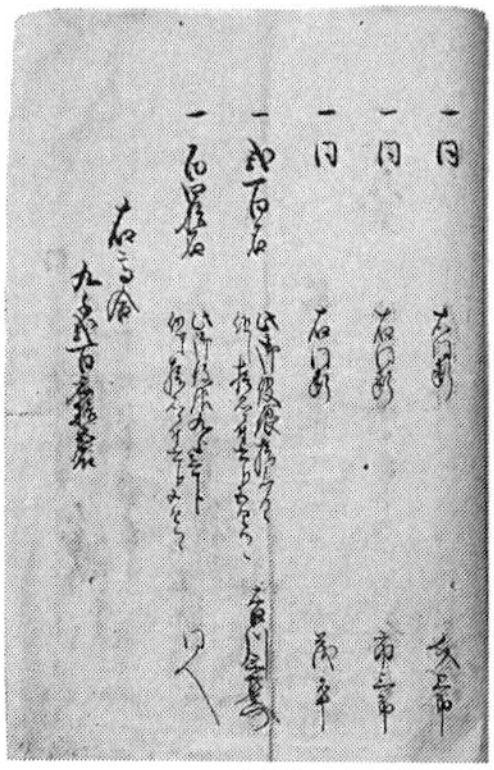

長浜丸子船御役銀子之帳　天保8年（1837）（吉川三左衛門文書、個人蔵、滋賀大学経済学部附属史料館寄託）
最後に200石船2艘の船持として吉川三左衛門の名前がある。

## 2　丸子船の船持リストの作成

江戸時代の長浜湊の姿を知る一手段として、先の分類の「舟運」項のうち「船証文」「長浜丸子船御役銀《ごやくぎん》子《す》之《の》帳《ちょう》」（以下「役銀帳」）」「船方諸事《しょじ》留《とめ》帳《ちょう》」などの元禄期ごろから明治初期までの船持資料を中心に、各種船ごとに時代によって推移する船持の名前名や積載量などを整理して、つなぎ合わせた「船持リスト」を作成した。

各年代の船持を重ね合わすことで、各年代の船持名のつながりだけでなく、船の種類・積載量などの推移について詳細なデータを得ることができる。さらに、元禄8年（1695）「大洞《おおぼら》弁財天祠堂《しどう》金寄進帳」（彦根城博物館蔵。以下「大洞寄進帳」）を加えることで家族名が、享保15年（1730）の「長浜人数留」と元治《げんじ》元年（1864）の「長浜町切絵図《きりえず》」（第6章2節で解説）を用いることで、船持たちの住所も明らかとなり、これは第6章に図6-1「船持図」として掲載した。

この「船持リスト」は年代間隔が密になるにつれ、名替えなどで船持名が別名になっても、船持のつながりの精度が向上する。実際、作成した丸子船持では、元禄6年（1693）から明治4年（1871）までの178年間で47年分の資料（表2-2参照）を含み、平均4年間隔の資料に相当し、詳細なリストである。さらに他のリストを追加していけば、情報がより充実し精度が上がる。よって、この資料は完成した資料でなく、新資料が追加・修正されて精度が向上されていく資料でもある。

本書にはスペースの都合から、元禄6年（1693）、享保15年（1730）、寛延2年（1749）、宝暦13年（1763）、天明元年（1781）、文政元年（1818）、天保8年（1837）、元治元年（1864）、明治4年（1871）の各年（表2-2のグレー部分）のみを抜き出したものを表2-3と表2-4の「丸子船の船持リスト」として掲載した。5分の1程度の分量になるが、船持それぞれの推移は十分読み取れるものと思う。

なお、船持リストの元治元年「長浜町切絵図」の項には［　］内の町名の後に、本書独自の住所の表し方として東西南北のいずれかと番号を記している。これは、東西の通りの町の場合、その屋敷が北側か南側にあるかと、東の角から何番目、南北の通りの町の場合は屋敷が東側か西側にあるかと北の角から何番目かを示すものである。長浜は東西・南北の碁盤の目のような通りがほとんどなため、船持の住所を表す場合、この方式で問題は生じなかった。ただし、「船片原町」の場合のみ、厳密には「北東―南西」の通りであるが、「東―西」と見なした。例えば、吉川三左衛門の屋敷は、「長浜町切絵図」によると、「上船町」にあり、「上船町」は南北の通りで、西側の通りの北から数えて（空き家もふくめ）10軒目を意味する「上船西10」と表すこととした。

表2-2　丸子船の船持リストに用いた資料

| 資料No. | 和暦（西暦） | 史料名 |
|---|---|---|
| 1 | 元禄６年（1693） | 役銀帳　舟運22 |
| 2 | 元禄８年（1695） | 大洞弁財天祠堂金寄進帳 |
| 3 | 元禄15年（1702） | 役銀帳　舟運23 |
| 4 | 宝永元年（1704） | 役銀帳　舟運24 |
| 5 | 宝永４年（1707） | 『長浜市史』第３巻 P73「覚」 |
| 6 | 宝永７年（1710） | 役銀帳　舟運25 |
| 7 | 正徳５年（1715） | 役銀帳　舟運26 |
| 8 | 享保６年（1721） | 船方諸事留帳　舟運補79 |
| 9 | 享保７年（1722） | 船方諸事留帳　舟運補80 |
| 10 | 享保10年（1725） | 船方諸事留帳　舟運補82 |
| 11 | 享保15年（1730） | 船方諸事留帳　舟運補62 |
| 12 | 享保15年（1730） | 長浜人数留 |
| 13 | 享保19年（1734） | 船方諸事留帳　舟運補66 |
| 14 | 元文２年（1737） | 船方諸事留帳　舟運補68 |
| 15 | 寛延２年（1749） | 役銀帳　舟運27 |
| 16 | 寛延３年（1750） | 役銀帳　舟運27 |
| 17 | 宝暦元年（1751） | 役銀帳　舟運27 |
| 18 | 宝暦13年（1763） | 役銀帳　舟運27 |
| 19 | 明和元年（1764） | 役銀帳　舟運27 |
| 20 | 明和８年（1771） | 役銀帳　舟運27 |
| 21 | 安永元年（1772） | 役銀帳　舟運27 |
| 22 | 安永９年（1780） | 役銀帳　舟運27 |
| 23 | 天明元年（1781） | 役銀帳　舟運28 |
| 24 | 天明２年（1782） | 役銀帳　舟運28 |
| 25 | 寛政２年（1790） | 役銀帳　舟運28 |
| 26 | 文化２年（1805） | 油屋彦十郎　船用留 |
| 27 | 文化６年（1809） | 役銀帳　舟運28 |
| 28 | 文化12年（1815） | 大丸子船石高銀付帳　舟運29 |
| 29 | 文政元年（1818） | 役銀帳　舟運30 |
| 30 | 文政11年（1828） | 役銀帳　舟運31 |
| 31 | 天保２年（1831） | 舟証文　舟運63 |
| 32 | 天保２年（1831） | 役銀帳　舟運32 |
| 33 | 天保４年（1833） | 舟証文　舟運64 |
| 34 | 天保５年（1834） | 役銀帳　舟運33 |
| 35 | 天保５年（1834） | 舟証文　舟運65 |
| 36 | 天保８年（1837） | 役銀帳　舟運34 |
| 37 | 天保９年（1838） | 舟証文　舟運66 |
| 38 | 天保13年（1842） | 舟証文　舟運67 |
| 39 | 天保15年（1844） | 役銀帳　舟運35 |
| 40 | 弘化２年（1845） | 役銀帳　舟運36 |
| 41 | 嘉永４年（1851） | 舟証文　舟運68 |
| 42 | 嘉永５年（1852） | 役銀帳　舟運37 |
| 43 | 嘉永５年（1852） | 舟証文　舟運69 |
| 44 | 嘉永７年（1854） | 舟証文　舟運70 |
| 45 | 安政２年（1855） | 舟証文　舟運71 |
| 46 | 元治元年（1864） | 長浜町切絵図 |
| 47 | 明治４年（1871） | 船証文　舟運72 |
| | | 船税上納帳　舟運38 |
| | | 船員数調査　舟運100 |

名前の後ろの数字は所有船の積載量（石）

| 文政元年（1818） | 天保８年（1837） | 元治元年（1864） | 明治４年（1871） | 明治４年（1871） | |
|---|---|---|---|---|---|
| 役銀帳　舟運30 | 役銀帳　舟運34 | 長浜町切絵図［町名］ | 船証文　舟運72 | 船員数調査　舟運100 | 丸子船の船番号 |
| 市三郎　155 | 市三郎　155 | 市平［船片原南３］ | 久四良　155 | 辻久四郎　155 | 3 |
| 小右衛門　150 | 小右衛門　155 | 小右衛門［小船西10］ | 小治良　155 | 小治郎　155 | 20 |
| 茂平　155 | 茂平　155 | 左近右衛門［下船西13］塩屋左近右衛門　船問屋 | 茂平　155 | 西田茂平　155 | 31 |
| 吉川三介 200/140 | 吉川三左衛門 200/140 | 吉川三左衛門［上船西10］ | 吉川俊治 200/140 | 吉川俊治　200/140 | 59・60 |
| 元三四郎船　三左預り　150 | 元三郎平　150 | 員与［下船西11］柴屋三四郎　船問屋 | 三四良　150 | 増田三四郎　150 | 57 |
| 次郎右衛門　155 | 次郎右衛門　155 | 甚兵衛［小船東11］ | 甚平　155 | 馬場甚平　155 | 2 |
| 新四郎　140 | 新四郎　155 | 新四郎［小船西３］ | 新四良　155 | 西浜新四郎　155 | 33 |
| 介三郎　155 | 介三郎　155 | 助三郎［船片原１］ | 三良　155 | 下之郷三郎　155 | 30 |
| 善五郎　155 | 善五郎　155 | 善五郎［下田西11 ？］ | 善五郎　155 | 善五郎　155 | 34 |
| 仁右衛門　155 | 仁兵衛　155 | 仁平［小船東15］ | 仁平　155 | 増田仁平　155 | 1 |
| 彦十郎　155 | 彦十郎　155 | 彦十郎１［小船東7/8］ | 彦十良　155 | 尾板彦十郎　155 | 32 |
| 又右衛門　155 | 又右衛門　155 | 又右衛門［下船西12］塩屋武平　船問屋 | 武七　155 | 西村武七　155 | 36 |
| 弥次平　155 | 弥次平　155 | 弥二兵衛［下船西８］東屋弥次兵衛　船問屋 | 弥治平　155 | 岡田弥次平　155 | 35 |
| 市右衛門　155 | 市右衛門　155 | 市右衛門［小船東３］ | 徳治良　155 | 徳次郎　155 | 49 |
| 市三郎　155 | 市三郎　155 | 市平［船片原南３］ | 久四良　155 | 辻久四郎　155 | 54 |
| 嘉右衛門　155 | 加右衛門　155 | 嘉左衛門［稲荷西13］ | 嘉内　155 | 尾板嘉内　155 | 15 |
| 角右衛門　145 | 七右衛門　155 | 七右衛門［下船東16］ | 七平　155 | 七平　155 | 47 |
| 久次郎　155 | 久次郎　155 | 久次郎［稲荷西11］ | 久治良　155 | 中村久治郎　155 | 5 |
| 久右衛門　140 | 久右衛門　155 | 久兵衛［小船東12］ | 久平　155 | 阿蘇久平　155 | 23 |
| 源太郎　155 | 源太郎　155 | 源太郎［小船東14］ | 源太郎　155 | 中川源太郎　155 | 16 |
| 五平　155 | 五平　155 | 五平［中鞴西１］ | 五平　155 | 五平　155 | 44 |
| 作右衛門　155 | 作右衛門　155 | 作左衛門［船片原10］ | 作七　155 | 吉川作七　155 | 37 |
| 善七　145 | 善七　155 | 佐二兵衛［小船西６］ | 左治平　155 | 左次平　145 | 51 |
| 九介　155 | 九介　155 | 佐介［小船西１］ | 七治良　155 | 七治郎　155 | 43 |
| 三九郎　155 | 三九郎　155 | 三九郎［小船西12］ | 三九良　155 | 阿蘇三九郎　155 | 17 |
| 次平　155/155 | 次平　155/155 | 次兵衛［小船西５　六左衛門持？］ | 治平　155/155 | 川瀬治平　155 | 7・25 |
| 重右衛門　145 | 重右衛門　155 | 十右衛門［下船南２］ | 重平　155 | 宮川重平　155 | 24 |
| 重郎平　155 | 重郎平　155 | 十郎兵衛［十一西７］ | 重良平　155 | 十郎平　155 | 19 |
| 次郎助　155 | 次郎介　155 | 治郎介［小船東９］ | 治良平　155 | 弥次平　155 | 14 |
| 次郎平　90 | 次郎平　90 | 次郎兵衛［稲荷西８］ | 治良平　95 | 西浜治郎平　95 | 29 |
| | | 喜助［小船東１］ | | （喜助） | |

表2－3　丸子船の船持リスト①　大丸子船（65石以上）　船持No.は整理用に仮につけたもの。

| 和暦（西暦） | 元禄6年（1693） | 享保15年（1730） | 寛延2年（1749） | 宝暦13年（1763） | 天明元年（1781） |
|---|---|---|---|---|---|
| 史料名／船持No. | 役銀帳　舟運22 | 船方諸事留帳　舟運補62 | 役銀帳　舟運27 | 役銀帳　舟運27 | 役銀帳　舟運28 |
| 1 | 久四郎　130 | 市兵衛　135 | 市兵衛　145 | 市兵衛　155 | 市平　155 |
| 2 | 小右衛門　110 | 小右衛門 105（大浦行きからその他行きに変更） | 小右衛門　105 | 小右衛門　150 | 小右衛門　150 |
| 3 |  | （小丸子持 No. 2より） | 茂兵衛　155 | 左近右衛門　155 | 左近右衛門　155 |
| 4 | 三左衛門　200/100 | 三左衛門　140/200 | 三左衛門　200/140 | 三左衛門　200/140 | 三左衛門200/140 |
| 5 | 三四郎　110 | 三四郎　115 | 介三郎　120 | 三四郎　155 | 三四郎　150 |
| 6 | 次郎左衛門 115/80 | 甚兵衛　95 | 甚兵衛　125 | 甚兵衛　155 | 甚兵衛　155 |
| 7 | 新四郎　140 | 新四郎　95 | 三四郎　130 | 新四郎　140 | 新四郎　140 |
| 8 | 助左衛門　165 | 介三郎　115 | 新四郎　140 | 介三郎　155 | 助三郎　155 |
| 9 | 長左衛門　105 | 長左衛門　100 | 長左衛門　115 | 長左衛門　155 | 長左衛門　155 |
| 10 | 仁兵衛　70 | 仁兵衛　110 | 仁兵衛　130 | 仁兵衛　155 | 仁兵衛　155 |
| 11 | 彦十郎　100→115 | 彦十郎　115 | 彦十郎　145 | 彦十郎　145 | 彦十郎　150 |
| 12 |  | （小丸子持 No. 3より） | 又左衛門　105 | 又左衛門　155 | 五郎左衛門　155 |
| 13［ここまで大浦行き］ | 弥次兵衛　90 | 弥次兵衛　115 | 弥次兵衛　110 | 弥治兵衛　155 | 弥次兵衛　155 |
| 14［ここからその他行き］ |  | 市右衛門　125 | 市右衛門　120 | 市右衛門　150 | 市右衛門　155 |
| 15 | 久四郎　80 | 市兵衛　90 | 市兵衛　135 | 市兵衛　155 | 市兵衛　155 |
| 16 | 嘉左衛門　110 | 加左衛門　95 | 加左衛門　120 | 加左衛門　155 | 嘉左衛門　155 |
| 17 | 七左衛門　115 |  |  | 角左衛門　120 | 清右衛門　145 |
| 18 | 久三郎　70 |  | 久三郎　90→155 | 久三郎　155 | 次郎三郎　155 |
| 19 | 久兵衛　110 | 久兵衛　100 | 久兵衛　120 | 久兵衛　140 | 松兵衛　140 |
| 20 | 源太郎　100 | 源太郎　80 | 源太郎　150 | 源太郎　150 | 源太郎　150 |
| 21 | 五兵衛　95 | 五兵衛　95 | 五兵衛　95 | 五兵衛　140 | 五兵衛　140 |
| 22 | （小丸子） | 作左衛門　95 | 作左衛門　105 | 作左衛門　140 | 作左衛門　155 |
| 23 | 左次兵衛　100 | 左次兵衛　85 | 八郎兵衛　145 | 佐次兵衛　145 | 左次兵衛　145 |
| 24 | 左介／佐助 85/110 | 左介　105 | 九介　105 | 佐介　150 | 佐介　150→155 |
| 25 |  | （小丸子持 No. 6より） | 三九郎　140 | 三九郎　140 | 三九郎　145 |
| 26 | 次兵衛　100 | 次兵衛　110 | 次兵衛　110/120 | 治兵衛　155/155 | 次兵衛　155/155 |
| 27 | 十右衛門　95 | 十右衛門　115 | 十右衛門　145 | 十右衛門　145 | 重右衛門　145 |
| 28 |  |  | 十郎兵衛　125 | 十郎兵衛　125 | 十郎兵衛　140 |
| 29 | 次郎介　110 | 次郎介　95 | 次郎介　150 | 治郎介　150→145 | 次郎助　145 |
| 30 |  | 次郎兵衛　95 | 次郎兵衛　95 | 次郎兵衛　95 | 次郎兵衛　95 |
| 31 | 喜兵衛　100 | 惣介　20 |  |  |  |

| 文政元年（1818） | 天保８年（1837） | 元治元年（1864） | 明治４年（1871） | 明治４年（1871） | |
|---|---|---|---|---|---|
| 役銀帳　舟運30 | 役銀帳　舟運34 | 長浜町切絵図［町名］ | 船証文　舟運72 | 船員数調査　舟運100 | 丸子船の船番号 |
| 甚九郎　155 | 甚九郎　155 | 甚九郎［十一西13］ | 甚九郎　155 | 甚九郎　155 | 45 |
| 甚太郎　155 | 甚太郎　155 | 甚太郎［小船西９］ | 甚太良　155 | 甚太郎　155 | 12 |
| 介十郎　155 | 介十郎　155 | 岩蔵［下田西10？］ | 岩治良　155 | 北村岩次郎　155 | 39 |
| 瀬平　145 | 瀬平　140 | 清兵衛［下船東６］ | 七／瀬平　145 | 阿蘇瀬平　145 | 58 |
| 善四郎２<br>155/155 | 善四郎　155 | 善四郎［小船東20］ | 善四良　155 | 中川善四郎　155 | 26 |
| | 善太郎　155 | 善太郎［小船東２］ | 善太良　155 | 吉川善太郎　155 | 4 |
| 太右衛門　155 | 太右衛門　155 | 太平［大安北３］ | 太平　155 | 太平　155 | 11 |
| | | | | | |
| 善六　155 | 善六　155 | 忠左衛門［小船西４］ | 忠七　155 | 川瀬忠七　155 | 53 |
| 長右衛門　155 | 長右衛門　155 | 長右衛門［小船西２］ | 長五郎　155 | 長五郎　155 | 46 |
| | | | | | |
| 伝左衛門　155 | 伝右衛門　155 | 伝左衛門［下船南１］ | 伝治　155 | 川瀬伝次　155 | 42 |
| 伝介　155 | 伝介　155 | 伝介［小船西11］ | 伝蔵　155 | 増田伝蔵　150 | 13 |
| 弥右衛門　155 | 弥右衛門　155 | 弥兵衛［小船西８］ | 徳平　155 | 窪田徳平　155 | 41 |
| 伝次郎　145 | 伝次郎　140 | 伝治郎［小船東13］ | 伝治良　145 | 川瀬伝次郎　145 | 27 |
| 半四郎　155 | 半四郎　155 | 半兵衛［小船東18］ | 半四良　155 | 阿蘇半四郎　155 | 22 |
| 彦右衛門　155 | 彦右衛門　155 | 彦右衛門［小船東10］ | 彦市　155 | 中川彦市　155 | 56 |
| 孫右衛門　155 | 孫平　155 | 孫右衛門［小船東５］ | 孫平　155 | 阿蘇孫平　95 | 21 |
| 又次　155 | 又次　155 | 里与・又次［小船東15？］ | 又治　155 | 又次　145 | 40 |
| 又十郎　155 | 又重郎　155 | 又十郎［小船東19］ | 又重良 | 中川又十郎　155 | 10 |
| 又介　145 | 又助　140 | 又助［小船西13］ | 又蔵　145 | 中川又蔵　145 | 28 |
| 弥吉　130 | 弥吉　155 | 弥平［下船東13？］ | 弥吉　155 | 弥吉　155 | 55 |
| 弥惣　155 | 弥惣　155 | 弥惣［小船東６］ | 弥宗　155 | 阿蘇弥宗　155 | 38 |
| 十三郎　155 | 十三郎　155 | 十三郎［十一西９］ | 十三良　155 | 北村十三郎　155 | 6 |
| 与右衛門　155 | 与平　155 | 与右衛門［小船西14］ | 与平　155 | 川瀬与平　155 | 9 |
| 与吉　155 | 与吉　155 | 与吉［小船東４］ | 与吉　155 | 与吉　155 | 52 |
| 与四郎　135 | 与四郎　155 | 与四郎［南新南10］ | 与四良　155 | 吉田与四郎　155 | 48 |
| 平蔵（与兵衛親族？）　155 | 平蔵　155 | 与平［大安北５］ | 平蔵　155 | 平蔵　155 | 50 |
| 与惣次　155 | 与惣次　155 | 与惣次［小船西５裏？］ | 与三治　155 | 田辺与三次　155 | 8 |
| 六右衛門　155 | 六右衛門　155 | 六右衛門［小船西７］ | 六良　155 | 尾板六郎　155 | 18 |

| 和暦（西暦） | 元禄６年（1693） | 享保15年（1730） | 寛延２年（1749） | 宝暦13年（1763） | 天明元年（1781） |
|---|---|---|---|---|---|
| 史料名／船持 No. | 役銀帳　舟運22 | 船方諸事留帳　舟運補62 | 役銀帳　舟運27 | 役銀帳　舟運27 | 役銀帳　舟運28 |
| 32 | | | 甚九郎　110 | 甚九郎　140 | 甚九郎　140 |
| 33 | 甚太郎　80 | 甚太郎　75 | 甚太郎　90→145 | 甚太郎　155 | 甚太郎　155 |
| 34 | 介十郎　95 | （いったん小丸子船持に） | 介十郎　140 | 介十郎　130 | 助十郎　150 |
| 35 | | 清兵衛　105 | 清兵衛　145 | 清兵衛　145 | 清次郎　145 |
| 36 | 善右衛門　110 | 善右衛門　110 | 小八郎　110 | 善四郎　145 | 善四郎　145 |
| 37 | | 善太郎　95 | 善太郎　120 | 善太郎　135 | 善太郎　135 |
| 38 | | 太兵衛　95 | 太兵衛　125 | 太兵衛　155 | 太右衛門　155 |
| 39 | 左太郎　100→85 | | | | |
| 40 | | 忠左衛門　120 | 忠介　120 | 忠介　155 | 善六　155 |
| 41 | 長右衛門　100 | 長右衛門　85 | 長右衛門　85 | 長右衛門　135 | 長右衛門　150 |
| 42 | 長助　90 | （借り艜船持の長九良へ） | | | |
| 43 | 伝左衛門　110 | 伝左衛門　110 | 伝左衛門　110 | 伝左衛門　150 | 伝左衛門　155 |
| 44 | 孫助　90 | 伝介　115 | 伝介　145 | 伝介　145 | 伝介　145 |
| 45 | 徳兵衛　110 | 徳兵衛　110 | 徳兵衛　115 | 徳兵衛　155 | 徳兵衛　155 |
| 46 | | | | 伝治郎　130 | 伝次郎　145 |
| 47 | | （小丸子持 No.16より） | 半兵衛　75 | 半兵衛　110 | 半兵衛　140 |
| 48 | | | 彦右衛門　125 | 彦右衛門　145 | 彦右衛門　140 |
| 49 | | 孫右衛門　90 | 孫左衛門　110 | 孫右衛門　110 | 孫右衛門　150 |
| 50 | | 又次　110 | 又次　125 | 又治　155 | 平兵衛　155 |
| 51 | 又十郎　105/110 | 又十郎　110 | 又十郎　125 | 又十郎　155 | 孫十郎　155 |
| 52 | 勘右衛門　110 | 又介　110 | 又介　110→135 | 又介　135 | 勘右衛門　145 |
| 53 | 弥吉　95 | 弥吉　110 | 弥吉　110 | 弥吉　110 | 弥吉　110→130 |
| 54 | 弥惣　125 | 弥惣　115 | 弥惣　155 | 弥惣　155 | 弥惣　155 |
| 55 | | （小丸子持 No.19より） | 十三郎 105→155 | 十三郎　155 | 重三郎　155 |
| 56 | | 与右衛門　105 | 十介　125 | 十介　155 | 与右衛門　155 |
| 57 | 与吉　95→105 | 与吉　110 | 与吉　140 | 与吉　140 | 与吉　155 |
| 58 | （脇小丸子） | 与四郎　115 | 与左衛門　120 | 与左衛門　120 | 与左衛門　135 |
| 59 | 与兵衛　105 | 与兵衛　100 | 与兵衛　125 | 与兵衛　155 | 与兵衛　155 |
| 60 | | | （小丸子持 No.20より） | 与惣治（小丸子に１艘追加）　80 | 与惣次　80 |
| 61 | 六右衛門　110 | 六右衛門　95 | 六右衛門　110 | 六右衛門　155 | 六右衛門　155 |

名前の後ろの数字は所有船の積載量（石）

| 文政元年（1818）<br>役銀帳　舟運30 | 天保８年（1837）<br>役銀帳　舟運34 | 元治元年（1864）<br>長浜町切絵図［町名］ | 明治４年（1871）<br>船証文　舟運72 | 明治４年（1871）<br>船員数調査　舟運100 | 丸子船の船番号 |
|---|---|---|---|---|---|
| | | | | | |
| | | | | | |
| | | | | | |
| 久右衛門　20（大丸子持ち） | 久右衛門／九介　20 | 久兵衛［小船東12］ | 七治良（佐助事七治良）／久平 | 阿蘇久平 | 63 |
| 作右衛門　20 | 作右衛門 | 作左衛門［船片原10］ | 作七（作右衛門事） | 作七 | 69 |
| | | | | | |
| | | | | | |
| 重郎兵衛　20 | 重郎平／与惣次　20 | 十郎兵衛［十一西７］／与惣次［小船西５裏］ | 重郎平／与三治 | 宮川十郎平 | 66 |
| 次郎介　20 | 次郎介　20 | 治郎介［小船東９］ | 治良平（治郎助事） | 西浜治郎平 | 68 |
| | | | | | |
| 甚九郎　20 | 甚九郎　20 | 甚九郎［十一西13］ | 甚九良 | 中川甚九郎 | 62 |
| 介重郎　20 | 介重郎　20 | 岩蔵［下田西10？］ | 岩治良（助十郎事） | 北村岩治郎（貸船屋浅次より借り船） | 61 |
| 瀬兵衛　20 | 瀬兵衛　20 | 清兵衛［下船東６］ | 七平（瀬平事） | 清平（貸船屋浅次より借り船） | 64 |
| | | | | | |
| | | | | | |
| | | | | | |
| | 彦右衛門　20 | 彦右衛門［小船東10］ | 彦市（彦右衛門事） | 中川彦市 | 67 |
| | | | | | |
| 十三郎　20 | 十三郎　20 | 十三郎［十一西９］ | 十三良 | 北村十三郎 | 65 |
| | | | | | |
| | | | | | |
| | | | | | |
| | | | | | |
| | | | | | |
| （小船東12） | | 佐介［小船西１］ | | | |
| | | | | | |
| | | | | | |
| | | | | | |
| | | | | | |
| | | | | | |
| | | | | | |
| | | | | | |
| | | | | | |
| | | | | | |
| 伝次郎　20 | | | | | |
| | | | | | |
| | | | | | |
| | | | | | |
| | | | | | |

## 表２−４　丸子船の船持リスト②　小丸子船（60石以下）

船持 No. は整理用に仮につけたもの。

| 和暦（西暦） | 元禄６年（1693） | 享保15年（1730） | 寛延２年（1749） | 宝暦13年（1763） | 天明元年（178 |
|---|---|---|---|---|---|
| 史料名 / 船持 No. | 役銀帳　舟運22 | 船方諸事留帳　舟運補62 | 役銀帳　舟運27 | 役銀帳　舟運27 | 役銀帳　舟運 |
| 1 | 小右衛門　30 | （大丸子持 No. ２と共通） | | | |
| 2 | 左近右衛門　30 | 左近右衛門　20 | （大丸子持 No.3へ） | | |
| 3［ここまで大浦行き］ | 又左衛門　20 | 又左衛門　20 | （大丸子持 No.12へ） | | |
| 4［ここからその他行き］ | 久兵衛　30 | （大丸子持 No.19と共通） | | | |
| 5 | 作左衛門　50 | （大丸子持 No.22と共通） | | | |
| 6 | | 三九郎　20 | （大丸子持 No.25へ） | | |
| 7 | 次兵衛　60（大丸子持 No.26） | 次兵衛　60 | | | |
| 8 | | 十郎兵衛　25 | （大丸子持 No.28と共通） | | |
| 9 | 次郎介　20（大丸子持 No.29） | | | | |
| 10 | 喜兵衛　60（大丸子持 No.31） | | | | |
| 11 | | 甚九郎　20 | （大丸子持 No.32と共通） | | 甚九郎　20 |
| 12 | | 介十郎　20 | （大丸子持 No.34と共通） | | 介十郎　20 |
| 13 | | | （大丸子持 No.35と共通） | | 清次郎　20 |
| 14 | 善右衛門　40（大丸子持 No.36） | | | | |
| 15 | 伝左衛門　30（大丸子持 No.44） | | | | |
| 16 | | 半兵衛　25 | （大丸子持 No.48へ） | | |
| 17 | 彦右衛門　35→30 | 彦右衛門　20 | （大丸子持 No.49と共通） | | |
| 18 | 弥惣　35（大丸子持 No.55） | | | | |
| 19 | 十三郎　60 | 十三郎　55 | （大丸子持 No.56と共通） | | |
| 20 | 弥惣次　30 | 与惣次　20 | 与惣次　20 | 与惣次　20（大丸子にもう１艘追加） | （大丸子持 No.61 |
| 21 | 右三郎　20 | | | （小丸子船から脇船小丸子船に変わる） | |
| 22 | 覚左衛門　30 | 覚左衛門　25 | 角左衛門　40 | | |
| 23 | 加兵衛　20 | | | | |
| 24 | 久右衛門　20 | 久右衛門　50（水入り） | | | |
| 25 | 久五郎　30 | | | | |
| 26 | 源兵衛　25 | （借り艜船持へ？） | | | |
| 27 | 佐右衛門　25 | | | | |
| 28 | 佐兵衛　45 | | | | |
| 29 | 善太郎　55 | | | | |
| 30 | 宗兵衛　20 | 惣兵衛　60（水入り） | | | |
| 31 | 長兵衛？　25 | | | | |
| 32 | 彦左衛門　40 | （借り艜船持の彦八へ） | | | |
| 33 | 増右衛門　55→35 | | | | |
| 34 | | | | | 長右衛門　20 |
| 35 | 与四郎　50 | | | | |
| 36 | | 久三郎　50 | | | |
| 37 | | 伝左衛門　45 | 伝左衛門　55 | | |
| 38 | | 七郎兵衛　20（水入り） | 七郎兵衛　20 | 七郎兵衛　20 | |
| 39 | | 太右衛門　20（水入り） | 太右衛門　20 | | |

## 「丸子船の船持リスト」の検証

試しとして、作成した「丸子船の船持リスト」を多くの船持が記載されている文書と突き合わせ、船持どうしが重なるかでその正確性を検証した。

検証に使った資料は、『近江長濱町志』第2巻に収録されている宝暦10年（1760）の「登せ米への鳥目《ちょうもく》の請印文書」である。船持が登せ米舟運に対する給金を受け取った文書にあたる。

この資料と近い年代は、3~4年違いの「丸子船の船持リスト」のうちの、宝暦13年（1763）・明和元年（1764）であるので、比較できるように整理して並べたのが表2-5である。

結果として、書き誤りなどはあるもののすべ

次ページ表からの続き

| | 丸子船の船持リスト | | | |
|---|---|---|---|---|
| 和暦（西暦） | 宝暦13年（1763） | | 明和元年（1764） | |
| 史料名 | 役銀帳　舟運27 | | 役銀帳　舟運27 | |
| 船持 No.（欠番あり） | | 積載量 | | 積載量 |
| 49 | 孫右衛門 | 110 | 孫右衛門 | 110 |
| 50 | 又治 | 155 | 又治 | 155 |
| 51 | 又十郎 | 155 | 又十郎 | 155 |
| 52 | 又介 | 135 | 又介 | 135 |
| 53 | 弥吉 | 110 | 弥吉 | 110 |
| 54 | 弥惣 | 155 | 弥惣 | 155 |
| 55 | 十三郎 | 155 | 十三良 | 155 |
| 56 | 十介 | 155 | 与右衛門 | 155 |
| 57 | 与吉 | 140 | 与吉 | 140 |
| 58 | 与左衛門 | 120 | 与左衛門 | 120→135 |
| 59 | 与兵衛 | 155 | 与兵衛 | 155 |
| 60 | 与惣治 | 80 | 与惣次 | 80 |
| 61 | 六右衛門 | 155 | 六右衛門 | 155 |

| 近江長濱町志　第2巻　P74～77 | | | |
|---|---|---|---|
| 宝暦10年（1760） | | | |
| 「登せ米への鳥目の請印文書」 | | | |
| | 誤り修正 | 鳥目（文） | 出船回数 |
| 孫右衛門 | | 54 | 1 |
| 又次 | | 54 | 1 |
| 又十郎 | | 166 | 3 |
| 又六 | 又介 | 54 | 1 |
| | | | 0 |
| 弥惣 | | 54 | 1 |
| 十三郎 | | 166 | 3 |
| 十六 | 十介 | 116 | 2 |
| 与吉 | | 278 | 5（最多） |
| 与左衛門 | | 112 | 2 |
| 与兵衛 | | 166 | 3 |
| | | | 0 |
| 六右衛門 | | 112 | 2 |
| | 鳥目合計 | 7,216文 | |
| | 出船船数合計 | | 134艘 |
| | 船持合計 | | 58人 |
| | 53人出船、5人出船せず | | |
| | 船持平均出船回数 | | 2.5回 |

## 表2-5　船持リストと別の資料との比較

| | 丸子船の船持リスト | | | |
|---|---|---|---|---|
| 和暦（西暦） | 宝暦13年（1763） | | 明和元年（1764） | |
| 史料名 | 役銀帳　舟運27 | | 役銀帳　舟運27 | |
| 船持 No.（欠番あり） | | 積載量 | | 積載量 |
| 1 | 市兵衛 | 155 | 市兵衛 | 155 |
| 2 | 小右衛門 | 150 | 小右衛門 | 150 |
| 3 | 佐小右衛門 | 155 | 左小右衛門 | 155 |
| 4 | 三左衛門 | 200 | 三左衛門 | 200 |
| 5 | 三四郎 | 155 | 三四郎 | 155 |
| 6 | 甚兵衛 | 155 | 甚兵衛 | 155 |
| 7 | 新四郎 | 140 | 新四郎 | 140 |
| 8 | 介三郎 | 155 | 介三郎 | 155 |
| 9 | 長左衛門 | 155 | 長左衛門 | 155 |
| 10 | 仁兵衛 | 155 | 仁兵衛 | 155 |
| 11 | 彦十郎 | 145 | 彦十郎 | 145 |
| 12 | 又左衛門 | 155 | 又左衛門 | 155 |
| 13 | 弥治兵衛 | 155 | 弥次兵衛 | 155 |
| 14 | 市右衛門 | 150 | 市右衛門 | 150 |
| 15 | 加左衛門 | 155 | 加左衛門 | 155 |
| 16 | 角左衛門 | 120 | 角左衛門 | 120 |
| 18 | 久三郎 | 155 | 久三郎 | 155 |
| 19 | 久兵衛 | 140 | 久兵衛 | 140 |
| 20 | 源太郎 | 150 | 源太郎 | 150 |
| 21 | 五兵衛 | 140 | 五兵衛 | 140 |
| 22 | 作左衛門 | 140 | 作左衛門 | 140 |
| 23 | 佐次兵衛 | 145 | 左治兵衛 | 145 |
| 24 | 佐介 | 150 | 左介 | 150 |
| 25 | 三九郎 | 140 | 三九郎 | 140 |
| 26 | 治兵衛　２艘持ち | 155/155 | 次兵衛 / 治兵衛 | 155/155 |
| 27 | 十右衛門 | 145 | 十右衛門 | 145 |
| 28 | 十郎兵衛 | 125 | 十郎兵衛 | 125 |
| 29 | 治郎介 | 150→145 | 次郎介 | 145 |
| 30 | 次郎兵衛 | 95 | 次郎兵衛 | 95 |
| 32 | 甚九郎 | 140 | 甚九郎 | 140 |
| 33 | 甚太郎 | 155 | 甚太郎 | 155 |
| 34 | 介十郎 | 130 | 介十郎 | 130 |
| 35 | 清兵衛 | 145 | 清兵衛 | 145 |
| 36 | 善四郎 | 145 | 善四郎 | 145 |
| 37 | 善太郎 | 135 | 善太郎 | 155 |
| 38 | 太兵衛 | 155 | 太兵衛 | 155 |
| 40 | 忠介 | 155 | 忠介 | 155 |
| 41 | 長右衛門 | 135 | 長右衛門 | 135 |
| 43 | 伝左衛門（伝二郎に分かれる） | 150 | 伝左衛門 | 150 |
| 44 | 伝介 | 145 | 伝介 | 145 |
| 45 | 徳兵衛 | 155 | 徳兵衛 | 155 |
| 46 | 伝治郎（伝左衛門の別れ） | 130 | 伝四郎 | 130 |
| 47 | 半兵衛 | 110 | 半兵衛 | 110 |
| 48 | 彦右衛門 | 145 | 彦右衛門 | 125 |

| 近江長濱町志　第２巻　P74～77 | | | |
|---|---|---|---|
| 宝暦10年（1760） | | | |
| 「登せ米への鳥目の請印文書」 | | | |
| | 誤り修正 | 鳥目（文） | 出船回数 |
| 市兵衛 | | 166 | 3 |
| 小右衛門 | | 166 | 3 |
| 左近右衛門 | | 166 | 3 |
| | | | 0 |
| 三四郎 | | 112 | 2 |
| 甚兵衛 | | 166 | 3 |
| 新四郎 | | 166 | 3 |
| 六三郎 | 介三郎 | 112 | 2 |
| 長左衛門 | | 166 | 3 |
| 二兵衛 | 仁兵衛 | 54 | 1 |
| 彦十郎 | | 224 | 4 |
| 又左衛門 | | 112 | 2 |
| 弥次兵衛 | | 112 | 2 |
| 市右衛門 | | 224 | 4 |
| 加左衛門 | | 166 | 3 |
| 角左衛門 | | 54 | 1 |
| 久三郎 | | 166 | 3 |
| 久兵衛 | | 54 | 1 |
| 源太郎 | | 112 | 2 |
| 五兵衛 | | 112 | 2 |
| 作左衛門 | | 166 | 3 |
| 左次兵衛 | | 224 | 4 |
| 左六 | 佐介 | 166 | 3 |
| 三九郎 | | 166 | 3 |
| 次兵衛 | | 166 | 3 |
| 十右衛門 | | 166 | 3 |
| 十兵衛 | 十郎兵衛 | 224 | 4 |
| 次郎吉 | | 166 | 3 |
| | | | 0 |
| 甚九郎 | | 166 | 3 |
| 甚太郎 | | 166 | 3 |
| 六十郎 | 介十郎 | 54 | 1 |
| 清兵衛 | | 166 | 3 |
| 善四郎 | | 54 | 1 |
| 善太郎 | | 112 | 2 |
| 太兵衛 | | 224 | 4 |
| 忠左衛門 | （名替り） | 54 | 1 |
| 長右衛門 | | 166 | 3 |
| 伝左衛門 | | 166 | 3 |
| 伝六 | 伝介 | 112 | 2 |
| 徳兵衛 | | 112 | 2 |
| 伝次郎 | | 166 | 3 |
| 半兵衛 | | 112 | 2 |
| | | | 0 |

ての船持は一致した。「丸子船の船持リスト」にあがった当時の船持は58名で、60艘（2艘持が2名）の船を所持し、比較した「登せ米への鳥目」ではそのうち53名の船持が、登せ米の舟運に関わっていた。よって「丸子船の船持リスト」以外の新たな船持はいないことが確認できる。

また、出船していない船持は次の5名だった。

吉川三左衛門（町年寄）、次郎兵衛《じろべえ》（持船95石）、彦右衛門《ひこえもん》（持船125石）、弥吉《やきち》（持船110石）、与惣治《よそじ》（持船80石）

吉川三左衛門船は、町年寄のため通常は登せ米の舟運には出船しない慣例と思われる。他の4名は、135～155石積みが主流となっていた当時にあって、いずれも積載量がそれより少ない船である。

また、この期間で名替りした者は1名で、「忠介」→「忠左衛門」となっていた。

その他に漢字の書き誤りと思われるものが、上の表のとおり8名あった。いずれもくずし字では誤りやすい漢字を間違えていた。

以上をもって、「丸子船の船持リスト」は有用であることは証明できたと考えられる。

丸子船リスト作成で見つかった字の誤り

| 誤 | 正 |
|---|---|
| 六三郎 | 介三郎 |
| 二兵衛 | 仁兵衛 |
| 左六 | 佐介 |
| 十兵衛 | 十郎兵衛 |
| 六十郎 | 介十郎 |
| 伝六 | 伝介 |
| 又六 | 又介 |
| 十六 | 十介 |

## 単位について

以下の章では、いろいろな単位が出てくる。したがって、江戸時代特有の単位や、現代の単位との関係など理解する必要がある。しかし、江戸時代には、「重さ」と「容積」の基準が曖昧なため、例えば「駄《だ》」は馬１頭に積んだ荷駄量であり、正確な重さはわからない。また、時代・地域によっても異なり、つかみどころがない。

本書では便宜上《べんぎじょう》、次のように換算した。

特に、１石《こく》≒１駄≒２乗人としている。

| 重さ（容積）単位 |
|---|
| １石≒2.5俵≒150kg（米の場合） |
| １俵≒60kg≒0.4石（米の場合） |
| １駄≒36貫目≒135kg≒0.9石 |
| 乗人１人≒50kg |

| 長さ単位 |
|---|
| １間《けん》＝１尋《ひろ》＝６尺≒182cm |
| １尺≒30.3cm |
| １丈＝10尺＝100寸≒303cm |

| 重さ（銀貨）単位 |
|---|
| １貫＝1,000匁 |
| １匁《もんめ》＝10分《ぶ》＝100厘《りん》＝1,000毛《もう》 |
| ＝銀の重さ3.75g |

# 第3章
# 長浜湊の丸子船

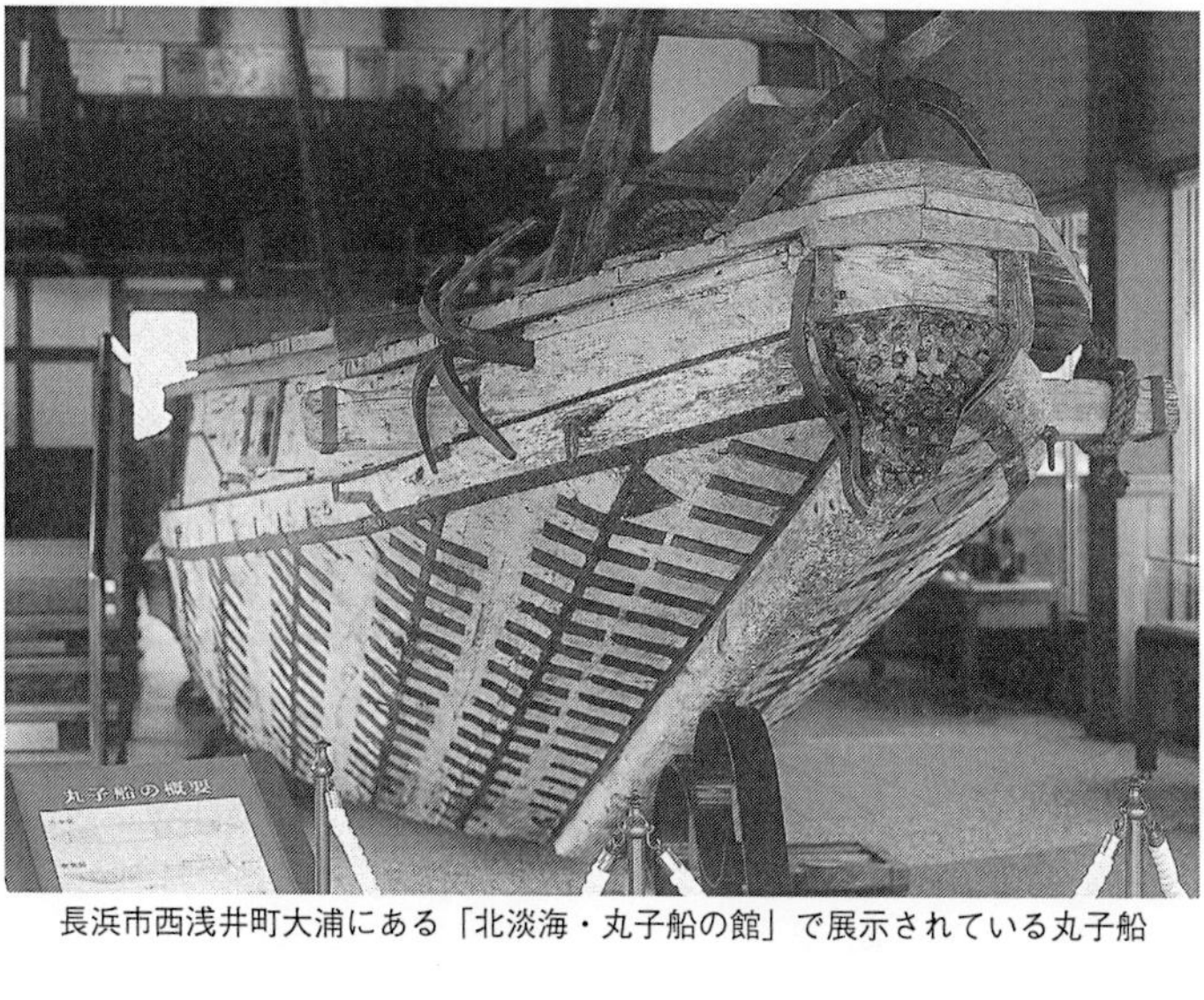

長浜市西浅井町大浦にある「北淡海・丸子船の館」で展示されている丸子船

## 1　丸子船の概要

琵琶湖特有の船とされる「丸子船《まるこぶね》」に関しては多くの書籍があるので、本書ではその歴史や構造上の特徴などに関する説明は以下のように最低限にとどめる。

江戸時代に琵琶湖で利用された船は、構造から大別して「丸子船」と「艜船《ひらたぶね》」の2種類である。このうち丸子船は、丸木を半分にした重木《おもぎ》と呼ばれる部材を、船の安定化と補強のため、船の側面に取りつけた構造の船である。また、舳先《へさき》の斜めに板をつなぎ合わせた部分の継ぎ目に金属製の「伊達《だて》鎹《かすがい》」と呼ばれる墨で黒く塗った銅板が用いられ、外観上の特徴となっていた。大量の物資の輸送に適し、主に各湊間の輸送に用いられ、推進力は竿《さお》もふくみ帆《ほ》と艫《ろ》であり、梶《かじ》で方向を制御でき、琵琶湖舟運の中心をなす船であった。

加えて彦根藩にとって、欠くことのできない船であった。文政5年（1822）に彦根藩から三湊と村々の船持へ出された四三カ条の「船方触書《ふなかたふれがき》」（片山源五郎家文書）の三条にも、「三湊丸子船之義ハ御用船之事ニ候得者、常式舟丈夫ニ致置可申候」とあるように、彦根藩御用船として、年貢米の運搬や軍事目的のため、常時運行可能な状態に保つようにと船持に命じていた。

## 丸子船の分類

丸子船の積載量の単位は石《こく》である。第2章の最後にも書いたが、１石は米俵《こめだわら》（60kg）でいうと２・５俵《ひょう》、重さ約１５０kgにあたる。１００石積みであれば、およそ２５０俵＝15ｔを積んだことになる。丸子船の積載量は5石刻みで表され、65石以上の船は「大丸子船《おおまるこ》」、60石以下の船は「小丸子船《こまるこ》」と区分されていた。

長浜湊の特徴として、丸子船の中でも大浦湊から荷駄の積み出しの権利を持つ「大浦行き」と、権利を持たない「その他行き」に区分されていた。

どの船も、「船方触書」に合致した船であり、役銀・用途・順守／禁止事項などが事細かに規定されていた。

## 丸子船の積載量と寸法

丸子船については、船の積載量によって役銀《やくぎん》（彦根藩の船に課された毎年年末に納める税金。この帳簿が、船持リストに使った資料「役銀帳」）が異なるため、建造時や改造時に船ごとに積載量を計測して決められていた。船持の立ち会いのもと、実際に米を何俵積めるかが測定された。例えば享保15年（１７３０）3月に催された船持会合の規定には、実際に米を船に積み込んで、「船の切っ先にて艫下縫目《ともしたぬいめ》より天水まで五寸（約15㎝）、舳先《へさき》の方にて縫目より天水より八寸（約24㎝）と定め」

表3-1　「船方触書」における丸子船の積載量と船寸法

| 積載量 | 平均積載量 | 重木（長さ） | 幅 | 古掛高（高さ） | 古掛高修正 | 誤差 |
|---|---|---|---|---|---|---|
| 180石 | 180石 | 6尋1尺 | 1丈2寸 | 2尺 | 1尺9寸 | 1寸 |
| 130～170石 | 150石 | 6尋 | 9尺5寸 | 2尺 | 1尺7寸 | 3寸 |
| 90～120石 | 105石 | 5尋 | 8尺5寸 | 1尺5寸 | 1尺6寸 | 1寸 |
| 50～80石 | 65石 | 4尋 | 7尺5寸 | 1尺 | 1尺4寸 | 4寸 |
| 20～40石 | 30石 | 4尋 | 6尺 | 8寸 | 8寸 | 0寸 |

と記され、実際に計測されていた。375俵積めた場合、積載量としては150石であるが、積載量は安全性を考え、80石程度で運行されてされていた。

また、「船方触書」（五条～九条）には、丸子船の規定として大まかに積載量と船寸法が、上に示した表3-1のように示されている。

次ページの図3-1は、長浜市西浅井町菅浦で陸揚げして保存されている丸子船の実測図と滋賀県立琵琶湖博物館に展示されている復元丸子船の接合横断図である。いずれも「百石積み」とされる。「船方触書」の積載量でいえば90～120石の船にあたり、重木の長さは1尋《ひろ》＝182㎝換算で約9m10㎝、幅（重木の先端部が最大幅にあたる）は1尺＝30・3㎝換算で2m58㎝、「古掛高《ふるかけだか》」（側面の「フリカケ」と呼ばれる部材の重木先端部での高さと推測）は45・5㎝になるはずである。スケールをもとに実測図上の長さを算出すると、ほぼ規定の寸法となった。これなら重木の先端に立ち、3方向を計ればすむ。

さらに、「重木」（長さ）・「幅」と「古掛高」（高さ）を積算すると、船の積載量に比例すると考えて試算してみた。その結果、各クラス

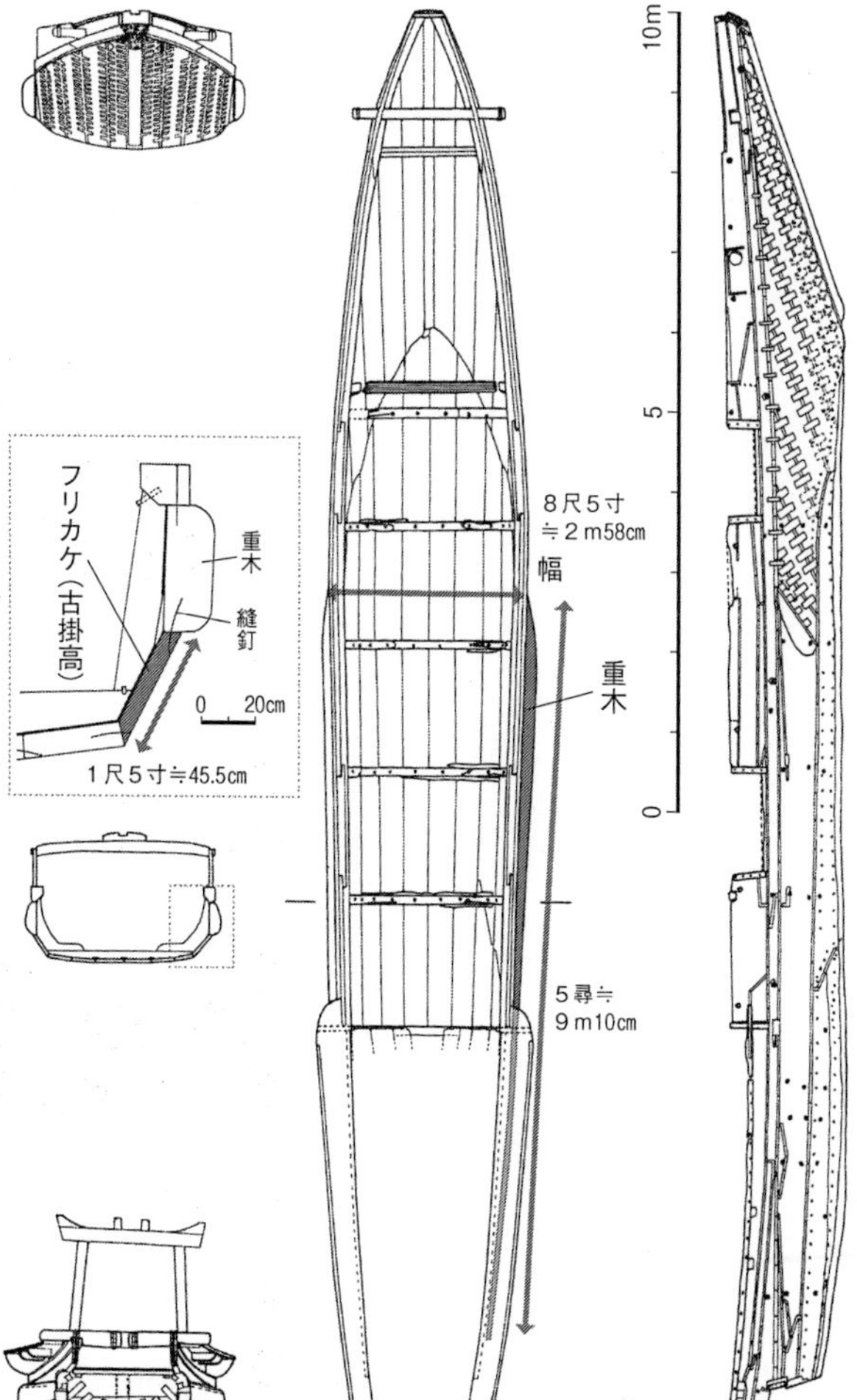


の平均積載量になるようにするには、比例定数を「1・53」とし、「古掛高」で修正すると誤差が数寸程度であり、次の計算式が成り立つことになる。

図３−１　長浜市西浅井町菅浦の丸子船の実測図と
滋賀県立琵琶湖博物館の復元丸子船の接合横断面（囲み内）
（『琵琶湖博物館研究調査報告第13号　よみがえる丸子船』より転載、スケールと文字を追加）

平均積載量　「重木」×「幅」×「古掛高修正」×1・53（比例定数）

さらにこの丸子船の基本構成要素である重木・幅・古掛高の寸法による計算式から、大丸子船（180石船）と小丸子船（30石船）の構造的な特徴を考察してみた。

180石船は30石船の6倍の容積を持つことから、30石船の各要素（高さ・幅・長さ）が「6の三乗根」＝約1・817倍（標準割合）になれば、丸子船と小丸子船は相似形であり特徴の相違がないことになる。

比率を計算してみると、上の表3-2の数値が得られ、両者は相似形ではなかったことがわかる。

表3-2　大丸子船と小丸子船の各寸法の対比表

| | 積載量 | 重木（長さ） | 幅 | 古掛高（高さ） |
|---|---|---|---|---|
| 小丸子船 | 30石 | 4.0 | 6.0 | 0.8 |
| 大丸子船 | 180石 | 6.1 | 10.2 | 1.9 |
| 比率 | 6 | 1.53 | 1.70 | 2.4 |
| 標準割合　1.817対比（%） | | 84 | 94 | 132 |

小丸子船（30石）に対する大丸子船（180石）の寸法は、「古掛高」（高さ）の増加割合が多く、30%ほど増えることで喫水線が深くなり安定性が増したものと考えられる。また、「幅」の減少が「重木」（長さ）より少ないためスピードは出なくなるが横波に対する安定性が増していると考えられ、大量に荷駄を運ぶのに適した形と言える。

逆に小丸子船から見ると、大丸子船より安定性は劣るが、スピードが出る特徴を持つ形状と考えられ、昔の船大工の工夫の跡が見て取れる。

## 丸子船の役銀・極め印

役銀は、大丸子船「大浦行き」の場合、100石当たり年間6匁《もんめ》5分《ぶ》で、「その他行き」では100石当たり年間5匁5分であった。さらに、積載量に比例して5石刻みで詳細に決められていた。100石船との比例計算で、例えば155石船の場合なら「大浦行き」は10匁7厘《りん》5毛《もう》、「その他行き」は8匁5分2厘5毛というように、「毛」の位まで明確に規定されていた。

この「大浦行き」と「その他行き」との区分は、元禄期から明治初期まで基本的に代々受け継がれている。つまり、丸子船持には、2種類の持ち株があった。

一方、小丸子船の場合には、60石以下の丸子船で、積載量に関係なく役銀が一律年間3匁5分と決められていた。

これらの役銀は、前年暮れの12月10日までに納めるよう決められていた。

さらに、丸子船（大艜船も含む）には個々の判別・管理のため、「極め印」が義務づけられていた。建造時、改造時、薄れた場合など含め、極め印代は1匁で、役銀と同時に収めるよう決められていた。この「極め印」は、先ほど述べたように「御用船」として管理する目的があったと思われる。

## 大浦行き丸子船（大浦行きの推論と船持）

長浜湊の発展の一因は、2湊（松原・米原）にはなく、長浜湊だけ存在する「大浦行き」にある。

長浜湊は、敦賀《つるが》と海津《かいづ》を結ぶ「七里半越《しちりはん》え」と呼ばれる道につながる「山中越《やまなか》え」を開削する際に協力した見返りとして6浦（株）を譲られた。そのため長浜の船は大浦においては大浦の船と同様に荷駄を船積みする権利を持っており、この船は「大浦行き」と呼ばれた。

推論として、大浦出の荷物を船積みする権利を得たことは、中京地方と北国筋との中継荷の舟運だけでなく、北四ヵ浦の「廻船《かいせん》丸子船」（49ページ参照）と同様に、大津奉行所管轄の北国筋からの荷駄を、大浦から大津方面へ積み出していたと想像できる。さらに彦根藩大津蔵から長浜湊へと三角舟運も可能である。つまり、湊ごとに船積みができたので、効率的な舟運が可能であったと考えられる。

なお、「船方触書」十九条からみて、役銀も「大浦行き」と北四ヵ浦「廻船丸子船」は、特権のためか、他の丸子船より高く設定してあったと考えられる（北四ヵ浦「廻船丸子船」・「大浦行き」ともに役銀が100石当たり6匁5分であった）。

慶安2年（1649）「江州《ごうしゅう》諸浦船数帳」（芦浦観音寺文書、『長浜市史』第3巻の表18）によると、大浦の丸子船は6艘で、開削当時の大浦にとって、他の湖北三ヵ浦（今津52艘、海津50艘、塩津43艘）と比べて船数が少なく、当時舟運量を確保のために長浜湊の「大浦行き」が肩代わりしていたのかもしれない。

元禄6年（1693）「役銀帳」によると、当時「大浦行き」の船は、吉川三左衛門のような大丸子船2艘持や小丸子船3艘を含めて15艘あった。

そして、この「大浦行き」の船持13名のうち8名は、表3-3にまとめたように、単なる船持でなく、船問屋業も兼ねていた。北国筋・上方筋との円滑な舟運に寄与していたとも考えられる。

特異な例として、大浦行き船持のうち「久四郎／市兵衛」は「その他行き」丸子船持でもある。元禄6年当時において久四郎船はそれぞれの役銀を払っている。そして少なくとも元禄期から明治4年（1871）まで2艘で名替えはあるものの、代々続いている。

表3-3　船問屋を兼ねる船持

| 船持名 | 職業・役職 | 在住地（役） |
|---|---|---|
| 吉川三左衛門　二艘持 | 八軒問屋　船年寄 | 上船 |
| 久四郎／市兵衛 | 新問屋 | 船片原 |
| 塩屋左近右衛門／茂平 | 船問屋 | 下船 |
| 三四郎／三郎平 | 八軒問屋 | 下船 |
| 介三郎／助左衛門 | 八軒問屋　船年寄 | 船片原（町代） |
| 長左衛門／（善五郎） | 八軒問屋 | 船片原 |
| 又左衛門衛門<br>／五郎左衛門 | 八軒問屋 | 下船 |
| 東屋弥次兵衛 | 新問屋 | 下船 |

## 小丸子船の判別など

先ほど述べたように大丸子船の場合は、役銀で「大浦行き」と「その他行き」の区別がつくが、60石以下の小丸子船の場合、積載量に関わらず一律役銀が同額なので役銀帳から区別がつかない。つまり、大丸子船に作り替えられた時に明らかになる。

その例として、「丸子船の船持リスト」から判別不可能な船持の船履歴をあげてみる。

第2章の表2-4にある小丸子船の船持No.2の左近右衛門《さこんえもん》所有の船の場合

元禄6年の小丸子30石→元禄15年の大丸子75石に。役銀代から「大浦行き」とわかる。

同じく小丸子船の船持No.3の又左衛門《またざえもん》所有の船の場合

元禄6年の小丸子20石→元禄15年の小丸子25石→享保6年の小丸子20石→享保19年の大丸子125石に。役銀代から「大浦行き」とわかる。

同じく小丸子船の船持No.5の作左衛門《さくざえもん》所有の船の場合

元禄6年の小丸子50石→元禄15年の大丸子70石に。役銀代から「その他行き」とわかる。

本書掲載の表では省略した年もあるが、このように調べることにより、元禄6年(1693)には、小丸子船28艘中、小右衛門《こうえもん》船・左近右衛門船・又左衛門船の3艘が「大浦行き」であることがわかる。

なお、丸子船持は、基本的に小丸子船から大丸子船への作り替えや名替えはあっても代々受け継がれており、宝暦(1751~64)ごろまで小丸子船持の廃業はあったが、他家へ引き継がれることはほぼなかった。ただ、先ほどの「左近右衛門」の場合、表3-4のように時代推移とともに丸子船の種類・積載量・船持名などが何度か変化している。

なお、船持名の左近右衛門(小)/茂平(兵衛)は、同年に、重複して存在せず、名替りしながら代々船持業が受け継がれていることがわかる。また、届けを出して役銀さえ支払えば、大丸子船から小丸

表３-４　左近右衛門家の変化

| 和暦（西暦） | 船の種類（積載量） | 船持名 |
|---|---|---|
| 元禄６年（1693） | 小丸子船（30石） | 左近右衛門 |
| 元禄15年（1702） | 大丸子船（75石） | |
| 正徳５年（1715） | 小丸子船（20石） | |
| 元文２年（1737） | | 茂兵衛（名替） |
| 寛延２年（1749） | 大丸子船（155石） | |
| 宝暦13年（1763） | | 左小右衛門<br>（名替元に戻る） |
| 文政元年（1818） | | 茂平（名替） |
| 元治元年（1864） | | 左近右衛門（名替） |
| 明治４年（1871） | | 茂平 |

子船への作り替えができたこともうかがえる。

伝左衛門の場合、宝暦元年までは大丸子船の2艘持ちであったが、宝暦13年（１７６３）には姻戚関係と思われる伝治郎に1艘分け、分家に株分けされている例などもある。

## 西廻り航路整備による「大浦行き」への影響など

寛永年間（１６２４～１６４４）に金沢藩などが年貢米舟運のため日本海を西廻りで関門海峡から瀬戸内海を経て大坂に至る「西廻り航路」を開き、その後元禄年間（１６８８～１７０４）の安治《あじ》川開削などによって水都としての大坂が整備された。その結果、琵琶湖を通過する荷駄が減った。実際に、慶安2年（１６４９）「江州諸浦船数帳」に比べて享保19年（１７３４）では、琵琶湖の南北航路に関わっている丸子船の船数が1割程度減少（５８７艘→５３７艘）している。

しかし、このうち「湖北四ヵ浦」の船数は2倍近くも増加（１５1艘→２７３艘）した。これは、北国荷の出船元の「湖北四ヵ浦」の方が、着船先（大津湊）へタイミングよく荷出しが可能で有利だったためと思われる。また、西廻り航路が整備され、直接大坂へ物資が運ばれるようになっても、金沢藩などの年貢米を大量に大坂蔵に運ぶ目的と異なり、敦賀・小浜《おばま》からの海産物などを消費地の大津・京都へ運ぶ場合、琵琶湖舟運の有利性もあったのでないだろうか。

船持リストからうかがえる西廻り航路の整備が長浜湊へ与えた影響は、宝永元年（1704）に小右衛門所有の「大浦行き」が「その他行き」に変更されて1艘減り、13艘となったことぐらいである。

その後、大浦行きは、幕末ごろには不況の影響で休船状態になるが、元禄期から明治4年（1871）「船員数調査」（舟運100）まで180年近くの間、13艘のままで代々受け継がれている。例外として、船片原町の八軒問屋兼「大浦行き」長左衛門は文化12年（1815）ごろまで続くが、文政元年（1818）に善五郎《ぜんごろう》［下田町？］に引き継がれて、明治4年まで続いた。

表3－5　丸子船の一般的な加子人数

| 加子人数 | 1 | 2 | 3 | 4 | 5 | 合計 | 加重平均 |
|---|---|---|---|---|---|---|---|
| 海津舟＝大丸子船（艘） | 8 | 20 | 20 | 2 | 0 | 116人／50艘 | 2.3人 |
| 同所脇舟＝小丸子船（艘） | 5 | 6 | 0 | 0 | 0 | 17人／11艘 | 1.5人 |

## 丸子船の加子人数の推定

前出の「江州諸浦船数帳」は、丸子船を運行する加子《かこ》（水主とも書く：船員）についても考察できる資料である。注目する箇所は、「海津舟」と「同所脇舟」の部分で、「脇舟」とは、加子人数が1～2人の少人数のもので、小丸子船のことと思われる（3節参照）。

よって海津の箇所は、「海津舟」にあたる大丸子船と「同所脇舟」にあたる小丸子船とに分けて記載されていると考えられる。加子の人数が異なるため、各数値（船数）にそれぞれの重み（加子人数）を掛けたうえで平均値を求める加重平均によって算出した。表3-5から、海津浦と長浜湊との違いはあるかもしれないが、慶安ごろには大丸子船は2～3人、小丸子船は1～2人の加子で運行されていたと考えられる。1人は、梶と帆の操作、他の加子は艫・棹などを担当していたと思われる。急ぐ場合や時代にともなう大型化などに対しては、艫・棹要員の加子を増員して対応したと考えられる。

なお、脇船小丸子船の一種「押切早船《おしきりはやぶね》」については、節を改めて述べる。

## 2　丸子船の積載量の推移

次に「丸子船の船持リスト」によって、丸子船の積載量の時代推移を考察してみたい。元禄期から明治初期までで選んだ八つの年をもとに、図3-2のグラフを作成した。選んだ年は、元禄6年（1693）、享保15年（1730）、寛延2年（1749）、宝暦13年（1763）、天明元年（1781）、文政元年（1818）、天保8年（1837）、明治4年（1871）である。これ以前の慶長5年（1600）までの数字は推定であるが、おおむね時代ごとの推移が読み取れることと思う。

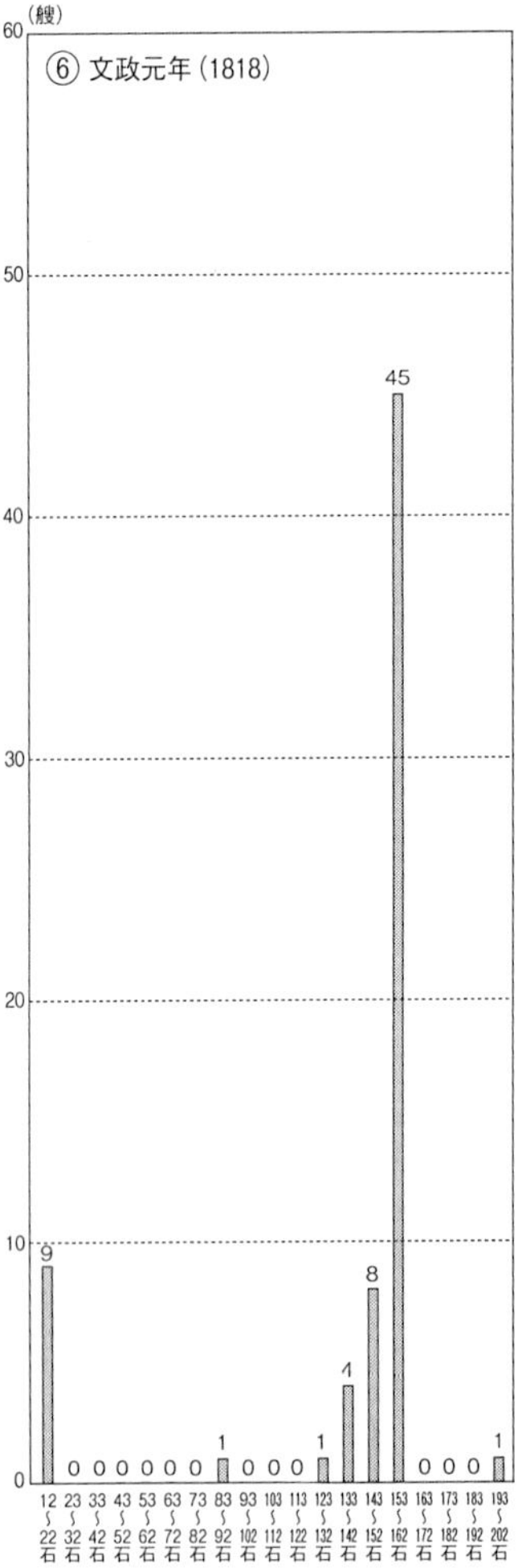


⑦天保8年（1837）…⑧の明治4年とほぼ同じため（133～142石は4艘、143～152石は1艘）、グラフは省略した。

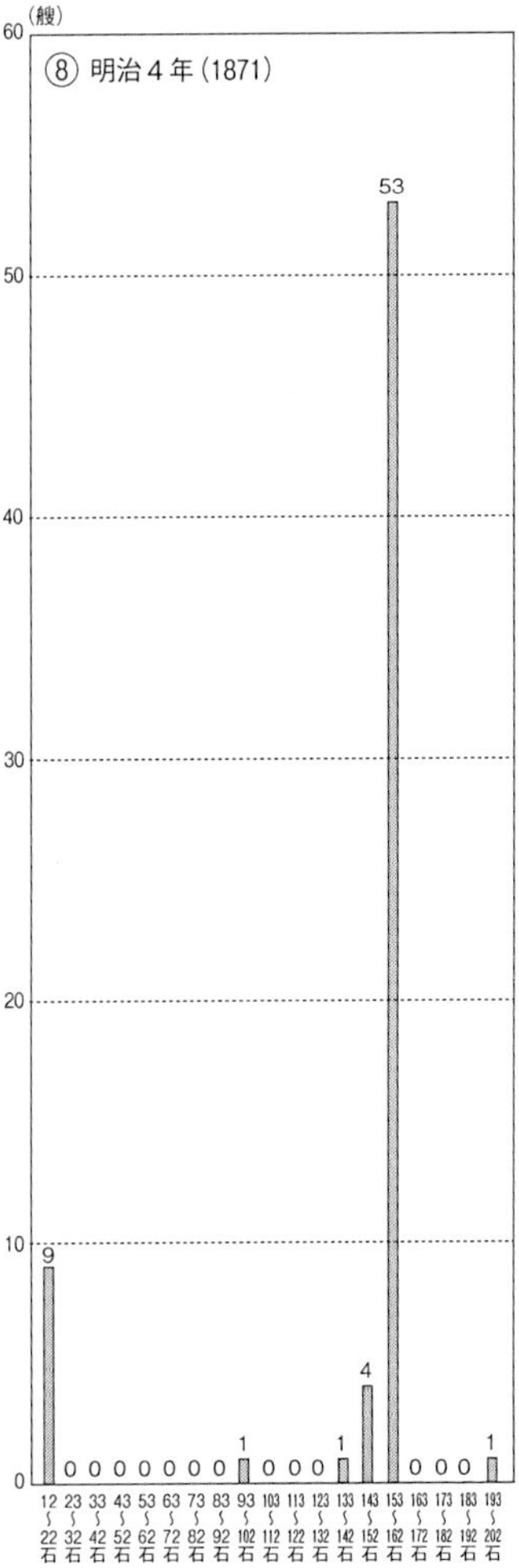

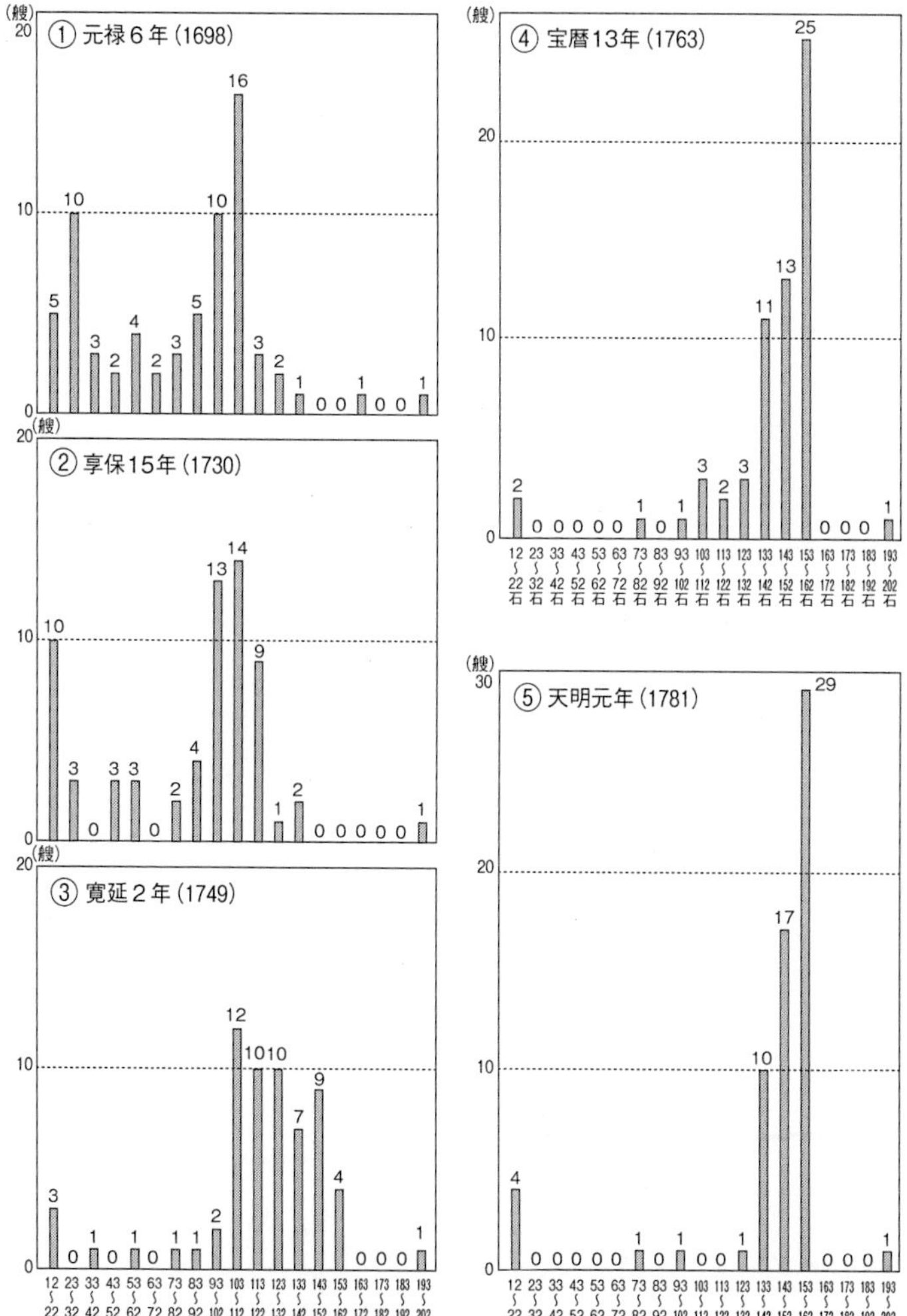


図３−２　丸子船の積載量別船数の推移

まず、初期の元禄期（図3-2の①）では、丸子船のシンボルとしての吉川三左衛門の200石船と元船年寄助左衛門の165石船を除き、大丸子船は平均100石程度で、小丸子船は平均30石程度の船が多い。また小丸子船と大丸子船の区分（65石以上と60石以下）がはっきりしない。役銀上では分かれているが、用途など役割上の区分けがあまりなかったためと考えられる。

小丸子船の場合、役銀が積載量に関わらず一定のため、60石以下で60石に近い船が多くてもよいと思われるが、そのような傾向がない。このころ丸子船は、荷駄の増加や建造技術の進歩など大型への発展途上にあり、建造時期の違いなどで積載量がバラついていたと考えられる。つまり、古い時代に建造されたものほど丸子船の積載量が少なかったと考えられる。

その後、享保期・寛延期を経て、宝暦ごろ（図3-2の④）には大量に運ぶ目的のため大型化が進み、小丸子船は2艘まで減り、ほとんどが大丸子船となる。その後も大丸子船は大型化が進み、天保《てんぽう》ごろ（図3-2の⑦）には155石〜160石程度に統一化される。しかし、その後は明治初期まで長浜湊で扱う荷駄量からそれ以上は大型化しなかった。

以上の推移を、統計で使われるヒストグラム（度数分布図）を用いて、元禄6年を基準としてグラフ化したものが図3-3である。上の図は平均積載量の増加を示しており、下の図は積載量の偏差（ばらつき）が縮小していくようすを示している。なお、このグラフ中の慶長5年（1600）と慶安3年（1650）の数値は、元禄6年から明治4年のデータをもとに算出した予測数値である。

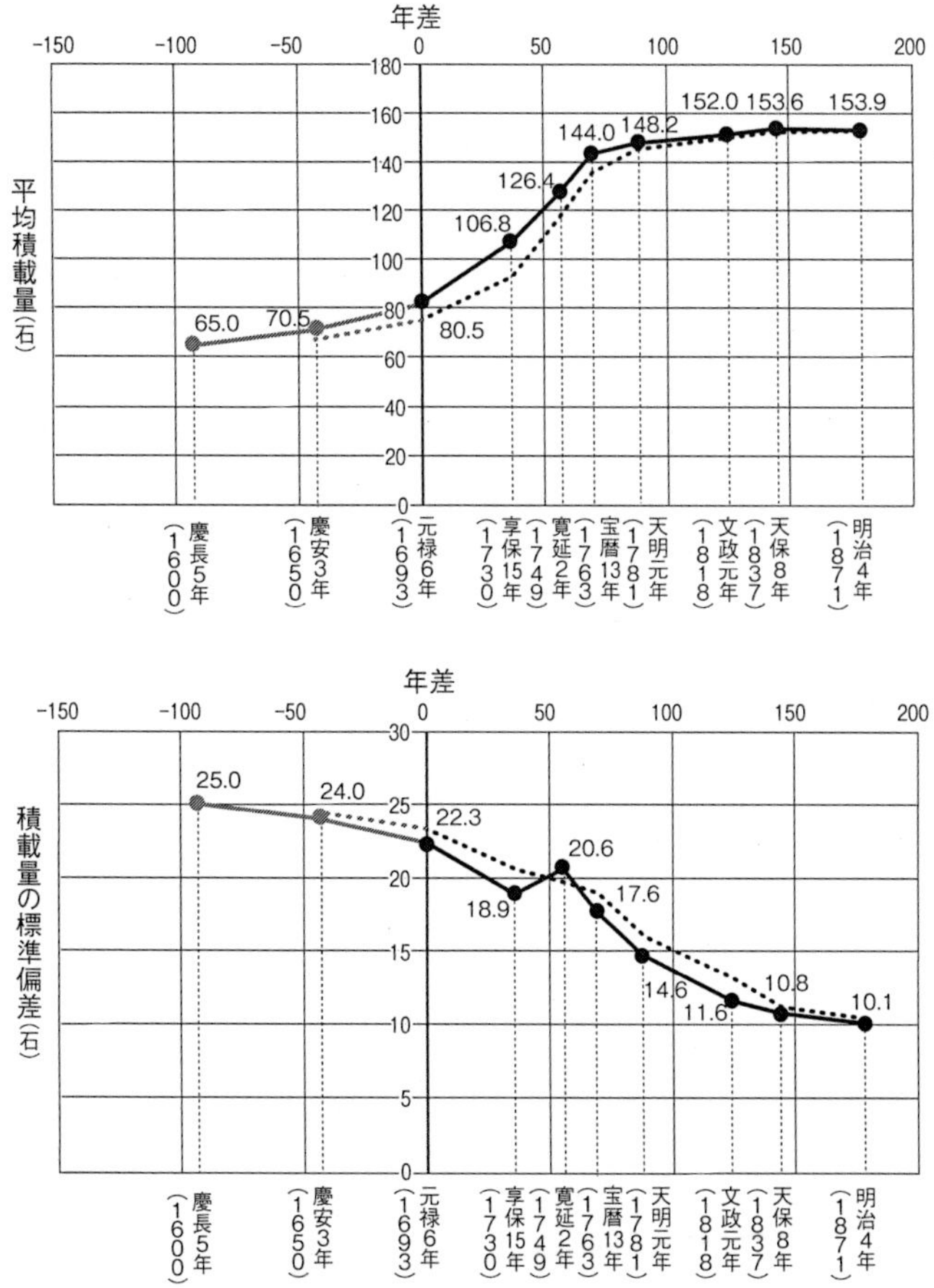


図3-3　丸子船の平均積載量と標準偏差の推移(推定を含む)

統計で使われるヒストグラム（度数分布図）を採用した。縦軸に度数(この場合は船の数)、横軸に範囲(この場合は積載量の範囲)を表す。

一方、小丸子船は、大型化の波に勝てず衰退し激減するが、宝暦ごろからすべて20石船に統一される。小丸子船としての特徴を生かし、その後9艘で幕末まで維持される(詳細は次節参照)。

なお、大丸子船の大型化の要因として、第4章で述べるように、「登せ米」を運ぶには、200俵積めることが必要条件であり、安全(通常)運航で80石以上の船が必要であることが一因とも考えられる。

以上のように時代が下るにつれ、大丸子船と小丸子船それぞれでの石高の統一化と二極化が図られるようすが見てとれる。

## 3　各丸子船の船数と積載量

続いて同一年代で、「大丸子船と小丸子船」と「大浦行き」と「その他行き」に分けて、船数の時代推移を分析した。長浜湊全体の舟運能力も評価するために積載量の総和の推移も分析した。

### 小丸子船の船数の変化

次ページに示した図3-4によれば、「丸子船合計」は元禄6年(1693)の72艘から宝暦13年(1763)には62艘となり、10艘減っている。この中身を分析すると、丸子船の大型化の影響で

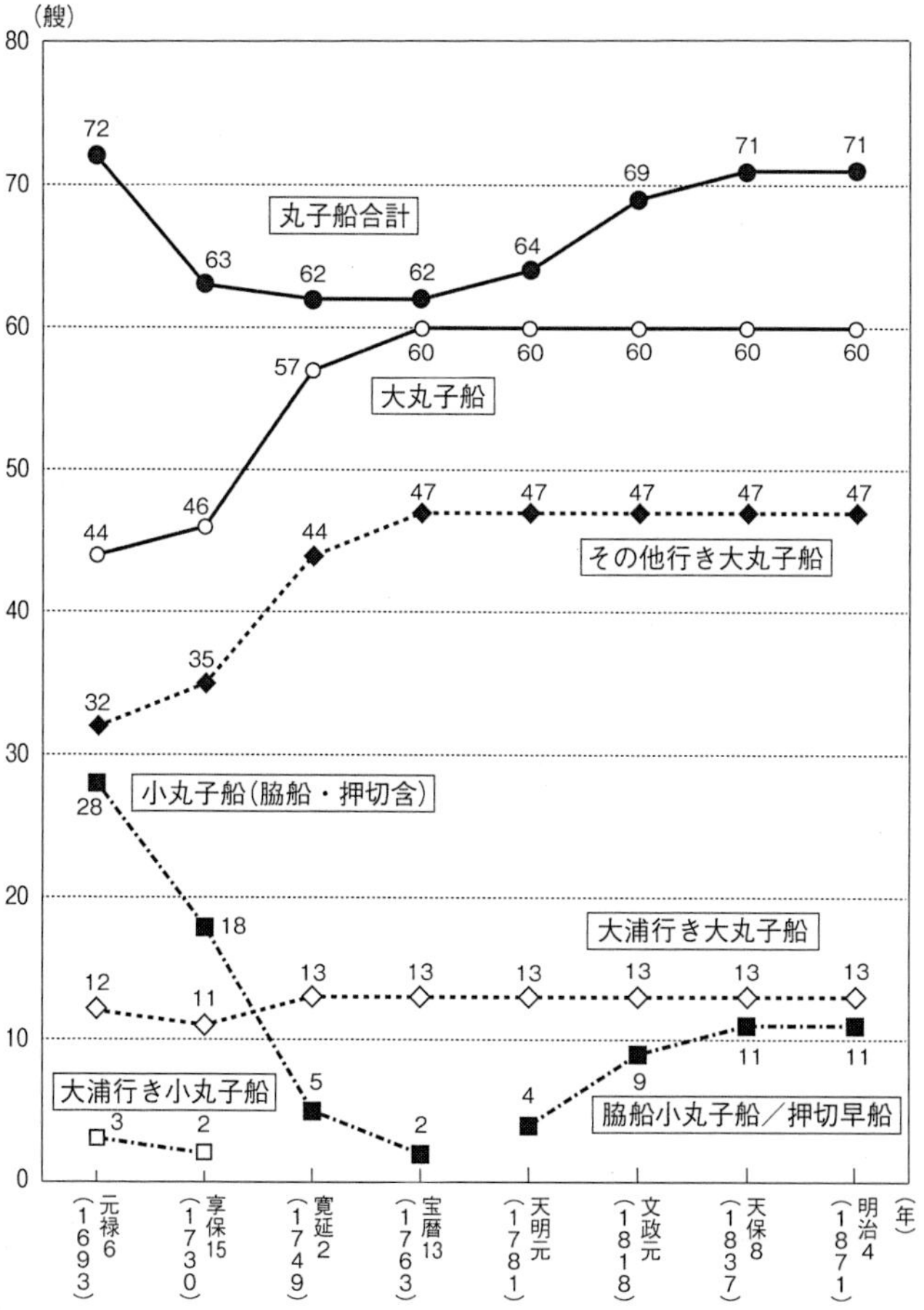


図3-4　種類別丸子船の船数の推移

表3-6　小丸子船の減少

| 和暦（西暦） | 船持名 | 積載量 | 廃業 | 大丸子に作り替え | 大丸子持ちのみへ | 借り艜船持ちへ |
|---|---|---|---|---|---|---|
| 元禄15年（1702） | 右三郎 | 20 | 1 | | | |
| | 加兵衛 | 20 | 1 | | | |
| | 喜兵衛 | 60 | 1 | | | |
| | 源兵衛 | 25 | | | | 1 |
| | 小右衛門 | 30 | | 1 | | |
| | 佐右衛門 | 25 | 1 | | | |
| | 作左衛門 | 50 | | 1 | | |
| | 左近右衛門 | 30 | | 1 | | |
| | 佐兵衛 | 45 | 1 | | | |
| | 伝左衛門 | 30 | | | 1 | |
| | 彦左衛門 | 40 | 1 | | | |
| | 与四郎 | 50 | | 1 | | |
| 宝永元年（1704） | 次兵衛 | 60 | | | 1 | |
| | 次郎介 | 20 | | | 1 | |
| | 甚兵衛 | 25 | | | 1 | |
| 宝永7年（1710） | 久五郎 | 30 | 1 | | | |
| | 十三郎 | 60 | | 1 | | |
| | 弥惣 | 35 | | | 1 | |
| | 十右衛門 | 60 | | | 1 | |
| | 徳兵衛 | 35 | | | 1 | |
| 享保6年（1721） | 増右衛門 | 30 | 1 | | | |
| | 清兵衛 | 40 | | 1 | | |
| | 弥左衛門 | 30 | | | | 1 |
| 享保7年（1722） | 善太郎 | 55 | | 1 | | |
| 享保10年（1725） | 善右衛門 | 40 | | | 1 | |
| | 長兵衛 | 25 | | | 1 | |
| | 長右衛門 | 20 | | 1 | | |
| | 太右衛門 | 20 | 1 | | | |
| 享保15年（1730） | 久兵衛 | 30 | | | 1 | |
| 享保19年（1734） | 彦右衛門 | 20 | | 1 | | |
| | 又左衛門 | 20 | | 1 | | |
| 元文2年（1737） | 久右衛門 | 20 | 1 | | | |
| | 惣介 | 20 | 1 | | | |
| | 甚九郎 | 30 | | 1 | | |
| | 十郎兵衛 | 25 | | 1 | | |
| 寛延2年（1749） | 宗兵衛 | 20 | 1 | | | |
| | 介十郎 | 20 | | 1 | | |
| | 久三郎 | 35 | | | 1 | |
| | 半兵衛 | 20 | | 1 | | |
| | 三九郎 | 20 | | 1 | | |
| 寛延3年（1750） | 覚左衛門 | 30 | | 1 | | |
| | 利／伝左衛門 | 45 | | | 1 | |
| 明和元年（1764） | 与惣次 | 30 | | 1 | | |
| | 七郎兵衛 | 20 | 1 | | | |
| 合計（戸） | 44 | | 13 | 17 | 12 | 2 |

大丸子船が16艘増えたため、小丸子船が26艘減少し、差引10艘の減少となった。よって、丸子船の総船数もその分（10艘）が減ったことがわかる。つまり、小丸子船から、大丸子船への作り替えがあるものの、廃業した小丸子船の船持も存在したためである。

元禄6年から宝暦13年に廃業したり、他の船種に切り替えた船持をまとめたのが表3-6である。13人が廃業しており、大型化の波に厳しい選択を迫られたことがわかる。

ところが、丸子船船数は宝暦13年（1763）を底に、天保8年（1837）には71艘と元禄期同様の総数に戻る。この中身を分析すると、この間に押切早船も含めて小丸子船が11艘も増えてい

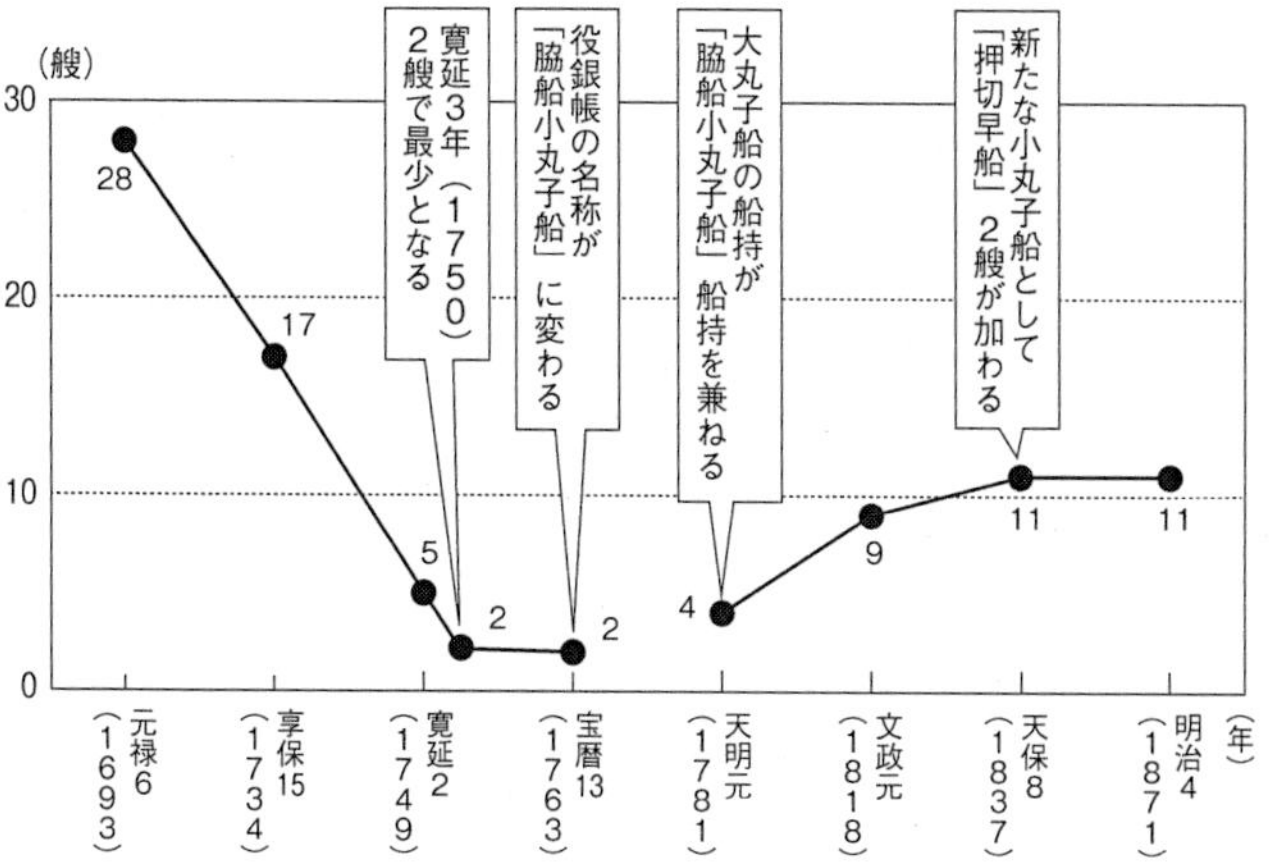


図3-5　小丸子船の船数と出来事

るためである。小丸子船はなくならず、減少からある程度回復に至った。この変化をまとめたのが図3-5である。

数が最も減少した時期の宝暦13年（1763）に名称が「脇船小丸子船」に変わり、船持が一新された。この時期に小丸子船の用途が変わったものと考えられる。

その後、脇船小丸子船は9艘まで増え、押切早船2艘も含めて11艘に増えた。天保8年（1837）には丸子船全体の船数でも元禄期の船数に戻っている。当時の脇船小丸子船の船持は大丸子船の船持が兼ねており、大小の丸子船を所有して採算が取れて維持できたものと思われる。中には、大丸子船の船持2人で1艘の脇船小丸子船を所有している例もある。

なお、宝暦13年以降の「脇船小丸子船」の用途について、天保14年（1843）の三左衛門文書（舟運

76）に次のような記載がある。

古来ゟ《より》仕来り候而、則子（小）丸子九艘ゟ急き荷物之儀者、大丸子方へ定之刎銭《はねせん》指出し、船積仕罷在申候仕成ニ御座候。其余、北国筋旅人幷背負等乗船仕候義者古来ゟ乗来り、追々多ク罷出、只今ニ而第一之挊《かせぎ》前ニ御座候。

昔からの慣例で、小丸子船9艘を使って急ぎの荷物を運ぶ者は、大丸子船の船持に定められたハネ銭を支払って船積みをしてもらっていた。その他に北国筋の旅人や行商人が乗ることもあったが、だんだんその数が増え、今では一番の稼ぎ頭になっているというのである。

このように脇小丸船には、大丸子船のような大量輸送ではなく、小丸子船の機動性（積載量は少ないが、出船までの時間がかからない）を生かし、荷駄を迅速に運ぶ要求に特化した舟運に活用の場が見つかった。特に、江戸中期から後期にかけて増加する「背負い」などの旅人や「人付荷」などの荷駄を素早く運ぶことに特化した船であったと考えられる。

積載量が20石に統一された脇船小丸子船は、京都・大坂間の旅人を淀川沿いで運んだ旅客専用の川船「三十石船《さんじっこくぶね》」に似ており、丸子と艜の違いはあるが、この程度の積載量の船が旅人輸送には適していたものと思われる。

## 大丸子船の船数の変化

一方、大丸子船については、図3-4にある「大丸子船」のとおり、元禄6年の44艘から宝暦13年に60艘に増加している。この要因は、先に述べたように小丸子船の大丸子船への作り替えの結果であり、宝暦13年以降は60艘のまま明治4年まで推移する。

作り替えの内訳は、「その他行き」が15艘作り替えられ、47艘で明治4年まで維持された。「大浦行き」についても、元禄6年から享保15年（１７３０）には2艘の小丸子船が含まれていたが、寛延2年（１７４９）ごろに大丸子船へと作り替えられ、明治4年まで13艘で維持された。

以上のように、小丸子船の大丸子船への作り替え（丸子船の大型化）が図られ、宝暦13年以降は大丸子船船持が代々稼業として受け継がれ、基本的に船数が60艘で一定に保たれていた。

## 長浜湊の丸子船の舟運能力

次に、長浜湊全体の舟運能力を評価するため、積載総量の推移を示す図3-6を作成した。元禄6年（１６９３）の５６００石と享保15年（１７３４）の５５０５石では、マイナス２％とわずかに減少するが、宝暦13年（１７６３）には８６６０石で１５５％の大幅な増加を見ている。以降は、文政元年（１８１８）では９２９０石と１６６％、明治4年（１８７１）で９４１５石の

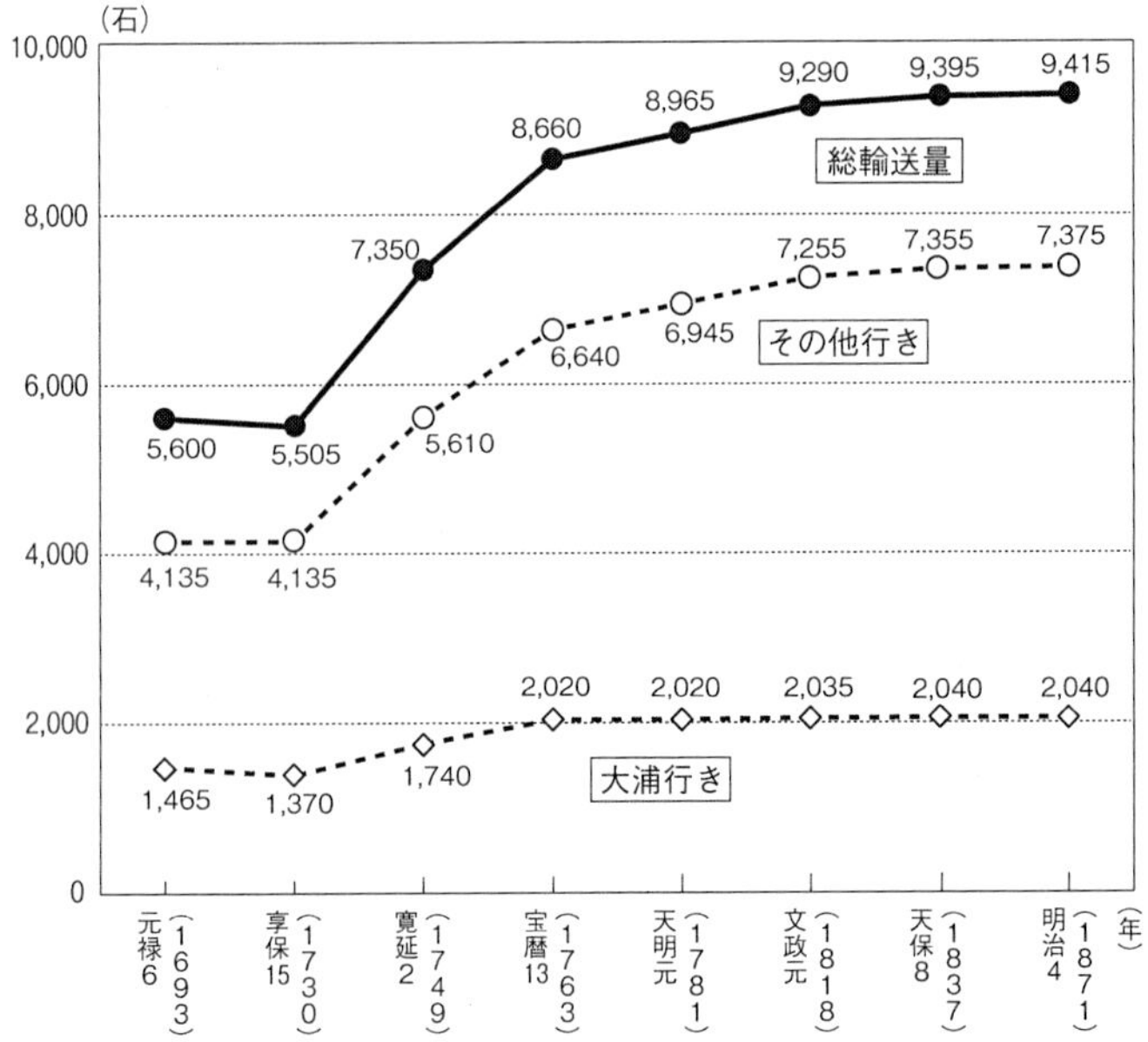


図３−６　丸子船の積載総量の推移

１６８％とほぼ現状維持が続いている。

まず、元禄期に比べて享保期には、小丸子船の船数が減った影響で、わずか（２％）であるが舟運能力が減少したと考えられる。しかし、享保期から宝暦期での舟運能力は、１・５倍以上に急激に増加しており、長浜湊の荷駄が増加した湊の発展期にあたる。

この発展の要因は、グラフによると「その他行き」の積載量の増加によるものであり、大津・上方方面への荷駄の増加によると思われる。さらに宝暦期から文政期にもわずかであるが増加しているものの、その後の増加はほぼ見られず、次節で述べるように、幕末の不況の様子（舟運能力はあるが、荷駄がなく出船できない）を反映しているものと考えられる。

## 4　大丸子船の衰退

ここでは、休船数が増加する江戸時代後期の状況を示すため、長浜湊の衰退期の始まりと考えられる、天保2年（1831）から明治4年（1871）までの部分を抜き出し、図3-7と図3-8に示した。もとにした三左衛門文書「舟証文」には、「休船」「休船極印主水持」「休船極印船主持」「極印舟年寄持」「休船極印指上」「水入《みずいり》」などの註記が見られ、荷駄の減少のため、出船できない船の様子が書き込まれている。なお、これ以前の元禄期から文政11年（1828）までの「舟証文」には、休船などの注記がまったく見られない。

具体的には、天保2年（1831）ごろから各年度で数艘から10艘程度の休船が始まっている。特に天保9年（1838）には、長浜湊で16艘が出船できなかった。「大浦行き」のうち54%、「その他行き」のうち19%と、北国筋からの中継荷を扱う「大浦行き」への影響が大きかったことがわかる。さらに幕末の嘉永5年（1852）には、「大浦行き」のうちの約31%、「その他行き」のうちの6%へと休船割合がいったん減るが、明治4年（1871）には、「大浦行き」は「水入」・

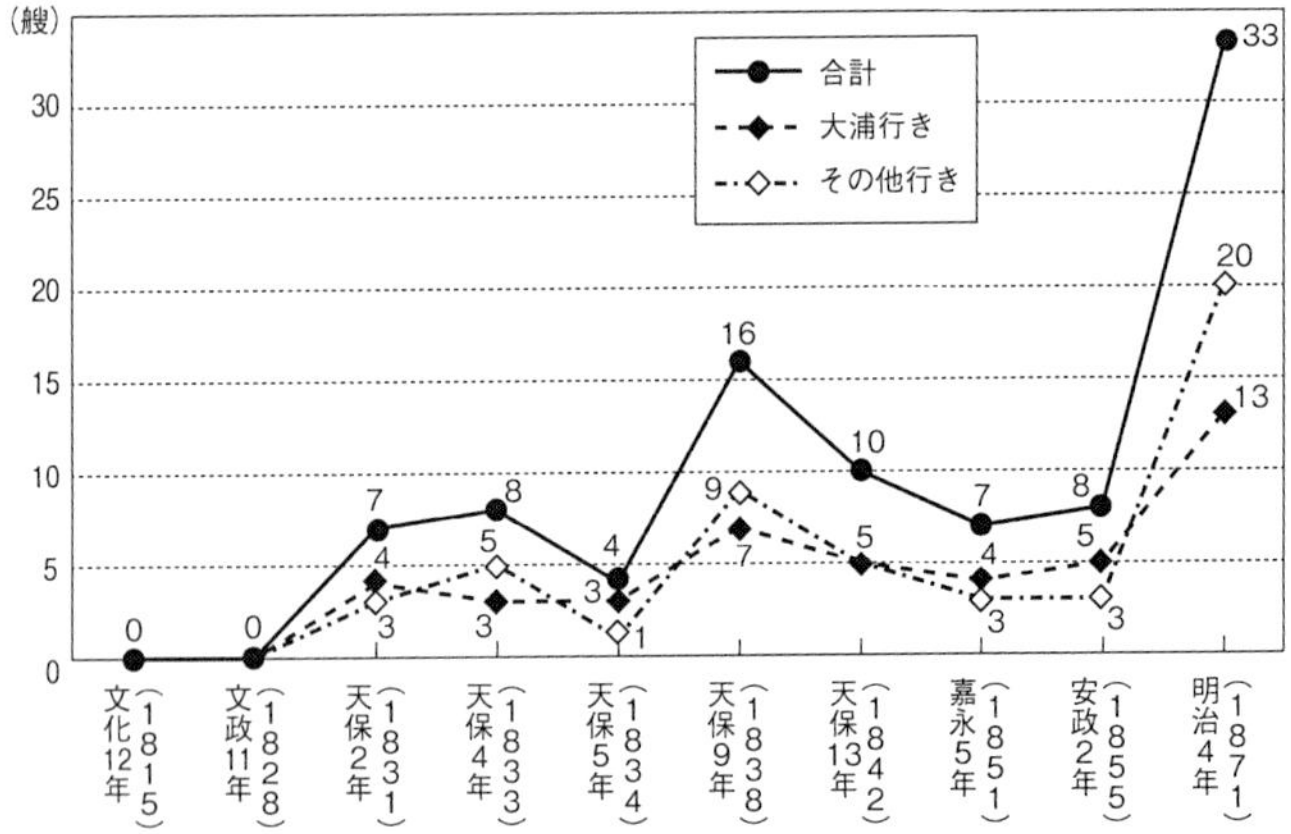

図3-7　休船数の推移

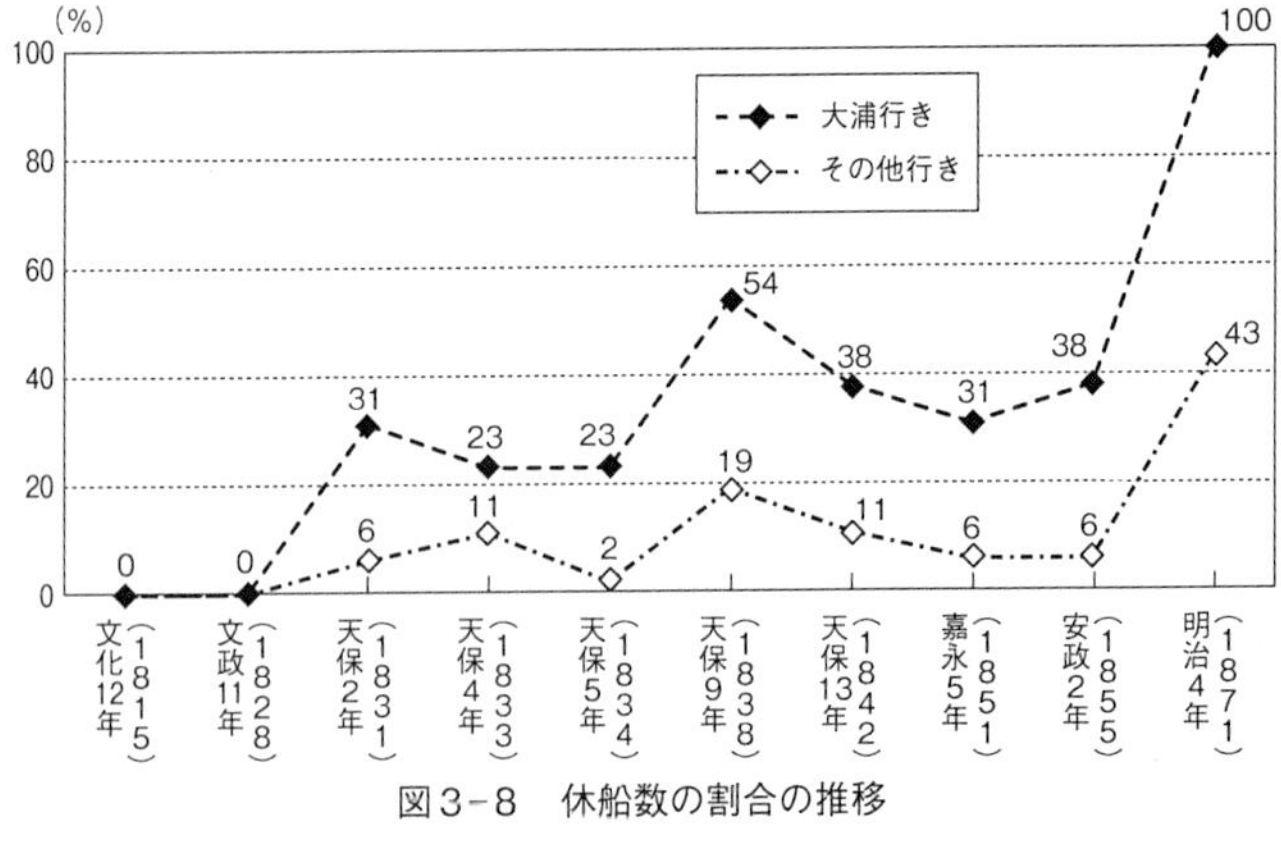

図3-8　休船数の割合の推移

「休船」など13艘すべてが出船できていない。「その他行き」についても、47艘中20艘（約4割）が出船できていない。

その原因は図3−9に示したように、文政ごろから物価上昇が始まり、天保の飢饉では天保7年（1836）に通常米1石が60匁のところ147匁と2倍以上に跳ね上がった影響と考えられる。米価と同時か少し遅れて味噌・醤油・酒などの価格も高騰した。さらに、幕末の桁違いの米価高騰は、開港まもなく輸出品の高騰に引きずられて物価が高騰したため

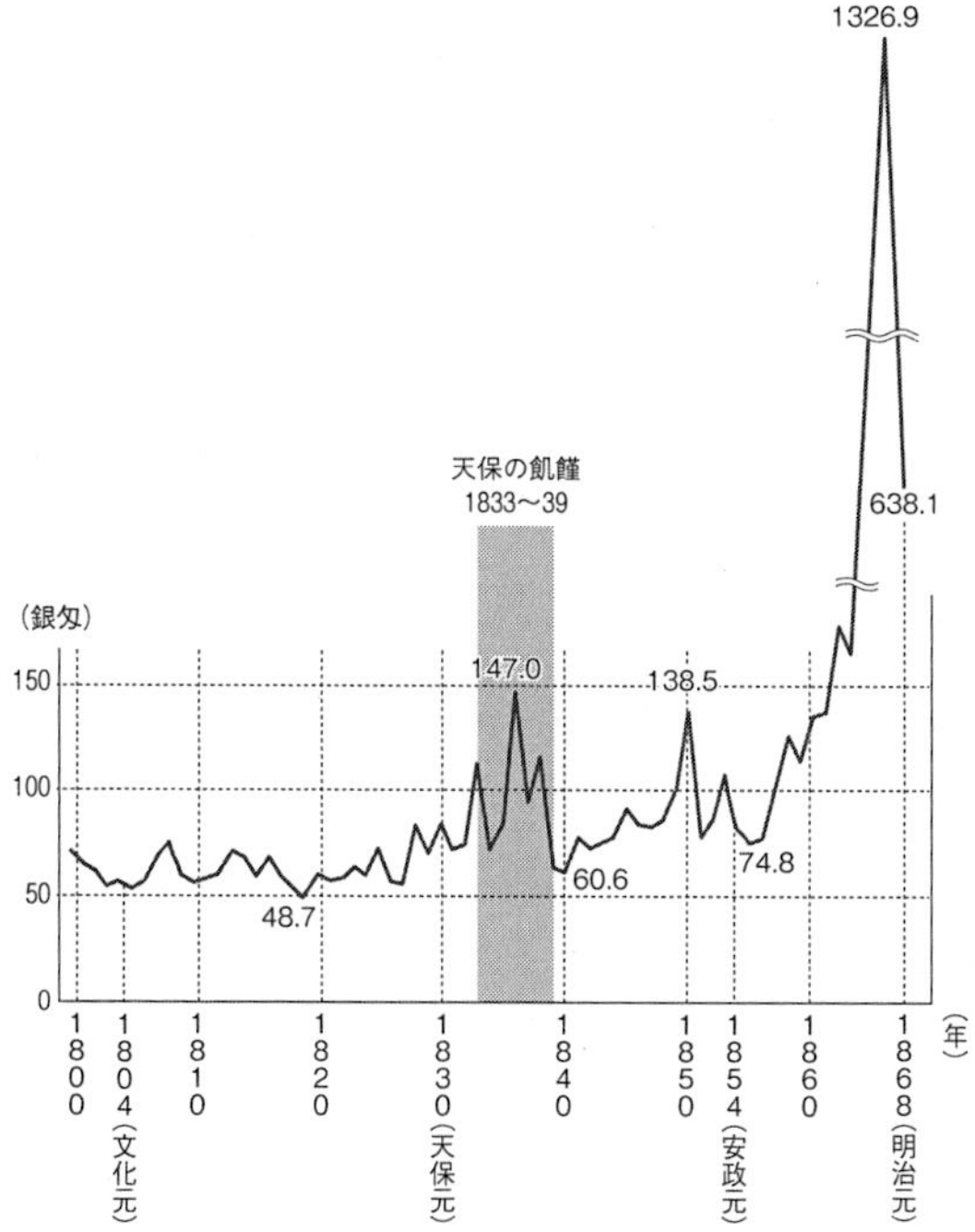

図3−9　江戸後期の米価1石の推移（大坂）
（大坂での銀立ての各年末の米価。武光誠ほか監修『地図・年表・図解でみる日本の歴史〈下〉』掲載の図をもとに作成）

である。長浜湊においては、『近江長濱町志』第2巻には安政7年（1860）に諸物価高騰と荷駄の減少により、船持20名が困窮したため借用金を願い出たとの記述もある。

特に、琵琶湖の南北航路に関わる「大浦行き」は、不況の影響で西廻り航路の効率には勝てず、全船休船となっている。

## 5　押切早船の登場

押切早船《おしきりはやぶね》は、天保8年（1837）の「役銀帳」に初めて現れる。その前の天保5年（1834）の「役銀帳」では記載がないことから、天保6年から8年の間に運航が開始されたと考えられる。『近江長濱町志』第2巻には、「長浜の早船は天保十二年五月二十六日より長浜大津間を乗始む」とあるが、「役銀帳」の記録は、天保12年より前から運用されていたことを示している。

用途は、宝暦ごろから旅人などの乗船客に対応していた「脇船小丸子船」に加えて、特に急を要する乗船客のために新設されたものと考えられる。原則として、毎日長浜湊と大津湊の間を2艘で互いに往復運航していたとのことである。この押切早船はその後、明治4年まで三左衛門文書の役銀帳に記載があり、幕末まで運用されたと考えられる。また、役銀が3匁5分とのことであるので、統一化された「小丸子船」に相当する船で、20石程度の船と考えられる。ただし、こ

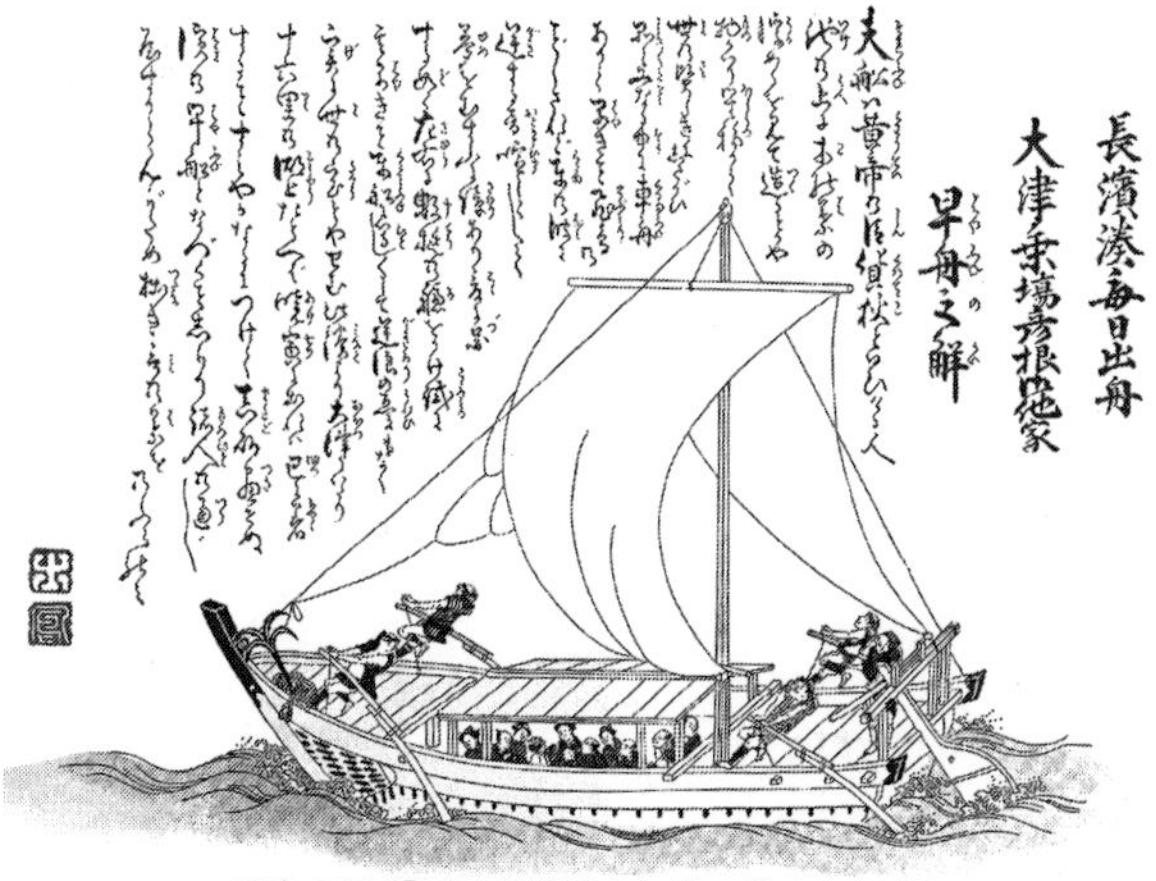


早舟の図（『近江長濱町志』第2巻から転載）

の船の船持名はなく、長浜湊として管理していたものと考えられる。

『近江長濱町志』第2巻の挿絵には、この早船が掲載されている。この絵図には、乗り人が11人、梶と艫の操作1人と艫の漕ぎ手4人の加子5人が描かれている（それ以外に漕ぎ手の交代要員がいたかもしれない）。よって、平均20名（積み荷換算10石）程度で、多い時は最大30名（15石）程度が乗ることができる船だったと想像できる。安全性も考慮に入れると、脇船小丸子船と同様20石程度の船と考えられる。

また、『近江長濱町志』第2巻によると、「暮れ六《む》つ出で明け六つ着」とあり、定期的に夕方（午後6時）出船し、12時間かけて明け方（午前6時）に到着していたとのことである。したがって予定どおりに行けば、

前日の夕方に長浜湊を出発→朝に大津着→

昼間に大津・京都などで所用↓
夕方に大津湊を出船↓翌朝に長浜へ帰宅

と、一昔前の夜汽車を利用した出張のような感覚で、当時の商人などが急用時に用いた便利な船であったと思われる。

なお、挿絵にそえられた文章に、長浜―大津間（16里＝約64㎞）を「明け寅（午前4時）出発で巳（午前10時）着」とあり、風向きや天候次第では、時速10㎞で通常の半分の所要時間（6時間程度）で到着できたと思われる。

以上に述べてきたように、長浜湊の丸子船は時代推移とともに、次のように目的別に二極化し、積載量もそれぞれ標準化されていったといえるだろう。

・荷駄用の舟運として155石～160石の大丸子船…60艘
・旅人など乗人や急ぎ荷駄を運ぶ20石の脇船小丸子船・押切早船…11艘

# 第4章
# 長浜湊の荷駄

米川沿いに並ぶ米蔵（明治時代、『写真集長浜百年』から転載）

## 1　主な荷駄の種類

この章では、長浜湊の丸子船で扱われた荷駄に注目し、その種類・行き先・数量などを時代推移も含めて明らかにしてみたい。長浜湊で実際に運ばれた主な荷駄は、種類・行先などによって基本的に表4―1のとおりに整理できる。ただし、大浦荷や湖西方面などについては資料がなく、評価できなかった。

それぞれの荷が運ばれたルートを地図上に示すと、図4―1のようになる。

表4－1　長浜湊の丸子船が扱った荷駄の種類

| | | |
|---|---|---|
| 年貢米 | 御詰米 | 湖北地域　→　松原蔵 |
| 年貢米 | 登せ米 | 松原蔵　→　大津蔵 |

| | | | | | |
|---|---|---|---|---|---|
| 一般荷物 | 上方筋 | | 出船分（登り荷） | 長浜湊　→　大津蔵 | その他行き |
| 一般荷物 | 上方筋 | | 着船分（下り荷） | 大津蔵　→　長浜湊 | その他行き |
| 一般荷物 | 北国筋 | 北国荷 | 出船分 | 長浜地域から長浜湊 →<br>塩津・大浦・今津など経由で北陸筋 | 大浦行き |
| 一般荷物 | 北国筋 | 北国荷 | 着船分 | 北国筋から塩津・大浦・今津など →<br>長浜湊経由で長浜地域 | 大浦行き |
| 一般荷物 | 北国筋 | 中継荷（継送り荷） | 出船分 | 美濃・尾張・伊勢などから長浜湊経由 →<br>塩津・大浦・今津などから北国筋へ | 大浦行き |
| 一般荷物 | 北国筋 | 中継荷（継送り荷） | 着船分 | 北国筋から塩津・大浦・今津など経由 →<br>長浜湊から美濃・尾張・伊勢など | 大浦行き |
| 一般荷物 | | 大浦荷 | 出船分 | 長浜から大浦および、大浦から大津などへの荷駄 | 大浦行き |

## 2　年貢米

江戸時代を通して長浜湊の最も重要な役割は、彦根藩領の年貢米の舟運であった。「年貢米」

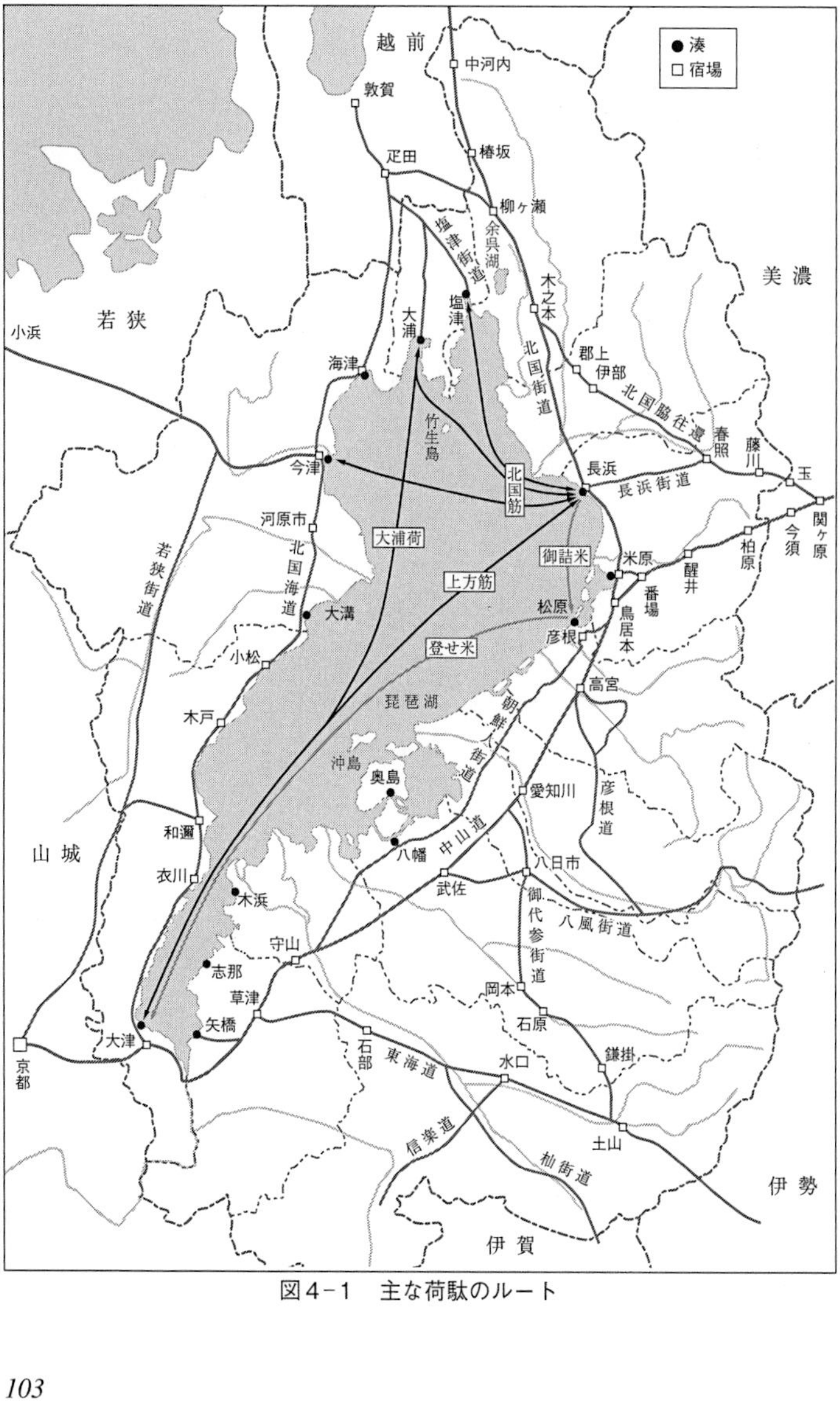


図4－1　主な荷駄のルート

の舟運には、松原蔵・大津蔵それぞれに納める二通りがあった。「御詰米《おつめまい》」とは湖北地域の各浦・長浜湊へ集められ、そこから彦根城近くの松原蔵へ運ばれる年貢米のことである。これに対して、松原蔵から大津蔵へ舟運する蔵米は「登《のぼ》せ米《まい》」と呼ばれていた。

このように、長浜湊の丸子船は「御用船」として、年貢米の舟運に関わっていたと考えられる。

### 松原湊の御蔵に集まった御詰米

慶長20年（１６１５）大坂夏の陣以後、彦根藩は湖北地域での年貢地が加増され、寛永11年（１６３４）ごろには湖北三郡（伊香・浅井・坂田郡）で約11万石、近江国全体で28万石となった（武蔵《むさし》国と下野《しもつけ》国の２万石を含めると30万石）。長浜湊での本格的な年貢米の舟運の始まりである。

年貢率は変動するが一般に「四公六民」といわれ、彦根藩は正保《しょうほう》２年（１６４５）に藩領全村の年貢率が40％になるように村高を設定しなおした「四《よ》つ免《めん》ならし」を適用している。近江国分の石高28万石の40％は、11万２０００石（約28万俵）である。ここでは指口米《さしくちまい》などは無視する。

一方、年貢米を納めた米蔵は、『彦根市史』上冊によれば、松原湊近くの松原御蔵《おくら》（彦根市馬場《ばんば》、現在の滋賀大学野球場）で７万２５００俵、藩主井伊直中《なおなか》のとき（１８００年前後）に増設された新御蔵で７万８５００俵の合計15万１０００俵を収納できた。これ以外に戦時に備えて幕府から預かった米５万俵を入れる御用米《ごようまい》御蔵が城内にあり、平和の世が続いたので彦根藩のものとなった。

最大で20万１０００俵の収容能力だったことになる。つまり、一度に1年分の年貢米すべてを収納することはできなかったわけだが、順次「登せ米」として大津に送るため、その必要はなかったであろうし、以下の理由で松原に集まる年貢米は28万俵以下であった。

まず、彦根藩の藩士に支給される分として、知行取《ちぎょうどり》（地方取《じかたどり》）と蔵米取《くらまいどり》の２種類が存在した。前者は土地と農民を直接支配する知行地を与えられた上級家臣、後者は蔵入地《くらいりち》（藩直轄領）から俸禄米を支給される下級家臣をさし、文化年間の段階で両者の禄高合計の比率は半々程度だったという。17世紀半ばぐらいには知行取の藩士に対しても藩の米蔵から知行高に応じた米が支給されるようになったともされるが、『新修彦根市史』２巻には18世紀半ばの寛延２年（１７４９）に知行取の藩士に知行地の村から年貢が直接納入された例が紹介されている。知行取分には、松原御蔵に納められない年貢米があった。

また、年貢はすべてが米納だったわけではなく、村が米を売却して貨幣で藩に納める「石代納《こくだいのう》」も一般化していた。畿内近国では、３分の１は銀納、10分の１は大豆

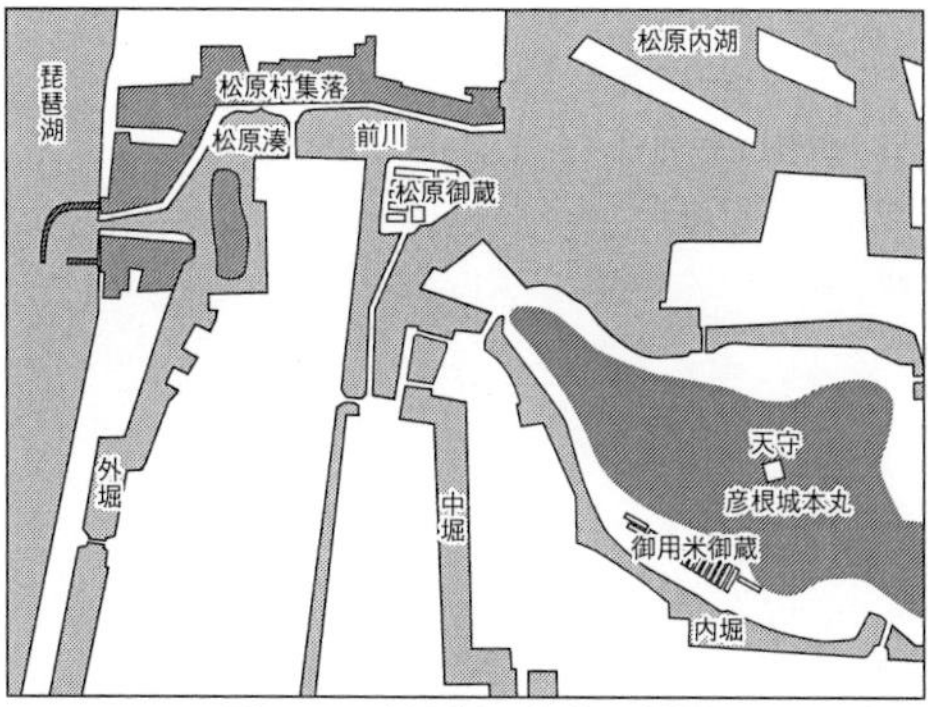

図４−２　松原湊と御蔵の位置

もしくは銀納の形をとる場合が多い。これを当てはめれば、現物の米で納められたのは6割弱となる。彦根藩の財政収支記録は、銀納の年貢も形式上は米（石高）で計上されているとされ、よってその石高（俵数）が実際に松原蔵に納められたわけではない。

では、藩領の村からの年貢米は、どのように松原蔵に納められたのか。湖北三郡の舟運を用いた例を探したがみつからなかったので、『多賀町史』上巻にある犬上郡中川原《なかがわら》村（多賀町中川原）の庄屋惣左衛門《そうざえもん》が残した記録をみてみよう。9月下旬から10月上旬にかけて米俵に番付けをして御蔵奉行へ報告する。事前に蔵前で場取《ばどり》をする。安政2年（1855）の場合、松原蔵へ160俵、御用米蔵へ190俵（合計350俵＝140石）を7回ほどに分けて納米を完了したという。運搬方法については書かれていないが、村内を流れる芹《せり》川の舟運が利用されたのかもしれない。1回平均50俵（20石）が、早稲《わせ》・中稲《なかて》・晩稲《おくて》と収穫を終えた稲の順に俵詰めされたらしい。中川原村の納める松原蔵は「六番蔵」と決まっていた。12月に領収証にあたる年貢皆済《かいさい》目録が村に下された。

長浜湊が管轄する彦根藩領の石高は、彦根藩の湖北地域の石高11万石から大坂夏の陣以前にすでに所領だった坂田郡の米原湊分1万4000石を引いた9万6000石と考えられる。年貢率40％とすると、長浜湊からの御詰米の舟運量は最大で3万8400石（9万6000俵）となるが、先に述べた二つの理由から、米で納められる分は実際には少なかったと考えられる。

実際に、どのように御詰米の舟運が行われたかは、第5章で改めて検討する。

## 大津蔵へ運ばれた登せ米――文化2年を例に

次に松原蔵に積み上げられた年貢米のうち、大津蔵まで搬送されて現金化される「登せ米」について考察する。

長浜湊の大丸子船は、松原湊・米原湊と同様に彦根藩の財政運営を賄う「登せ米」の運送が、御用船としての大きな役目であった。具体的には、いったん松原米蔵に納められた「御詰米」のうちから、京・大坂の米相場の状況により、大津蔵屋敷を通して受けた松原米蔵からの指示に従い、タイミングよく松原蔵から大津蔵へ米を運送することである。

文化2年（1805）の油屋彦十郎《あぶらやひこじゅうろう》「船用留」（長浜城歴史博物館蔵）という資料には、彦根藩松原米蔵の栗林伝七《くりばやしでんしち》という当時の担当者からの登せ米の積込指示と、それに対して長浜湊の船年寄吉川三左衛門からどの船でどれだけ積み出したかという返答が詳細に書き留められている。この部分を拾い出して、表4−2「登せ米の運送状況」に整理した。

この表で注目すべき点は、「二月十四日松原米蔵より三千俵の出荷指示…D」（出荷指示ナンバーのアルファベットは指示を区分するために振った仮称ナンバー）が出されたが、その後2月27日に松原米蔵から出された積出指示D3000俵のうち、「重右衛門《じゅうえもん》船で千二百俵になり以後停止」と積出停止の指示が出ていることである。この指示によって、2月27日の重右衛門船でDの指示が

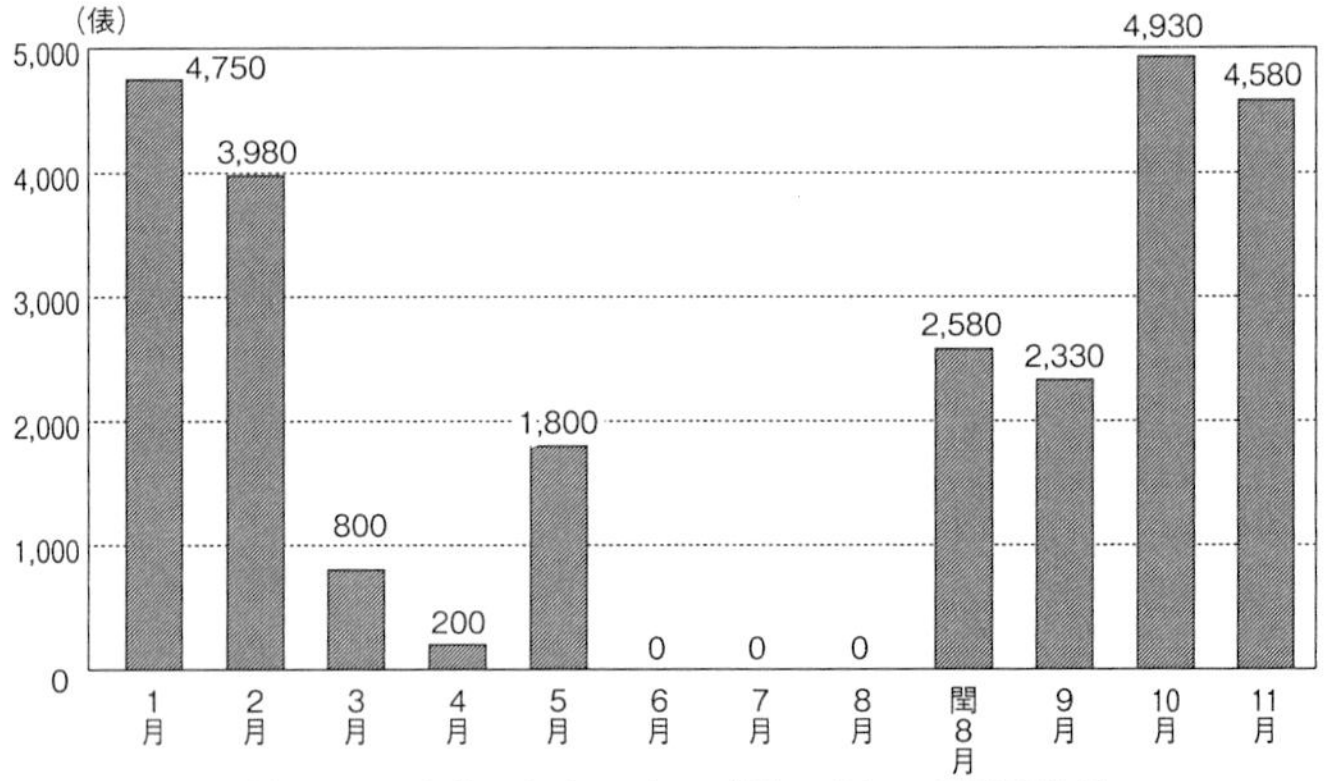


図４−３　文化２年（1805）の「登せ米」の月別輸送量

１２００俵に達したことがわかる。
よって重右衛門船よりさかのぼることで、Ｄの始まりが２月の「孫右衛門《まごえもん》船」２００俵とわかる。ここを基点に松原米蔵からの積出し指示と積出の関係が明確になり、表４−２を作成することができた。

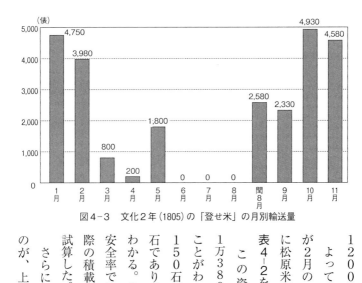

　この資料から、年間合計で２万５９５０俵（約１万３８０石）が長浜湊の大丸子船で大津蔵へ運ばれたことがわかる。また、この当時大丸子船の許容積載量は１５０石程度であるが、実際に積んだのは２００俵＝80石であり、安全率２分の１程度で舟運されていたことがわかる。登せ米に限らず一般荷物の舟運にもこの程度の安全率で運行していたものと思われるので、本書では実際の積載量を試算する場合も、許容積載量の２分の１で試算した。

　さらに表４−２をもとに月別の輸送量をグラフ化したのが、上の図４−３である。暮れから年頭にあたる10月

表4-2　登せ米の運送状況　文化2年（1805）油屋彦十郎文書「船用留」

| 彦根松原蔵における栗林伝七からの積出指示高 | | | 長浜湊における積出対応 | | | 出荷指示 | 各積出指示累計 | |
|---|---|---|---|---|---|---|---|---|
| 指示記号 | 月日 | （俵） | 月日 | 積出高（俵） | 船名 | | | |
| | | | 正月13日 | 200 | 弥次兵衛船 | | | |
| | | | | 150 | 重郎兵衛船 | | | |
| | | | 正月13日～14日 | 200 | 与吉船 | | | |
| | | | | 200 | 彦十郎船 | | | |
| A | 正月14日 | 2,400 | | 200 | 五兵衛船 | | | |
| | | | 正月16日 | 200 | 六右衛門船 | | | |
| | | | | 200 | 善四郎船 | A | 200 | |
| | | | 正月19日 | 200 | 小右衛門船 | A | 400 | |
| | | | | 200 | 源太郎船 | A | 600 | |
| B | 正月20日 | 1,000 | | 200 | 左次兵衛船 | A | 800 | |
| | | | 正月21日 | 200 | 伝介船 | A | 1,000 | |
| | | | | 200 | 三九郎船 | A | 1,200 | |
| | | | | 200 | 介重郎船 | A | 1,400 | |
| | | | | 200 | 久二郎船 | A | 1,600 | |
| | | | | 200 | 太兵衛船 | A | 1,800 | |
| | | | | 200 | 徳兵衛船 | A | 2,000 | |
| | | | | 200 | 介重郎船 | A | 2,200 | |
| | | | | 200 | 治兵衛船 | A | 2,400 | |
| | 正月25日 | （B残り400俵） | | 200 | 角左衛門船 | B | 200 | |
| C | 正月26日 | 3,000 | 正月26日（上蔵） | 200 | 市兵衛船 | B | 400 | |
| | | | | 200 | 市右衛門船 | B | 600 | |
| | | | 正月26日（松原） | 200 | 嘉左衛門船 | B | 800 | |
| | | | | 200 | 孫右衛門船 | B | 1,000 | |
| | | | | 200 | 長右衛門船 | C | 200 | |
| | | | 1月合計 | 4,750 | | | | |
| | | | 2月1日 | 200 | 三四郎船 | C | 400 | |
| | | | | 200 | 左介船 | C | 600 | |
| | | | | 200 | 伝二郎船 | C | 800 | |
| | | | | 200 | 与右衛門船 | C | 1,000 | |
| | | | 2月4日 | 200 | 長左衛門船 | C | 1,200 | |
| | | | 2月5日 | 200 | 弥惣船 | C | 1,400 | |
| | | | 2月6日 | 200 | 甚太郎船 | C | 1,600 | |
| | | | | 180 | 彦右衛門船 | C | 1,780 | |
| | | | 2月6日 | 200 | 介重郎船 | C | 1,980 | |
| | 彦根より急々登らせ米船の催促あり | | | 200 | 三九郎船 | C | 2,180 | |
| D | 2月14日 | 3,000 | 2月14日 | 200 | 仁兵衛船 | C | 2,380 | →指示 |
| | | | | 200 | 助三郎船 | C | 2,580 | |
| | | | | 200 | 源太郎船 | C | 2,780 | |
| | | | | 200 | 清兵衛船 | C | 2,980 | |
| D指示の基準（Dの始まり） | | | 2月（日不明） | 200 | 孫右衛門船 | D | 200 | →積出開始 |
| | | | 2月16日 | 200 | 重三郎船 | D | 400 | |
| | | | 2月18日 | 200 | 介重郎船 | D | 600 | |
| | | | 2月21日 | 200 | 甚九郎船 | D | 800 | |
| | | | 2月23日 | 200 | 与右衛門船 | D | 1,000 | |
| 指示基準 | 2月28日　彦根から重右衛門船で3,000俵のうち1,200俵になり以後停止の指示 | | 2月27日 | 200 | 重右衛門船 | D | 1,200 | →中止 |
| | | | 2月合計 | 3,980 | | | | |
| E | 3月18日 | 1,000（積残り） | 3月21日 | 200 | 久兵衛船 | E | 200 | |
| | | | 3月23日 | 200 | 市兵衛船 | E | 400 | |
| | | | | 200 | 長左衛門船 | E | 600 | |

↓111ページの表へ続く

から2月にかけての輸送が多く、各月々全体の15％以上、4か月で7割を積み出しており、繁忙期であることがわかる。米相場も暮れから正月明けが活発であったのかもしれない。

ただし、12月は、天候の加減か、新年の準備のためか休業となっている。正月は13日から積み出し始めており、この前が正月休みと考えられる。また正月は稼働日数から年間で最も積み出しの多い月でもある。出荷の少ない月は閏《うるう》8月（10％）・9月（9％）ごろであり、まだ米の収穫始めもしくは半ばのためか、数％に留まっているものと思われる。

さらに3月（3％）、5月（7％）に出荷残の数％ずつが積み出され、6月から8月はまったく積み出されず、登せ米の運送が休止していた。その裏付けとして、指示Gは5月26日付で1200俵の積込指示が出されているが、実際積み出しの始まりは閏8月11日からである。

指示と積み出しのタイミングを詳細に見てみると、例えば栗林伝七の指示A（1月14日）に対し、同月16日に「善四郎船《ぜんしろう》」で積み出し始めていることから、順調に船が調達できれば2日ほどで積み出しが開始できたらしい。

ところが、指示Mの10月21日に対しては、11月17日になってようやく「重三郎船《じゅうざぶろう》」で積み始めており、1か月余りも遅れている。天候不順や船が出払っていたのか理由は定かではないが、米相場の変動にすばやく対応するため三左衛門をはじめとする大丸子船持の苦労がうかがえる。

また、文化2年の大丸子船持60艘中で登せ米に関わった船持は49艘で、全体の約8割が関わっ

↓109ページの表からの続き

| | | | | | | | |
|---|---|---|---|---|---|---|---|
| | | | 3月23日 | 200 | 甚太郎船 | E | 800 |
| | | | 3月合計 | 800 | | | |
| | （5月1日現在、正月から登せ米船48艘） | | | | 合計48艘 | | |
| | （とりやめでE→Fに変更） | | 4月6日 | 200 | 太兵衛船 | F | 200 |
| | | | 4月合計 | 200 | | | |
| F | 5月14日 | 2,000 | 5月17日 | 200 | 善四郎船 | F | 400 |
| | | | | 200 | 作左衛門船 | F | 600 |
| | | | | 200 | 源太郎船 | F | 800 |
| | | | 5月18日 | 200 | 甚九郎船 | F | 1,000 |
| | | | 5月25日 | 200 | 久兵衛船 | F | 1,200 |
| | | | | 200 | 次郎介船 | F | 1,400 |
| G | 5月26日 | 1,200 | | 200 | 甚太郎船 | F | 1,600 |
| | （積込閏8月へ） | | 5月28日 | 200 | 忠左衛門 | F | 1,800 |
| | | | | 200 | 与吉 | F | 2,000 |
| | | | 5月合計 | 1,800 | | | |
| H | 閏8月9日 | 1,600 | 閏8月11日 | 200 | 甚兵衛船 | G | 200 |
| | | | | 200 | 市兵衛船 | G | 400 |
| | | | 閏8月15日 | 200 | 久兵衛船 | G | 600 |
| | | | 閏8月16日 | 200 | 重右衛門船 | G | 800 |
| | | | 閏8月20日 | 200 | 太兵衛船 | G | 1,000 |
| | | | | 200 | 三九郎船 | G | 1,200 |
| | | | | 200 | 介重郎船 | H | 200 |
| | | | | 200 | 重郎兵衛船 | H | 400 |
| I | 閏8月24日 | 1,600 | 閏8月26日 | 200 | 重三郎船 | H | 600 |
| | | | | 200 | 介重郎船 | H | 800 |
| | | | 閏8月27日 | 200 | 市兵衛船 | H | 1,000 |
| | | | | 200 | 伝二郎船 | H | 1,200 |
| | | | 閏8月27日 | 180 | 六右衛門船 | H | 1,380 |
| | | | 閏8月合計 | 2,580 | | | |
| | | | 9月（日不明） | 200 | 伝介船 | H | 1,580 |
| | | | | 200 | 介重郎船 | I | 200 |
| | | | | 200 | 左次兵衛船 | I | 400 |
| J | 9月11日 | 1,600 | 9月17日 | 200 | 伝左衛門 | I | 200 |
| | | | | 200 | 忠左衛門 | I | 400 |
| | | | | 200 | 茂兵衛 | I | 600 |
| | | | | 200 | 次兵衛 | I | 800 |
| | | | | 200 | 三四郎 | I | 1,000 |
| | | | | 180 | 覚左衛門 | I | 1,180 |
| | | | 9月22日 | 200 | 久兵衛船 | I | 1,380 |
| | | | | 200 | 彦右衛門船 | I | 1,580 |
| K | 9月24日 | 1,620 | 9月26日 | 150 | 次郎介 | J | 150 |
| | | | 9月合計 | 2,330 | | | |
| | | | 10月1日 | 200 | 伝介船 | J | 350 |
| | | | | 200 | 又左衛門船 | J | 550 |
| | | | | 180 | 五兵衛船 | J | 730 |
| | | | | 180 | 角左衛門船 | J | 910 |
| | | | 10月2日 | 180 | 孫右衛門船 | J | 1,090 |
| | | | 10月6日 | 200 | 左次兵衛船 | J | 1,290 |
| | | | | 180 | 六右衛門船 | J | 1,470 |
| | | | | 150 | 小右衛門船 | J | 1,620 |
| L | 10月8日 | 4,000 | 10月12日 | 150 | 十郎兵衛船 | K | 150 |

↓113ページの表へ続く

ていたことになる。大浦行きの船も13艘中10艘と、やはり約8割が登せ米を輸送しており、登せ米を最優先とし「船有次第《ありしだい》積出」していることがうかがえる。

なお、三左衛門船は2艘存在するが、表2-5の宝暦10年、表4-2の文化2年のいずれも登せ米の御用輸送に関わっていない。理由は不明だが、通常は出船しない船であったのかもしれない。

この文化2年（1805）の45年前にあたる、先の「船持リストの検証」で取り上げた宝暦10年（1760）の登せ米の資料も紹介しておく。この資料の前段には、次のように記されている。

請取申証文之事

一去年冬より当春迄御登せ米御用、別而臨時御用之御米船積仕無レ滞相勤申候ニ付、此度為二御褒美一鳥目弐拾貫文三湊江被二下置一難レ有存候、則当湊百三拾艘件之御用相勤候故、壱艘ニ付五拾四文宛御割渡シ被レ成、慥ニ頂戴仕候、為二後日一仍如レ件

去年の冬から今年の春まで臨時の登せ米積み出しであり、先に述べた文化2年の登せ米の約半分の期間で運ばれていることから、緊急な出費などに対応した登せ米と思われる。滞りなく勤め上げた三湊に対して20貫文《かんもん》（＝2万文）の褒美《ほうび》が与えられた。長浜湊では130艘がこの御用を勤めたので、1艘あたり54文を受け取るようにというのである。三湊への褒美は合計20貫文で、長

↓111ページの表からの続き

| | | | | | | | |
|---|---|---|---|---|---|---|---|
| | 10月13日 | 船割早急にの指示催促 | 10月12日 | 200 | 市兵衛船 | K | 350 |
| | | | 10月13日 | 200 | 次郎介船 | K | 550 |
| | | | | 200 | 十三郎船 | K | 750 |
| | | | 10月15日 | 200 | 治兵衛船 | K | 950 |
| | | | | 200 | 十右衛門船 | K | 1,150 |
| | 10月18日 | 再度船割早急の指示催促 | 10月16日 | 200 | 長左衛門船 | K | 1,350 |
| | | | 10月19日 | 180 | 与右衛門船 | K | 1,530 |
| M | 10月21日 | 800 | 10月23日 | 200 | 甚九郎船 | L | 200 |
| | | | | 200 | 嘉左衛門船 | L | 400 |
| | | | 10月24日 | 200 | 久二郎船 | L | 600 |
| | | | 10月26日 | 200 | 十三郎船 | L | 800 |
| | | | | 200 | 甚兵衛船 | L | 1,000 |
| | | | 10月28日 | 200 | 彦十郎船 | L | 1,200 |
| | | | 10月29日 | 200 | 介重郎船 | L | 1,400 |
| | | | 10月29日 | 200 | 孫右衛門船 | L | 1,600 |
| | | | | 180 | 瀬兵衛船 | L | 1,780 |
| | | | | 150 | 重郎兵衛船 | L | 1,930 |
| | | | 10月合計 | 4,930 | | | |
| | | | 11月1日 | 200 | 伝左衛門船 | L | 2,130 |
| | 登らせ米の船積厳敷言われておりますが船が大津に出払い、天候が悪く思うように行かない（言い訳） | | | | | | |
| | | | 11月3日 | 200 | 又次船 | L | 2,330 |
| | | | 11月5日 | 200 | 甚左衛門船 | L | 2,530 |
| | | | 11月6日 | 200 | 次郎介 | L | 2,730 |
| | | | | 200 | 源太郎 | L | 2,930 |
| | | | | 200 | 三九郎 | L | 3,130 |
| | | | 11月9日 | 200 | 五兵衛船 | L | 3,330 |
| | | | 11月10日 | 200 | 彦十郎船 | L | 3,530 |
| | | | | 200 | 市兵衛船 | L | 3,730 |
| | | | 11月14日 | 200 | 弥次兵衛 | L | 3,930 |
| N | 11月17日 | 2,000積み残り分 | 11月17日 | 200 | 重三郎 | M | 200 |
| | | | 11月20日 | 200 | 孫右衛門 | M | 400 |
| | | | | 200 | 甚太郎 | M | 600 |
| | | | | 200 | 伝介 | M | 800 |
| | | | | 200 | 仁兵衛 | N | 200 |
| | | | | 180 | 与兵衛 | N | 380 |
| | | | 11月20日 | 200 | 甚兵衛船 | N | 580 |
| | | | 11月23日 | 200 | 介重郎船 | N | 780 |
| | | | | 200 | 久兵衛船 | N | 980 |
| | | | | 200 | 介三郎船 | N | 1,180 |
| | | | | 200 | 又左衛門船 | N | 1,380 |
| | | | | 200 | 太兵衛船 | N | 1,580 |
| | | | 11月25日 | 200 | 弥惣船 | N | 1,780 |
| | （止め成） | | 11月25日 | 200 | 長左衛門船 | N | 1,980 |
| | | | 11月合計 | 4,580 | | | |
| | | | 出船船数合計 | 133艘 | | | |
| | | | 積出合計 | 25,950俵 | | | |
| | | | 石高換算（2.5俵＝1石） | 10,380石 | | | |
| | | | 1艘当たりの積載量 | 195俵／艘 | | | |

浜湊ではそのうち7貫文（正確には、54文×130艘＝7貫20文）を受け取っており、登せ米の約3分の1（36％）を運んだことになる。よって、この時の登せ米積出総合計は3万石（7万5000俵）程度となる。

『新修彦根市史』第2巻では、寛政5年（1793）の大津登せ米6600石と文政12年（1829）の大津登せ米1万1223石を例に、江戸時代後期になると彦根藩領内で米問屋や商人に売却する地《じ》払米《ばらいまい》が登せ米の量を上回るようになったと述べている。本節で紹介した宝暦10年と文化2年の例は、資料に「臨時御用」とあることからも、例年と異なる積出量だったと考えるべきだろう。

## 3　一般荷物のうちの「下り荷」について

一般荷物において、主流を成す荷駄は長浜湊と大津湊大津蔵の荷駄である。そのうち、着船分の「下り荷」については、大津湊から出船する関係上、毎年年初に大津奉行所宛てに運ばれた前年の荷駄の量が報告されていた。この「下り荷」の資料をもとに、時代推移を加味して荷駄の種類・量・運賃などについて分析・考察する。

## 荷駄の種類と運賃

文化2年（1805）の油屋彦十郎文書「船用留」には、前年の文化元年における「下り荷」の荷駄を「駄数荷」・「いろいろ荷」・「乗人」・「人付荷」に分けて、月別に集計した数字が記載されている。

「駄数荷」は、1駄当たりの運賃があらかじめ決まっている荷駄である。

「いろいろ荷」は、駄数でカウントしにくい荷駄であり、個々に運賃が決められる荷物である。したがって、「いろいろ荷」は、個々の荷駄名までは把握されておらず、月ごとの運賃の合計のみが記録されている。

それぞれの品目名をあげると、次のとおりである。

駄数荷…塩、綿、多葉粉《たばこ》、古手《ふるて》（古着・古道具）、蜜柑《みかん》、砂糖、鉄、紙、蠟《ろう》、藍玉《あいだま》、四十物《あいもの》（塩処理した干し魚）、木灰《きばい》、油樽、鰹節、砥石《といし》

いろいろ荷…材木、樽、長持、箪笥《たんす》、挟箱《はさみばこ》、戸障子、瀬戸物、鍋釜、銅類、御座包《ござづつみ》類、風呂敷包類

その他に、「乗人（船の乗客）」の手荷物である「主付き荷」がある。乗人の中の背負い人（行商人）などの手荷物であり、「いろいろ荷」と同様に運賃のみ記録されている。

## 享保6年の下り荷・登り荷の駄賃

駄数荷の運賃リストの一例として、享保6年（1721）の吉川三左衛門文書から、駄数荷の運賃記載部を抜粋し、駄賃が高いものから順に並び替え、表4-3にまとめた。

このリスト中の「下り荷」の品目から見ると、主に直接衣食住にかかわる荷駄や農業・産業用の肥料・材料がほとんどで、長浜とその近在で消費される荷駄であることが見てとれる。「登り荷」では、伊吹山の特産品である「石灰《いしばい》」「かりやす（苅安。染料に使用するイネ科の多年草）」「もぐさ」や「商人米」など消費地に向けた産品が目につく。1駄当たりの運賃は、重さ・容量・荷扱の容易さなどで決まるが、物価変動の影響など定期的に見直されていた。

個々の荷駄を見ると、運賃が高い荷物では、「古加祢《ふるかね》（古鉄《ふるがね》。中古の銅・鉄製品）」など密度の大きい荷駄の他、「古手《ふるて》（古着や古道具）」・「木綿」・「わた」・「かや荷」など嵩張《かさば》るものが上げられ、「下り荷」の中では高額荷物であった。逆に安い荷物としては、「あい物（干物類）」・「大麦・小麦・そば」・「塩」・「醬油粕」・「砂糖」といった嵩張《かさば》らず荷扱いが容易なものがあげられる。

特殊な荷駄として、登り荷の「武士荷」・「乗方荷」などは、「主付き荷」として乗船の脇船小丸子船には積めず、別便の「駄数荷」として運んでいたと思われる。

「登り荷」の中に「茶」が2点あるが、中京方面からの荷駄で、「登り荷（大津行き）」と「西浦行き」があった。「西浦」とは今津など湖西（高島郡と滋賀郡北部）の湊の総称である。大津行きの

6割程度の運賃であり、距離で運賃も考慮されていたことがわかる。また、北国筋の物産である「ほしか(干鰯)」・「にしん」などの荷駄が含まれており、逆に「下り荷」の中にも「干さけ」・「干鱈《だら》」・「昆布」・「ほしか」など上方方面からの荷物で、長浜とその近在において消費される北国筋の産品が含まれている。北国筋の産品が交錯して舟運されている点が興味深い。

「下り荷」に「かや荷」、「登り荷」にも「蚊屋(蚊帳《かや》)」があるが、「登り荷」の方は2～3割運賃が高くなっている。「登り荷」は長浜近在から出荷された品で、「下り荷」は修理などのために帰ってきた品なのかもしれない。

なお、単位について、商人大麦・商人米などには通常「俵」を使うところも、「駄」に合わせるためと思われるが、単位が「2俵」となっている。左記に、表4-3から1駄に相当すると推察される荷駄と数量を上げておく。

瓦…100枚　戸障子…10本　そば…1石　苅安《かりやす》…10匁　油粕…100匁　木灰…10俵
石灰…10俵　大麦…2俵　油樽…1樽　杼《ひ》…10石　銭…10貫

## 享保期と文化期の「下り荷」の比較

次に、享保期と文化期に、実際に取り扱われた月ごとの資料をもとに、下り荷の状況を分析してみたい。

## 表4-3 享保6年(1721)下り荷・登り荷の駄賃

吉川三左衛門文書「船方諸事留帳」補遺79より

| 下り荷 | | |
|---|---|---|
| 品目 | 駄賃(匁) | 単位 |
| 古手 | 1.53 | |
| 木綿 | 1.53 | |
| わた | 1.53 | |
| 茶 | 1.53 | |
| かや荷 | 1.53 | |
| 乗物1挺 | 1.53 | |
| あい玉 | 1.32 | |
| 木代 | 1.32 | |
| ひつ荷 | 1.32 | |
| あけ板 | 1.32 | |
| 檜皮 | 1.32 | |
| 所天草 | 1.32 | |
| 桶木 | 1.32 | |
| あしだ | 1.32 | |
| 長持指荷 | 1.32 | |
| 紙荷 | 1.32 | |
| 紙手 | 1.32 | |
| はすの葉 | 1.32 | |
| 鍋釜 | 1.32 | 1駄 |
| う□粉 | 1.32 | |
| 鰹荷 | 1.32 | |
| あい荷 | 1.32 | |
| 植木 | 1.32 | |
| こんにゃく玉 | 1.32 | |
| こう寸 | 1.32 | |
| うるし | 1.32 | |
| とりもち | 1.32 | |
| 藤荷 | 1.32 | |
| かんぴょう | 1.32 | |
| 代木 | 1.32 | |
| 油さお | 1.32 | |
| 油くるひ | 1.32 | |
| 毛皮 | 1.32 | |
| のへ銅 | 1.32 | |
| たん寸 | 1.32 | |
| 戸棚 | 1.32 | |
| 鑓ノ柄 | 1.32 | |
| 瓦 | 1.32 | 100枚 |
| 畳上四上 | 1.32 | |
| 畳下六上 | 1.32 | |
| あき樽 | 1.32 | |
| 銭荷 | 1.13 | 1駄 |
| あかかね | 1.13 | |
| 釘荷 | 1.13 | |
| なまり | 1.13 | |
| ならし | 1.13 | |

| | | |
|---|---|---|
| あらめ | 1.13 | |
| たはこ | 1.13 | |
| たはこほん | 1.13 | |
| 干さけ | 1.13 | |
| すきがら | 1.13 | |
| くらほね | 1.13 | |
| 木の実 | 1.13 | |
| ごま | 1.13 | |
| たね | 1.13 | 1駄 |
| まつこう | 1.13 | |
| 綿実 | 1.13 | |
| ミかん | 1.13 | |
| 鰤 | 1.13 | |
| 鯖 | 1.13 | |
| 干鱈 | 1.13 | |
| いか | 1.13 | |
| 昆布 | 1.13 | |
| 鳩ふん | 1.13 | |
| 戸障子 | 1.13 | 10本 |
| 吹子 | 1.07 | 1尺 |
| くろがね | 0.90 | |
| すく | 0.90 | |
| 材木 | 0.90 | |
| 石炭 | 0.90 | |
| から灰 | 0.90 | |
| ほしか | 0.90 | |
| 干粕 | 0.90 | 1駄 |
| 油粕 | 0.90 | |
| からこ | 0.90 | |
| こぬか | 0.90 | |
| 青物 | 0.90 | |
| 辻籠 | 0.90 | |
| あい物 | 0.68 | |
| 大麦 | 0.68 | |
| 小麦 | 0.68 | 1荷 |
| そば | 0.68 | 1石 |
| 代衣綿 | 0.68 | |
| ござ包荷 | 0.66 | 1荷 |
| わん壱荷 | 0.66 | |
| 塩 | 0.65 | 1駄 |
| 醤油粕 | 0.65 | |
| 古物<br>よろず荷 | 0.65 | 1荷 |
| 砂糖 | 0.50 | 1駄 |

| 登り荷 | | |
|---|---|---|
| 品目 | 駄賃(匁) | 単位 |
| 古加祢 | 3.75 | 10匀匁に付き |
| かり屋す | 3.75 | 大10匀 |
| かり屋す | 1.28 | 10匀 |
| 笠 | 3.00 | 1駄 |
| 油かす | 2.30 | 100匀 |
| 油かす | 2.20 | 大100 |
| 蚊屋 | 2.13 | 1駄 |
| 紙 | 2.13 | |
| 木はい | 1.70 | 10俵 |
| 芋 | 1.70 | |
| 竹かわ | 1.70 | |
| やまうるし | 1.70 | 1駄 |
| もくさ | 1.70 | |
| 屋ら□ | 1.70 | |
| 茶 | 1.60 | |
| 石灰 | 1.59 | 大10俵 |
| 石灰 | 0.935 | 10俵 |
| 酢樽 | 1.36 | 1駄 |
| あき樽 | 1.35 | 1駄 |
| 長持指荷 | 1.32 | (1駄) |
| きり木 | 1.30 | |
| 武士荷 | 1.30 | |
| 乗方荷 | 1.30 | 1駄 |
| からす | 1.20 | |
| 醤油かす | 1.20 | |
| にしん | 1.20 | |
| 商人大麦 | 1.10 | 2俵 |
| ほしか | 1.03 | 1駄 |
| 糸綿 | 1.00 | |
| 乗物 | 1.00 | (1駄) |
| 油樽 | 0.94 | 1樽 |
| 茶 | 0.93 | 1駄(西浦行) |
| こぬか | 0.90 | 1駄 |
| 辻駕籠 | 0.90 | (1駄) |
| 杼《どんぐり》 | 0.85 | 10石 |
| 商人米 | 0.75 | 2俵 |
| 黎秧《なえ》 | 0.60 | 1荷 |
| かたす | 0.45 | 10匀 |
| 鋏箱 | 0.40 | (1駄) |
| 銭 | 0.40 | 10貫に付き |
| そうめん | 0.10 | 明中櫃箱に付き |
| そうめん | 0.05 | 明櫃箱に付き |

表4-4は、享保14～元文2年（1729～1736）の7年分の資料であり、平準化を図った。表4-5は文化元年（1804）の1年分の資料である。また、図4-4、図4-5は享保期・文化期の月別のグラフである。この資料をもとに、運賃ベースで分析した。

享保期には年間に次の荷駄・乗人を運んだ。

駄数荷　　約10貫700匁（荷駄数は約9500駄）
いろいろ荷　約4貫200匁（駄数荷との比4割）
乗人　　　約1300人（1人当たり100文）
年間合計　　14貫900匁

荷駄の年間合計のうち、7割程度が「駄数荷」で、残りの3割程度が「いろいろ荷」であった。月別に見ると「駄数荷」・「いろいろ荷」ともに同様の傾向がある。荷物量が少ない月は5月で梅雨期の影響を受けていると見られ、前後の4・6月も比較的少ないが、5月は落ち込みが激しい。5月の荷物合計は700匁程度で、月別平均の半分程度である。

反対に荷物の多い月は、正月明けが少なかったための反動と思われる2月や夏から年末にかけてで、増加傾向が見られる。特に正月前の11月では、表4-3の「蜜柑《みかん》」など正月用の物産の増加が考えられ、月別最高で1900匁と5月の最小月に比べて3倍近く差がある。

「乗人」については、この時期では年間約1300人となっている。年末・年始期は少なく10人

表4－4　享保期(1729～1736)下り荷・乗人の駄数と運賃の月別平均
吉川三左衛門文書「船方用留帳」(舟運補-62～68)

| | 1月 | 2月 | 3月 | 4月 | 5月 | 6月 | 7月 | 8月 | 9月 | 10月 | 11月 | 12月 | 合計 |
|---|---|---|---|---|---|---|---|---|---|---|---|---|---|
| 駄数荷の量(駄) | 530 | 926 | 696 | 551 | 301 | 621 | 621 | 935 | 1,025 | 994 | 1,338 | 1,006 | 9,545 |
| 駄数荷運賃(匁) | 578 | 1054 | 843 | 612 | 462 | 712 | 647 | 1,001 | 1,094 | 1,119 | 1,441 | 1,129 | 10,693 |
| いろいろ荷運賃(匁) | 312 | 409 | 335 | 335 | 272 | 427 | 289 | 354 | 336 | 388 | 428 | 361 | 4,247 |
| 荷駄運賃合計(匁) | 890 | 1,463 | 1,178 | 948 | 733 | 1,139 | 936 | 1,355 | 1,430 | 1,507 | 1,869 | 1,490 | 14,940 |
| 乗人運賃(匁) | 18 | 44 | 190 | 108 | 82 | 185 | 215 | 230 | 120 | 44 | 28 | 11 | 1,274 |
| 船数(艘) | 20 | 36 | 32 | 27 | 22 | 32 | 29 | 37 | 36 | 32 | 36 | 29 | 367 |
| 駄数荷の1駄当たりの運賃(匁／駄) | 1.1 | 1.1 | 1.2 | 1.1 | 1.5 | 1.1 | 1.0 | 1.1 | 1.1 | 1.1 | 1.1 | 1.1 | 1.1 |

余りであるのに対し、3月や夏期の6～8月には多く、月に200人程度の乗人が利用した。運賃は1人当たり100文で、次に示す文化期も変わらない。

なお、「登せ米」の場合は12月が休船であったが、「一般荷物」は年末も運搬していた。

享保期から約70年後の文化元年には、次のとおりである。

駄数荷　約22貫匁(荷駄数に換算して約1万1000駄)
いろいろ荷　約9貫300匁(駄数荷との比4割)
人付荷　約700匁
乗人　約2400人(1人当たり100文)
年間合計　32貫匁

荷駄の年間合計は32貫ほどで、荷駄数はさほど増加していないが、金額ベースで約2倍となったことがわかる。また、「駄数荷」と「いろいろ荷」の割合は、享保期と同程度であった。

したがって、享保期と比較して目につくのは、運賃の上昇である。駄数荷の1駄当たりの平均運賃は次のようになる。

表4－5　文化元年（1804）下り荷・乗人の駄数と運賃の月別平均
油彦十郎文書をもとに作成

| | 1月 | 2月 | 3月 | 4月 | 5月 | 6月 | 7月 | 8月 | 9月 | 10月 | 11月 | 12月 | 合計 |
|---|---|---|---|---|---|---|---|---|---|---|---|---|---|
| 駄数荷の量（駄） | 963 | 441 | 357 | 377 | 466 | 641 | 971 | 1,308 | 770 | 1,532 | 1,752 | 1,423 | 11,001 |
| 駄数荷運賃（匁） | 1,990 | 990 | 777 | 852 | 1,060 | 1,343 | 1,821 | 2,465 | 1,619 | 3,168 | 3,105 | 2,777 | 21,967 |
| いろいろ荷運賃(匁) | 458 | 882 | 591 | 516 | 380 | 601 | 483 | 1479 | 799 | 773 | 905 | 1401 | 9,269 |
| 人付荷運賃（匁） | 24 | 37 | 63 | 39 | 54 | 85 | 75 | 54 | 67 | 104 | 64 | 85 | 749 |
| 荷駄運賃合計（匁） | 2,472 | 1,909 | 1,431 | 1,407 | 1,494 | 2,029 | 2,379 | 3,998 | 2,485 | 4,046 | 4,074 | 4,263 | 31,984 |
| 乗人（人） | 60 | 101 | 168 | 151 | 136 | 291 | 233 | 601 | 217 | 191 | 141 | 127 | 2,417 |
| 船数（艘） | 34 | 26 | 19 | 19 | 20 | 27 | 32 | 52 | 34 | 43 | 49 | 42 | 397 |
| 駄数荷の１駄当たりの運賃（匁／駄） | 2.1 | 2.2 | 2.2 | 2.3 | 2.3 | 2.1 | 1.9 | 1.9 | 2.1 | 2.0 | 1.6 | 2.0 | 2.0 |

享保期　　1・1匁／駄
文化元年　2・0匁／駄

享保期に比べて約2倍となっており、物価上昇の影響と考えられる。

特に目につく享保期と文化元年の違いは、少ないながら享保期になかった「人付荷」が、荷駄量の2％として現れ、「乗人」が2400人程度と享保期の2倍程度に増えていることである。旅人や「背負い」などの荷物を持った行商人の姿がよく目についたことだろう。先の「小丸子船の推移」で述べたように、「乗人」が増加したため、宝暦ごろになくなりそうだった小丸子船の用途が確保され、幕末まで継続したことが裏付けられる。

なお、表4-5から8月には「乗り人」が600人と、7月・9月と比べて3倍、400人程度多くなっており、「駄数荷」・「いろいろ荷」も同様に増えている。単純に、「乗人」が多いため、荷駄も多くなったと考えられる。ただし、行商人の荷物である「人付き荷」は極端に多いとは言えない（7月・9月よりもむしろ少ない)。よって、個人単位の行商人ではなく武士の集団を運んだといった理由で増加したのかもしれない。

その反動か、9月は少なめになるなど月別要因以外による変動が大きい。ただし、8月から年末までの荷物が多く、旧暦の梅雨期にあたる5月ごろの荷物が少ない傾向は、享保期と同様である。

以上、享保期と文化期の荷駄の特徴を運賃ベースで各月の特徴など分析したが、物価上昇の影響を受け、各年代の運送量を比較評価できない。

## 荷駄の統一化

以上のデータは、運賃単位(匁)と荷駄単位で示されている。したがって、一元的に評価するために、少し乱暴だが各荷駄を駄数に統一してみた。

運賃単位の「いろいろ荷」・「人付き荷」の運賃を決める基準として「駄数荷」の運賃を考慮して決められたと考えられる。例えば「いろいろ荷」の運賃を決める場合、その当時の「駄数荷/運賃」に見合う運賃で決められていたと考られる。よって、その当時での「駄数荷」の運賃/駄数(匁/駄)の交換比率は、おおよそ「いろいろ荷」・「人付き荷」と同じ程度と考え、運賃(匁)を駄単位に簡易的に換算した。

具体的には、「いろいろ荷」・「人付き荷」の運賃を「駄数荷」の換算比で換算した。

享保期　1・1匁／駄
文化期　2・0匁／駄

なお、各時代における荷駄の中身はさほど変わらないと仮定し、享保期の換算比が、「1・1匁／駄」であることは、運搬した「駄数荷」の平均値であり、表4-4にある荷駄賃リストの最高1・53匁から最低0・50匁の間の値であり、妥当な換算比と考えられる。また、荷駄を駄数で換算することにより、享保期と文化期での荷駄量を直接比較できる。

「乗人」は2人／駄で換算した。

また、荷駄を「駄」で統一化することによって、おおよそ駄数＝0・9石と考え、丸子船の積載量に対する積込状況や安全率なども評価することができる。

換算比で享保期と文化元年（1804）の「下り荷」を運送量（駄数）で比較すると、表4-6のとおりである。

表4-6　享保期と文化期の下り荷の比較（駄数換算）

| | 享保期 | 文化元年（1804） | |
|---|---|---|---|
| 駄数荷（駄） | 9,545 | 11,001 | 15％増 |
| いろいろ荷（駄） | 3,791 | 4,681 | 24％増 |
| 人付荷（駄） | （なし） | 373 | |
| 乗人（駄） | 637 | 1209 | 2倍増 |
| 運送量合計（駄） | 13,973 | 17,264 | 23％増 |
| 出船数（艘） | 367 | 397 | 8％増 |
| 1艘当たりの運送量（駄） | 38 | 43 | 13％増 |

結果として、運送量合計で享保期の1万4000駄に対し、文化期は1万7000駄程度に増加しており、物価上昇の影響なしに運送量合計で23％増と確実に増えている。荷物ごと

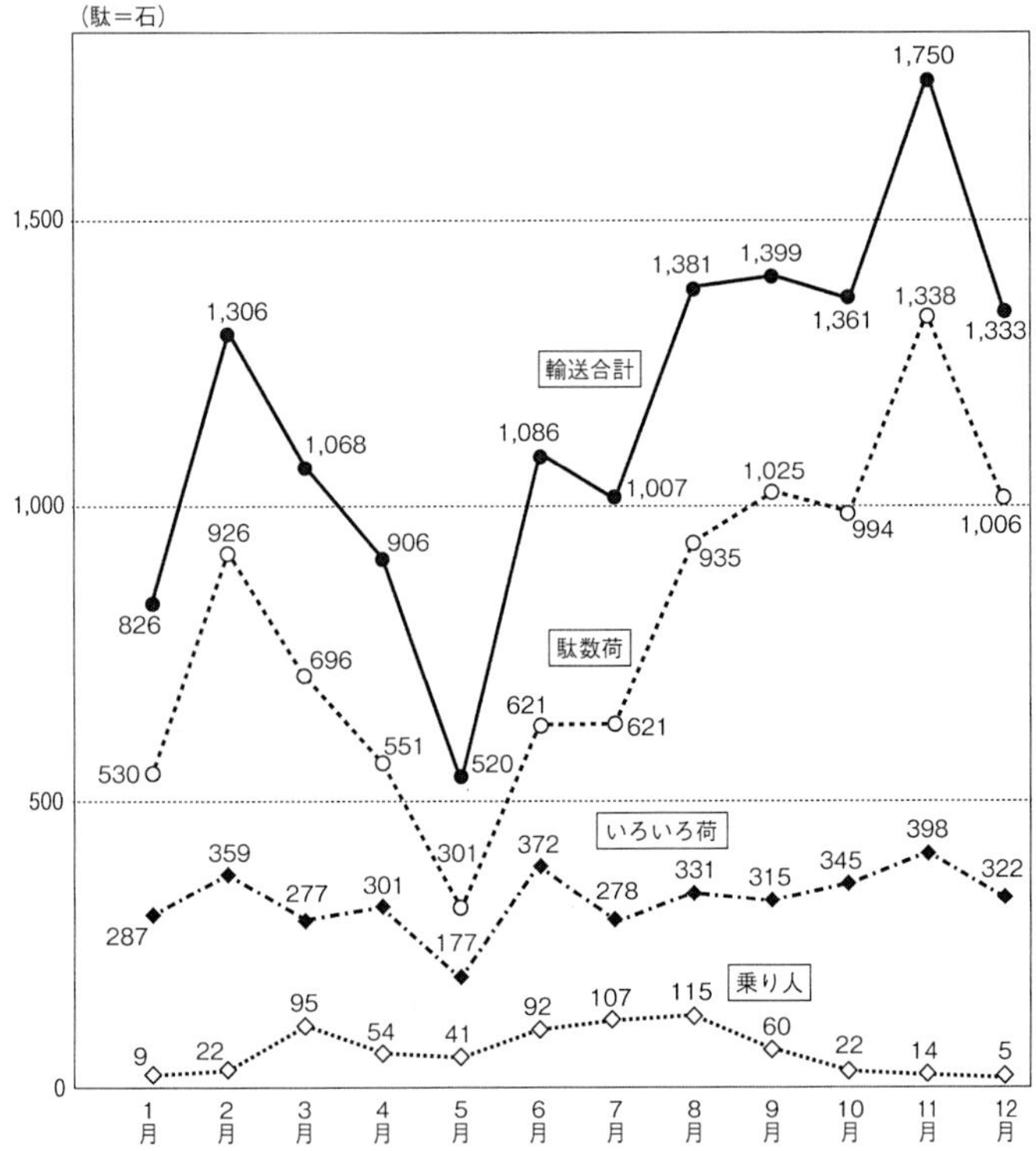


図4-4　享保期（1729〜1736）の下り荷の月別輸送量（駄数換算）

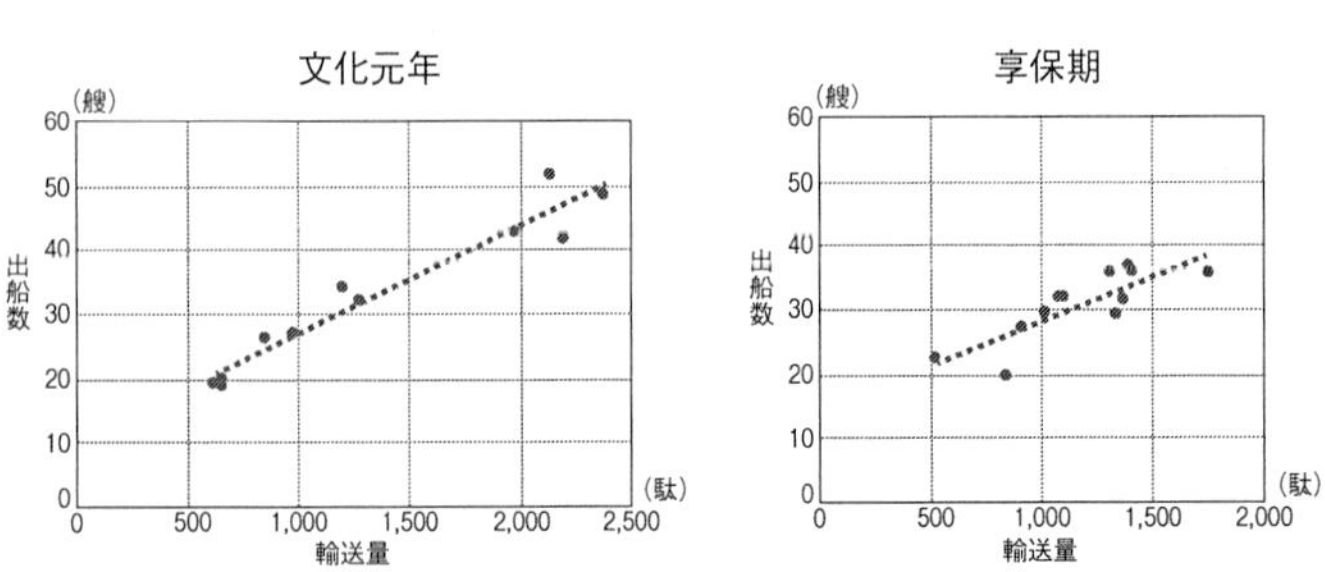


図4-6　月別出船数と輸送量の相関

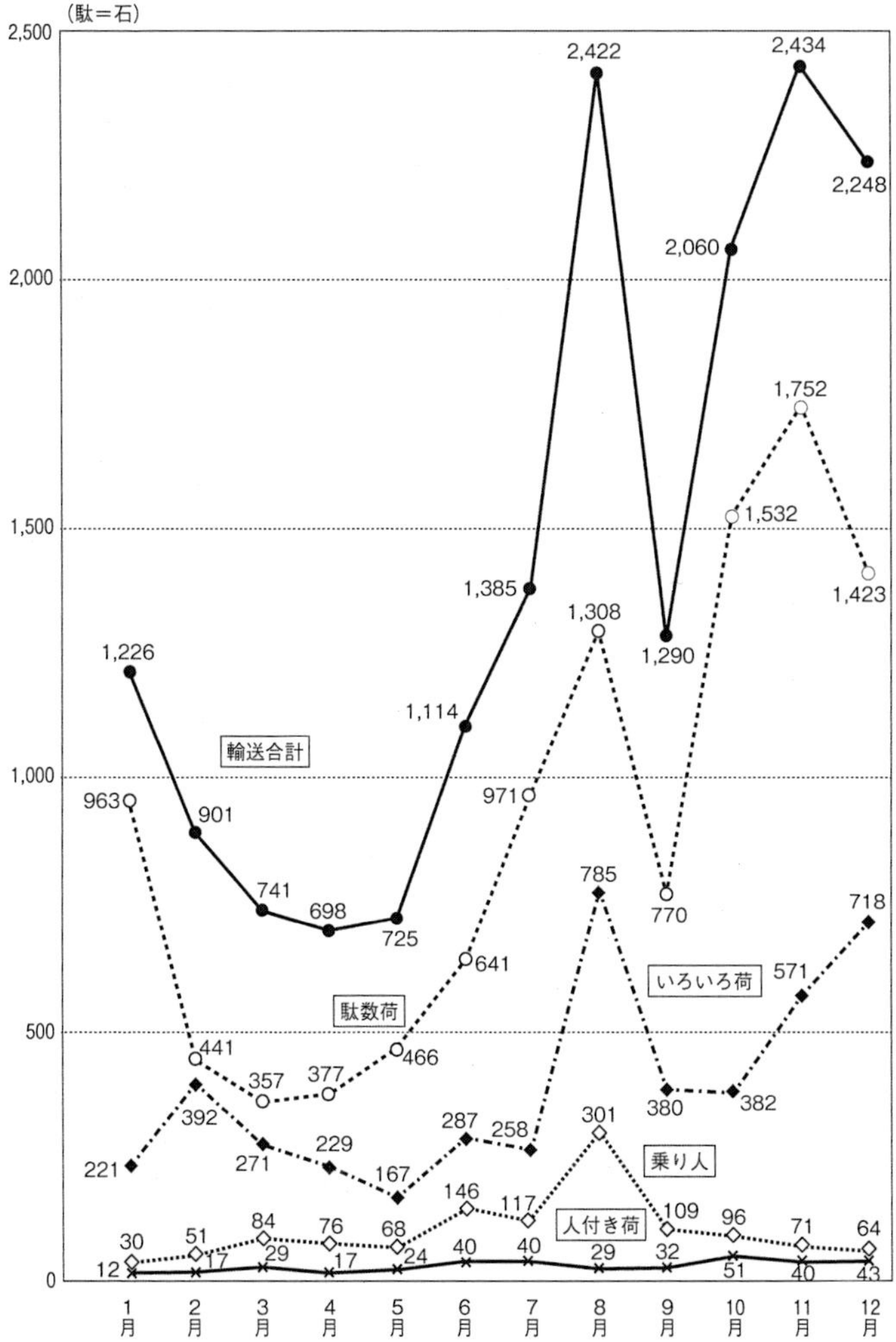


図４−５　文化元年（1804）の下り荷の月別輸送量（駄数換算）

においても増加している。「駄数荷」が全体の7割程度を占めるため影響が大きいが、「いろいろ荷」が増加率では押し上げている。また、運賃ベースで述べたように、「乗人」が2倍となり、享保期になかった「人付荷」が現れたことなどによるものである。

以上のように総括的に見ると、文化期には荷駄・乗人ともに増加し、人・物の動きが盛んになったことが見てとれる。また、出船数でも多少増加している。丸子船が大型化した影響もあり、1艘当たりの積荷の量も増加している。ただし、出船数には、脇船小丸子船も含まれており、大丸子船の平均積載量ではないことを考慮する必要がある。

それぞれの駄数換算でグラフ化したのが、前見開きページの図4-4と図4-5である。出船数と輸送量の相関も図4-6に示した。出船数と運送量には相関関係があり、おおよそ直線に乗る。よって、月々変化する運送量に対応し、出船数の管理がされていることもうかがい知れる。

## 4　天保13年の一般荷物の荷駄分析

前節では、一般荷物の中で「下り荷」についての詳細を述べたが、総合的に一般荷物の全体像を明らかにする必要がある。

これらがわかる資料としては、天保13年(1842)の荷駄の一覧がある(『長浜市史』第3巻)。

表４−７　上方筋の「着船分」（下り荷）の荷駄量の変化（駄数換算）

| 下り荷（駄数換算） | 文化元年（A） | 天保13年（B） | 増減（B−A） |
|---|---|---|---|
| 駄数荷　① | 11,001 | 10,895 | １％減 |
| いろいろ荷　② | 4,681 | ＊4,481 | ４％減 |
| 主付き荷　③ | 373 | 513 | 38％増 |
| 乗人　④ | 1,209 | 2,293 | 90％増 |
| 荷駄合計 | 17,264 | 18,182 | ５％増 |
| 荷駄小計（乗人・主付除） | 15,682 | 15,376 | ２％減 |
| 出船数 | 397 | 581 | 46％増 |

＊天保13年資料は、駄数書上帳のため「いろいろ荷」が含まれていない。よって享保期・文化期の「いろいろ荷」／「駄数荷」比率（享保期の39.7％・文化期の42.6％）から類推し、平均値41.1％で加算して試算した。

これは、上方筋・北国筋への荷駄について、荷駄名・駄数や乗人まで詳細に記載された資料である。ただし、吉川三左衛門文書である原資料には「駄数書上帳」とあることから、「いろいろ荷」は含まれていないものとも考えられる。

これらの荷駄を分類し直し、上方筋への荷駄として表４−８「天保13年（１８４２）の上方筋の一般荷物」と表４−10「天保13年（１８４２）の北国筋の一般荷物」を作成した。

## 丸子船の出船数と舟運量による文化期の下り荷との比較

表４−６の文化元年（１８０４）と約40年後にあたる表４−８の天保13年（１８４２）の「上方筋」「着船分」（下り荷）の資料から、文化元年との各荷駄量の変化をまとめたものが表４−７である。これを見ると、「荷駄合計」

## 表4－8　天保13年（1842）の上方筋の一般荷物

吉川三左衛門文書　天保14年「当湊出船及びに着船駄数書上帳」

| 上方筋 | 天保13年（1842）　登り荷／下り荷 | | | | | |
|---|---|---|---|---|---|---|
| 出船分 | 出荷元 | 荷駄数 | 単位 | 荷駄名 | | 送り先 |
| （登り荷） | 長浜・近郷 | 1,402 | 駄 | 彦根藩以外の大名等の年貢米（2,804俵） | | 大津御蔵所 |
| | | 3,995 | | 商人米（7,989俵） | | |
| | | 35 | | 彦根産縮緬（浜ちりめん） | | 京都 |
| | | 645 | | 古鉄 | | 大津・八幡 |
| | | 225 | | 干柿 | | 京都・大坂 |
| | | 612 | | 梨子 | | |
| | | 178 | | 蚊帳 | | |
| | | 90 | | 真綿・酒粕 | | |
| | | 438 | | 油 | | 大津・京都 |
| | | 144 | | 板 | | |
| | 長浜・近在 | 254 | | 糸 | | |
| | 長浜・近郷／近在 | 218 | | 生柿・油粕・種・藍・あき樽・桐の木・糖粉・あき櫃 | | |
| | 伊吹山 | 7,580 | | 石灰・木灰 | | 大津・八幡ほか |
| | 伊吹山辺 | 1,158 | 駄 | 苅安 | | 大津 |
| | | 118 | | 寒木・艾・薬物 | | |
| | 長浜 | 1,753 | 荷≒駄 | 小荷物（いろいろ荷）なので乗人の別便か？ | | |
| | 駄数荷合計 | 18,845 | 駄 | | | 大津・京都 |
| | 長浜 | 2,943 | 駄 | 乗人5,886人（２人≒１駄に換算） | | 大津 |
| | 合計 | 21,788 | 駄 | | | |
| | 出船数 | 839 | 艘 | 旅人商人乗船・荷物 | | |

| 着船分 | 出荷元 | 荷駄数 | 単位 | 荷駄名 | | 行き先 |
|---|---|---|---|---|---|---|
| （下り荷） | 丹波・大和 | 288 | 駄 | 綿 | | 長浜・近在 |
| | 大和・河内・大坂 | 180 | | 木綿 | | |
| | 京都・大坂 | 767 | | 四十物（あいもの） | | 長浜・近郷 |
| | | 419 | | 醤油 | | |
| | | 388 | | 蜜柑 | | |
| | | 177 | | 砂糖 | | |
| | | 161 | | 素麺 | | |
| | | 174 | | 鉄 | | |
| | | 161 | | 瀬戸物 | | |
| | | 84 | | 砥石 | | |
| | | 83 | | 綦物（きもの） | | |
| | | 81 | | 紙 | | |
| | | 75 | | 古手 | | |
| | | 192 | | 昆布・青物類・琉球包・蠟・藍玉・鰹節 | | |
| | 伏見・大津 | 6,694 | | 塩 | | 長浜・近在 |
| | | 419 | | 芋 | | |
| | | 100 | | あき樽 | | |
| | | 33 | | 酒・俵物 | | |
| | 大坂 | 120 | | 鯡 | | |
| | 伏見 | 11 | | 材木３本・梨の木８駄　１本＝１駄換算 | 10,607 | 長浜・近郷 |
| | | 288 | 荷≒駄 | 小荷物 | | |
| | いろいろ荷 | 4,481 | 駄 | いろいろ荷追加分（享保・文化期から試算） | | |
| | 駄数荷合計 | 15,376 | 駄 | | 4,481 | |
| | 主付き荷 | 513 | 荷≒駄 | | | |
| | 乗人 | 2,293 | 駄 | 4,585人（２人≒１駄と換算） | | |
| | 合計 | 18,182 | 駄 | | | |
| | 着船数（長浜船） | 581 | 艘 | 大津の彦根他家からの長浜湊丸子船 | | |
| | 着船数（長浜船以外） | 500 | 艘 | 湖西浦々・八幡よりの他湊の船 | | |

は文化元年に比べて5％増加とほとんど変わっていない。これに対して、「乗人」が2倍程度（2人／駄）に増加していることが見てとれる。

さらに注目すべき点は、「出船数」が、397艘から581艘と1・5倍程度に増えていることである。要するに、「乗人」が増えたため、商人など「乗人」を運ぶ脇船小丸子船が増加した分と考えられる。よって、「乗人・主付き荷」（③＋④）を脇船小丸子船で運んだ増加分と運んだ脇船小丸子船の船数の増加分は、次のようになる。

乗人＋主付き荷増加分（駄）（③＋④）

2806－1582＝1224駄（1駄＝2人換算）

脇船小丸子船の出船数増加分（艘）

581－397＝184艘

したがって、脇船小丸子船で主付き荷も含めて平均1艘当たり6・7駄程度を運んでいたことになる。これは脇船小丸子船1艘につき平均13人程度を運んでいたことになる。この値は、第3章の「押切早船」の節で述べたように、『近江長濱町志』第2巻の挿入絵図の「乗人」が11人であることともほぼ一致し、妥当な乗人数と考えられる。

脇船小丸子船の積載量20石から考えて、多い時には乗組員・主付き荷等を含めて平均の2倍（積載量20石の3分の2）にあたる13石（26人）程度まで積載し運行していたものと思われる。

また、天保13年には乗人＋主付き荷が２８０６駄であることから、年間での脇船小丸子船の出船数は４２２艘程度だと推定できる。天候や季節を考慮しなければ、船押切早船を含めて11艘あり、１艘当たり月平均３回程度の舟運が必要であったと思われる。実際には、表４-５の「文化元年　月別乗人」から、乗人が月平均の３倍程度の月もあり、多い月には乗人数を増やすなり出船数を増やすなどの調整をしていたと思われる。同表からみて、逆に少ない冬期には、平均月の３割程度に落ち込む舟運状況であったと思われる。

一方、大丸子船については、脇船小丸子船以外の「出船数」が大丸子船の出船数であると考えられる。よって残りの１５９回程度が大丸子船分の年間出船回数だと考えられる。「その他行き」(47艘)で１艘当たり３・４回程度の出船に当たる。出船回数として少ないようだが、「下り荷」のみの出船回数であり、この程度とも考えられる。運んだ荷駄は、「駄数荷」と「いろいろ荷」の合計が15・３７３駄であり、１艘当たりの運送量は、97駄(約87石)程度である。おおよそ１００石であり、登せ米の積載量である80石(駄)／艘の積載量ともほぼ一致する。このころの大丸子船の積載量が１５０石程度であるから、年貢米(登せ米)・一般荷物に限らず、３分の２程度の積載量で舟運していたと考えられる。

なお大丸子船には、すでに「登せ米」の項で述べたとおり、長浜湊として合計１３０艘の舟運が必要で、上方筋(「その他行き」)の船も全体の58艘のうち47艘(長浜湊の丸子船総数から三左衛門船を除いた数）が活動して、さらに105回程度の出船回数が必要となる。湖西や八幡などの湖東も含めれば、およそ250回程度（1艘当たり5・3回）出船していたと想像できる。

よって、「その他行き」に関して各丸子船の1艘当たりの年間出船回数を試算すると、

脇船小丸子船　38・3回程度

大丸子船　10・9回程度

と、圧倒的に脇船小丸子船の出船回数が多く、4倍活躍していたことがわかる。

次に、行先別に一般荷物の荷駄の特徴などを分析してみた。

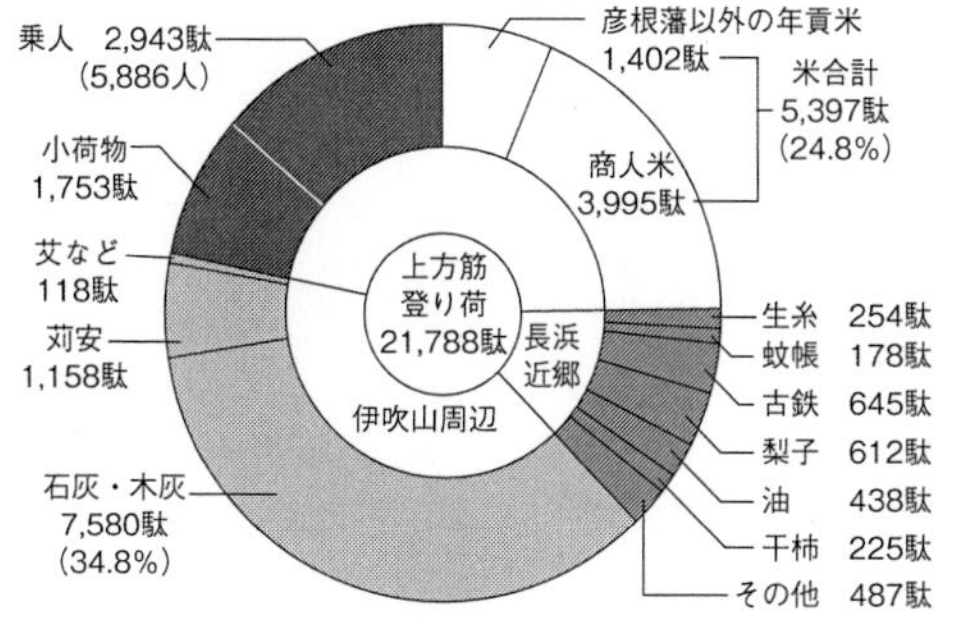


図4－7　天保13年の長浜湊における上方筋登り荷の内訳
※乗人は2人で1駄に換算

## 上方筋の荷駄

**出船分**（**登り荷**）**――近江八幡・大津・京都・大坂方面向け荷物**

表4-8の「上方筋」の「出船分」によれば、年間荷駄の総量は2万2000駄程度である。内訳を図4-7にまとめた。主な荷物として、伊吹山の石灰岩から作られる「石灰《いしばい》」と草木を焼いた「木灰《きばい》」が一番多く、7580駄と全体の3～4割を占めている。送り先が大津・八幡となっていることか

ら、肥料や漆喰《しっくい》の材料として近江一円と上方方面まで広範囲に出荷していたと思われる。

次いで彦根藩以外の「年貢米」・「商人米」で、全体の2〜3割を占め、「石灰・木灰」と「年貢米」・「商人米」を合わせると6割を占める。その他には、伊吹山周辺の「苅安《かりやす》」が1000駄ほど、長浜近在からは「干柿」「梨子《なし》」・「油」など農産物が主な荷物である。

また、その他の荷駄として、「小荷物」が2000荷ほど（図では荷＝駄として扱っている）で1割近く含まれている。この「小荷物」は、着船分には存在しない。乗船数の表記に「旅人商人乗船・荷物」とあることから、主な乗人が商人で長浜および近在や北国方面から大津・上方方面への行商人の荷物で、着船分にある主付き荷と異なり、持ち切れない量の荷物を別便で送った荷駄と思われる。

乗人はおよそ5900人で、文化元年のおよそ2400人の2倍以上に増加しており、一段と人の動きが激しくなったことがわかる。

**着船分**（下り荷）——**長浜・近郷・近在向け荷物**

上方筋下り荷の内訳をまとめたのが図4-8である。荷駄の年間合計は、1万8000駄程度であり、「登り荷」と比べて8割程度と少ない。

主な荷物として、「塩」が7000駄近くで群を抜いて多く、全体の4割を占める。その他の目につくものとして、「四十物《あいもの》（塩魚）」800駄近く、「醤油」400駄など、また果物単体とし

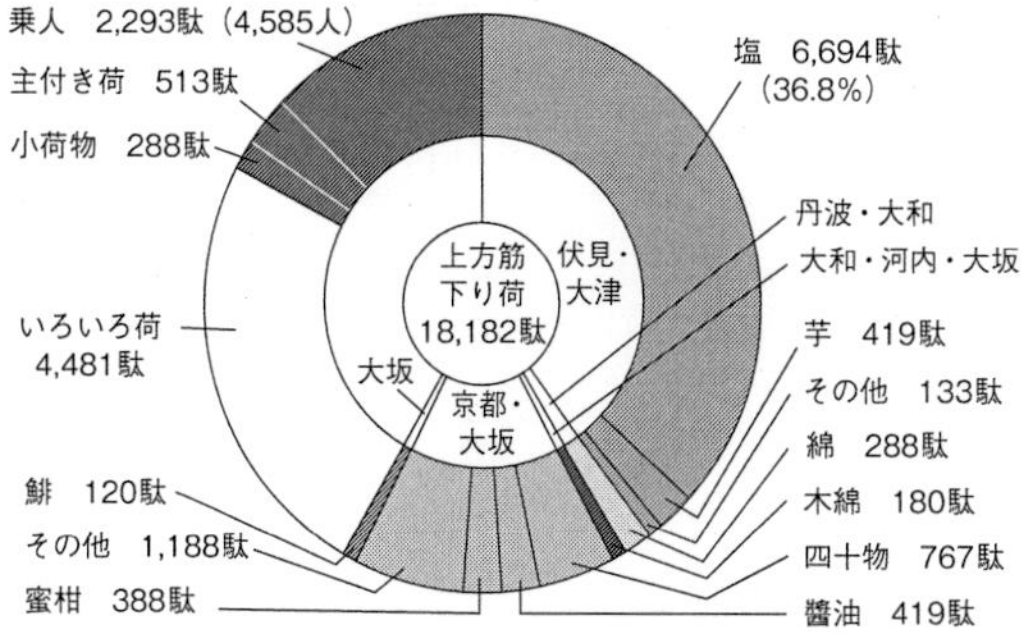


図４−８　天保13年の長浜湊における上方筋下り荷の内訳
※いろいろ荷は享保・文化期から試算

て正月用の「蜜柑《みかん》」４００駄が主な荷物であり、長浜とその近在で消費された物と思われる。

また、「主付き荷」が５００駄ほど含まれているが、長浜および近在や北国方面から大津・上方方面へ出かけた行商人の帰郷時の荷物で手持ちの荷物と考えられる。なお、出船分に「主付き荷」の項がないのは、上方筋で売りさばく商品は、荷駄として「小荷物」の１３５３駄に含まれているためと思われる（大丸子船積み）。

乗人について見ても、登り荷５９００人程度より少なく（下り荷４６００人程度）、上方方面への乗人の方が多い（帰郷時は陸路を通ったのかもしれない）。ただし、着船分（下り荷）の乗人の時代推移を見ると、享保期の１３００人、文化元年の２４００人に比べて、時代とともに加速度的に増加し、人の動きが盛んになっていることは明らかである。

## 北国筋の荷駄

資料として、天保9年（1838）の「駄数書上」から北国筋の「継送《つぎおく》り荷」（中継荷）をまとめた表4‐9と天保13年（1842）の北国筋の出船・着船駄数をまとめた表4‐10を作成した。両者の間には、天保9年に関ヶ原筋からの荷を長浜に送ることが禁止され、米原湊に送ることになったので、天保13年には「継送り荷」がなくなったという違いがある。なお、「継送り」とは、宿場から宿場へリレー方式で荷を運んだことをいう。

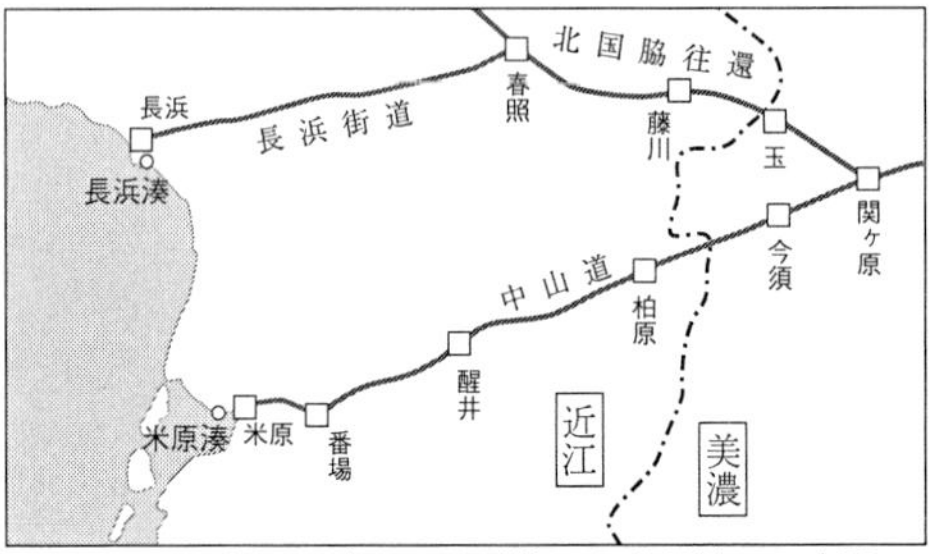

図4‐9　関ヶ原宿から長浜湊へと米原湊への宿駅

## 長浜湊への継送り荷の禁止

第1章5節に三湊の持分として記したとおり、本来、中京方面から中山道を通ってきた荷駄は米原湊が受け持つことになっていた。ところが、図4‐9のように、関ヶ原宿から北国脇往還で春照《すいじょう》宿まで行き、さらに長浜街道を経由して長浜湊まで運ぶルートの方が、中山道経由で米原湊まで運ぶルートよりも距離が短く、継送りの回数を減らせて安価なため、長浜湊へ運ばれるのが普通となってしまった。

困ったのは中山道側の今須《います》宿から番場《ばんば》宿までの宿駅で、再三にわたり幕府の道中奉行に不満を訴えたため、幕府は天保9年

（1838）8月に長浜街道通行禁止の触書を出した。

しかし、触書の中に「上方筋へ」という文言があったため、長浜湊の者は「上方筋」への荷物だけと解釈し、北国筋への荷はそのまま長浜街道を通過したともいう。

その違いを念頭に置いて、表4-9とその4年後の表4-10を比較してみる。まず、天保9年では出荷元が「美濃・尾張・伊勢の商人」とされていたものが、「近在の所々」に置き換わっているが、品自体は「瀬戸物」・「多葉粉《たばこ》」・「多葉粉入類・元結《もとゆい》（髪の髻《もとどり》を束ねる紐《ひも》）」などで、まったく変化がない。いずれも長浜近在の産物ではなく中京方面からの荷駄である。

北国方面から長浜湊について、天保9年では春照宿を経由して美濃国の大垣《おおがき》（つまり中京方面）へ送られた品の数々も、送り先が「当町（＝長浜）・近在所々」に変わっただけで品目に変化は見られない。ただし、表4-10の「着船分」合計1万71駄のうち、⑦の荷駄8610駄だけは、天保9年の中継荷に記録がないため、長浜および近在で消費される分と考えられる。

これらの仕分け条件をもとに、出船分と着船分の総量を整理したのが、表4-11である。

### 北国筋の荷駄の特徴

表4-11から、北国筋に関しては着船分1万71駄に対して出船分621駄と、圧倒的に北国筋から長浜および近在と中京方面への荷駄が多い。特に、長浜および近郊から北国筋への出荷は「0」で、北陸方面向けの何らかの産地に長浜周辺はなっていないことがわかる。また、中京方

## 表4－9　天保9年（1838）の中継荷

吉川三左衛門文書「天保九年駄数書上帳」（継送り荷のみ）

| 中継荷 | 天保9年（1838）中継荷：継送り荷 | | | | | |
|---|---|---|---|---|---|---|
| 出船分 | 出荷元 | 荷駄数 | 単位 | 荷駄名 | 経由 | 送り先 |
| | 美濃・尾張・伊勢の商人荷物 | 300 | 駄 | 瀬戸物 | 塩津・大浦・今津など | 北国筋継送り |
| | | 210 | | 多葉粉（たばこ） | | |
| | | 110 | | 茶 | | |
| | | 100 | | 干大根・切干大根 | | |
| | | 85 | | 木綿嶋 | | |
| | | 65 | | 紙類 | | |
| | | 61 | | 多葉粉入類・元結 | | |
| | | 40 | | 荒物 | | |
| | 合計 | 971 | 駄 | | | |
| | 駄数荷合計 | 971 | 駄 | | | |

| 着船分 | 出荷元 | 荷駄数 | 単位 | 荷駄名 | 経由 | 送り先 |
|---|---|---|---|---|---|---|
| | 越前敦賀 | 521 | 駄 | 刻昆布 | 春照宿 | 大垣送り |
| | | 390 | | 干鯖／塩肴 | | |
| | | 226 | | 釘鉄物類 | | |
| | | 161 | | 数の子／みがき鯡 | | |
| | | 140 | | 干烏賊（いか） | | |
| | | 30 | | 棒鱈／干鮭 | | |
| | | 20 | | 平昆布 | | |
| | 加州所々 | 200 | | 管笠 | | |
| | | 30 | | 笠紐 | | |
| | | 30 | | 木地細工物 | | |
| | 能洲輪島 | 100 | | 膳椀類 | | |
| | 越前府中・敦賀 | 300 | | 鎌打物類 | | |
| | | 88 | | 菅笠・竹笠 | | |
| | 越前岩本・福井 | 371 | | 奉書 | | |
| | | 288 | | 布 | | |
| | | 93 | | 木綿／木綿綛（かすり） | | |
| | 若州小浜・在中 | 250 | | 塩肴／干肴類 | | |
| | | 154 | | 釘鉄物 | | |
| | | 74 | | 葛粉 | | |
| | | 63 | | 桐油 | | |
| | | 51 | | 紙 | | |
| | 伯州 | 110 | | 稲扱 | | |

| | 合計 | 3,690 | 駄 |
|---|---|---|---|

### 表４-10　天保13年(1842)の北国筋の一般荷物

吉川三左衛門文書　天保14年「当湊出船及びに着船駄数書上帳」

| 北国筋・北国荷 | 天保13年(1842)　北国荷　出船／着船分　(中山道継送り荷禁止後) | | | | | |
|---|---|---|---|---|---|---|
| 出船分 | 出荷元 | 荷駄数 | 単位 | 荷駄名 | 経由 | 送り先 |
| | 近在の所々 | 327 | 駄 | 瀬戸物類 | 塩津・大浦・今津など | 北国筋 |
| | | 102 | | 多葉粉 | | |
| | | 73 | | 多葉粉入類・仏具／元結／塗物／櫃入 | | |
| | | 35 | | 干大根・切大根 | | |
| | | 37 | | 木綿嶋 | | |
| | | 20 | | 荒物 | | |
| | | 17 | | 茶 | | |
| | | 10 | | 紙 | | |
| | 合計 | 621 | 駄 | | | |
| | 北国荷出船分合計 | 0 | 駄 | 荷駄の中身は、中京方面の物産品であるため | | |
| ⑧ | 中継荷出船分合計 | 621 | 駄 | 天保８年の中継荷とほぼ同じ荷駄のため、中継荷分とする | | |

| 着船分 | 出荷元 | 荷駄数 | 単位 | 荷駄名 | | |
|---|---|---|---|---|---|---|
| ① | 越前敦賀 | 406 | 駄 | 刻昆布 | 塩津・大浦 | 当町・近在所々 |
| | | 102 | | 塩肴類 | | |
| | | 92 | | 干烏賊 | | |
| | | 83 | | みがき鯡 | | |
| | | 30 | | 数の子 | | |
| | | 30 | | 平昆布 | | |
| | | 8 | | 棒鱈 | | |
| ② | 加州所々 | 32 | | 菅笠 | | |
| | | 28 | | 木地細工物 | | |
| | | 23 | | みのほくち | | |
| | | 11 | | 菅紐 | | |
| ③ | 越洲府中・敦賀 | 220 | | 鎌打物類 | | |
| | | 69 | | 布木綿類 | | |
| | | 19 | | 苧(からむし)／艾(もぐさ) | | |
| | | 13 | | 菅笠 | | |
| ④ | 越前岩本 | 29 | | 奉書 | | |
| ⑤ | 若州小浜・在中 | 170 | | 釘鉄物 | 今津 | |
| | | 22 | | 葛粉 | | |
| | | 20 | | 荒物類 | | |
| | | 14 | | 紙 | | |
| ⑥ | 伯州 | 40 | | 稲扱 | | |
| ⑦ | 敦賀・小浜 | 4,649 | | 鯡白子 | 大浦・今津 | 近在所々 |
| | | 2,200 | | 塩肴類 | | |
| | | 1,460 | | 刻昆布／平昆布／干肴類 | | |
| | | 170 | | 下駄／御座／はなお | | |
| | | 131 | | こんにゃく玉 | | |
| | 合計 | 10,071 | 駄 | | | |
| | 北国荷着船分合計 | 8,610 | 駄 ⑦ | 天保８年中継荷と異なる「荷駄」のため、北国荷に分類 | | |
| | 中継荷着船分合計 | 1,461 | 駄 ①～⑥ | 天保８年中継荷と同じ「荷駄」のため、中継荷分に分類 | | |

表4-11　天保13年（1842）の駄数荷合計（仕分け後）

| 筋の分類 | | 出・着 | 荷駄数 | 単位 | 表4-10の数字 |
|---|---|---|---|---|---|
| 上方筋 | | 出船分 | 18,845 | 駄 | |
| | | 着船分 | 15,376 | 駄 | |
| 北国筋 | 北国荷 | 出船分 | 0 | 駄 | |
| | | 着船分 | 8,610 | 駄 | ⑦ |
| | 中継荷 | 出船分 | 621 | 駄 | ⑧ |
| | | 着船分 | 1,461 | 駄 | ①～⑥ |
| 北国筋合計 | | 出船分 | 621 | 駄 | |
| | | 着船分 | 10,071 | 駄 | |
| 一般荷物合計 | | 出船分 | 19,466 | 駄 | |
| | | 着船分 | 25,447 | 駄 | |

面と北国筋つないだ中継荷においても、北国筋からの荷駄が2倍ほどと多い。

北国筋着船分の北国荷と中継荷を円グラフ化したのが、図4-10と図4-11である。出荷元別に具体的な荷物をみておこう。

・北国荷の着船分（北国筋→長浜及近在）　合計8610駄

多い荷駄は、鯡白子《にしんしらこ》（肥料）4649駄や、塩肴《しおざかな》類・昆布などの海産物3660駄である。北国からの荷のようすを示す当時の記録として、天保8年（1837）に伊勢松坂《まつさか》の商人・小《お》津《づ》久足《ひさたり》が紅葉見物に近江の竹生島や永源寺などを半月かけて巡った旅の記録『煙霞《えんか》日記』に、長浜の宿で出た食事のことが書かれている。長浜の越後屋という宿に泊まったところ、夕飯のおかずに「鰯《いわし》」が出たため、地元の幸《さち》が食べられるものと思っていた供の男がとても腹を立てたが、「十二里をへだてた越前の敦賀より来たる也《なり》」とのことで、どうやら「このあたりにては（海の）漁魚を珍味とし川魚を常《つね》の味といひてわがすむあたりとはうらうえ（反対）也」としている。

・中継荷着船分（北国筋→中京方面）　合計１４６１駄
荷駄数は少ないが、北国荷着船分と同様、昆布類・塩肴類・干しイカなどの海産物８００駄やその他として鎌打物・釘鉄物４００駄が主な荷駄である。

その他目につくものとして、荷駄数は少ないが、遠くの伯州《はくしゅう》（伯耆《ほうき》国。現在の鳥取県中西部）から稲扱《いねこ》ぎが運ばれていた。伯耆国の倉吉《くらよし》周辺には鉄を原料とした鋳物師《いもじ》や鍛冶《かじ》屋が多く、脱穀用の農具・千歯《せんば》扱《こ》きは江戸時代中期から全国的に普及した。『米原町史』通史編によれば、彦根藩領の坂田郡梅ケ原《うめがはら》村（米原市梅ケ原）に残された「草川津右衛門《つうえもん》家日記」で、１世紀以上前の正徳

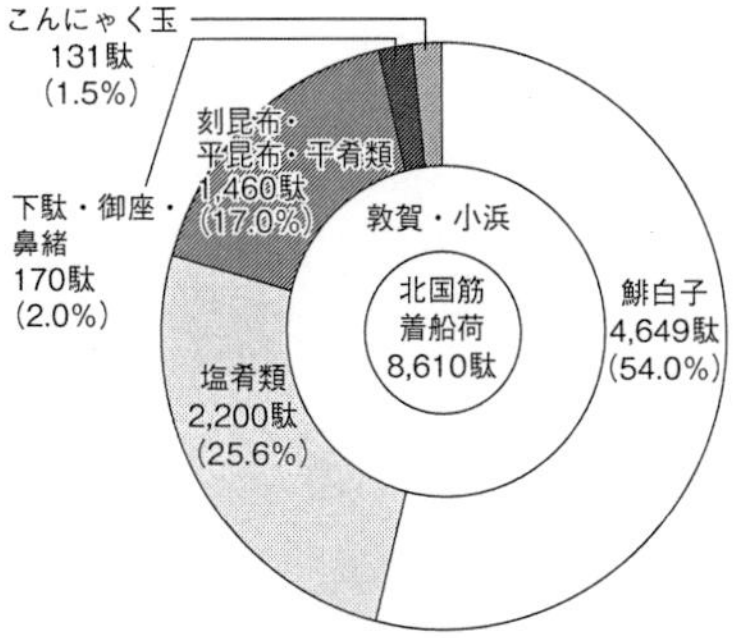

図４−10　天保13年の長浜湊の
北国筋着船「北国荷」の内訳
※長浜近在へ販売される物産

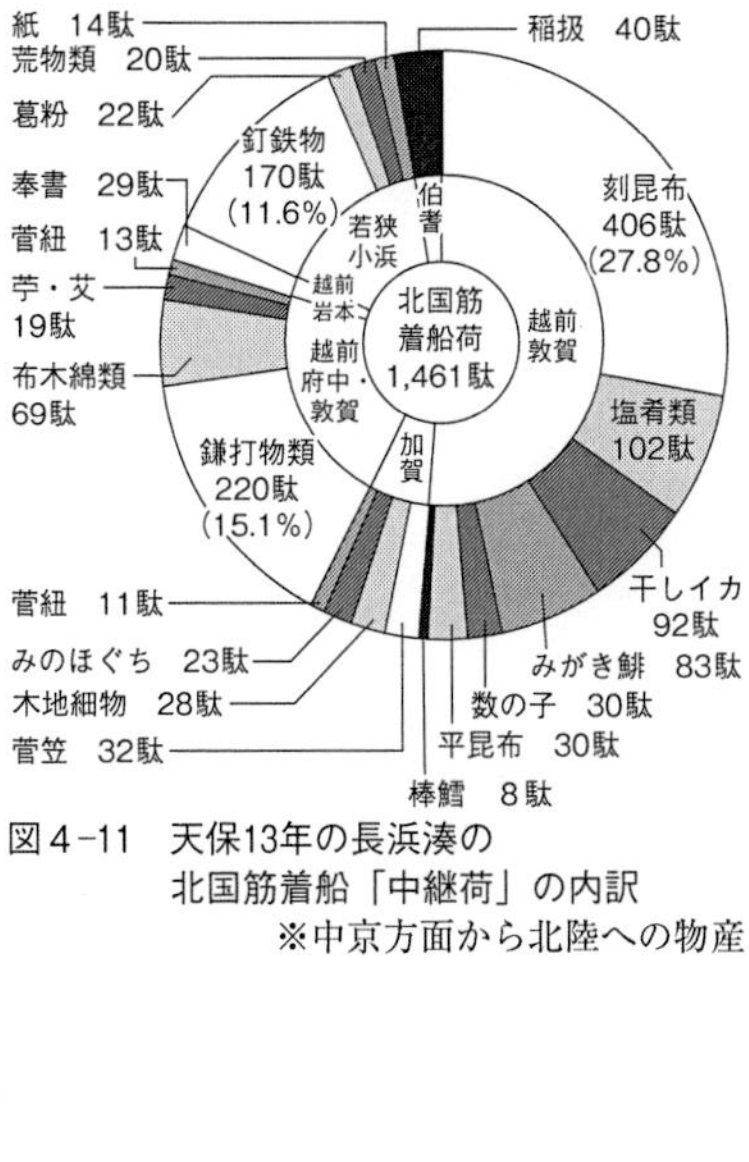

図４−11　天保13年の長浜湊の
北国筋着船「中継荷」の内訳
※中京方面から北陸への物産

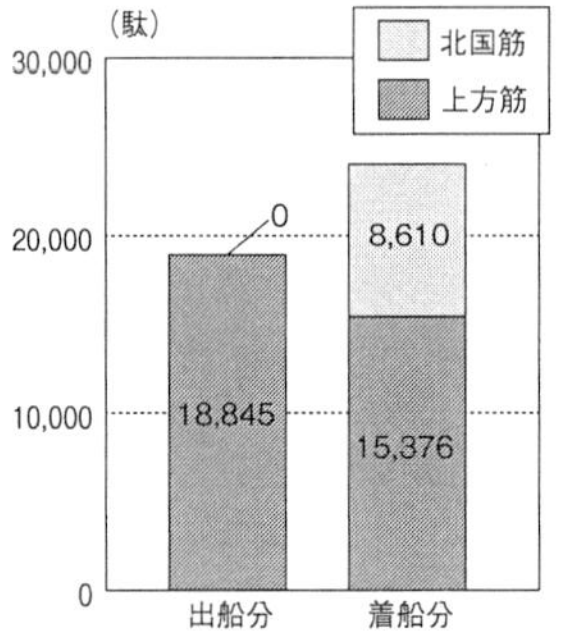


図４−13　天保13年の一般荷物の産地分と消費分

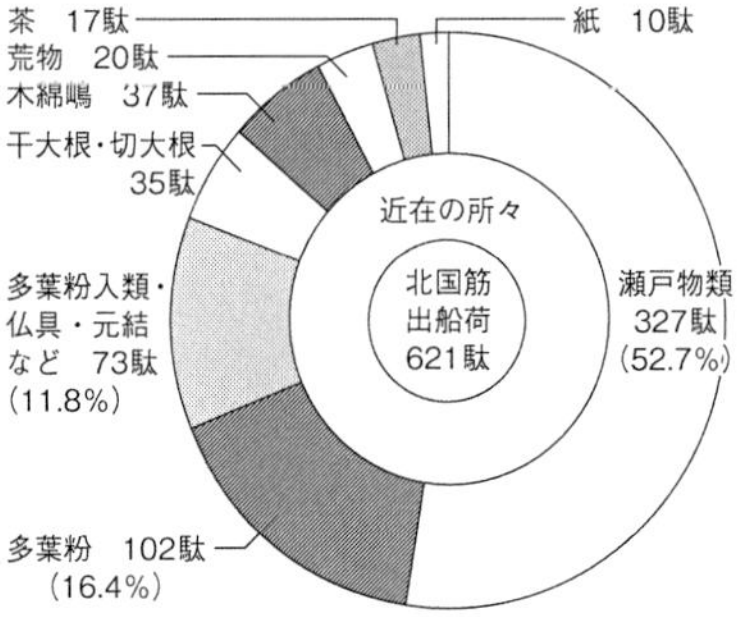


図４−12　天保13年の長浜湊における北国筋出船「中継荷」の内訳
※荷はほぼ中京方面の物産

2年（1712）に「鉄ノ稲コキハ去年ヨリ世間ニハヤル」と記されている。

また、菅笠《すげがさ》は当時北国筋の物産で越中《えっちゅう》福岡（富山県高岡市）には問屋もあり、現在も作られている。

一方、出船分をまとめたのが図4-12である。

・出船分の中継荷（中京方面→北国筋）合計621駄

量は少ないが、主な品として瀬戸物類およそ300駄や多葉粉《たばこ》およそ100駄があげられる。

**産地と消費地（長浜湊の荷駄の流れ）**

以上、天保期の一般荷物の主要方面での特徴・荷駄数などについて考察したが、各方面の荷駄の流れを表4-9から出船分（産地分）と着船分（消費地分）に分類し、図4-13のグラフにまとめた。「上方筋」へは、産地としての出船分と消費地としての着船分両方があり、消費地でもあり産地でもある。ただし、出船分が2割ほど多く、産地の傾向にある。一方、「北国筋」に対しては、出船分がなく完全に消費地の感がある。

数量的に見ると、産地として長浜湊から出荷される年間荷駄量は、上方筋出船分（登り荷）1万9000駄程度のみである。一方、長浜および近在で消費されていた荷駄は、上方筋と北国荷の着船分を合わせた2万4000駄ほどである。よって、長浜と近在では消費分が27％ほど多く、消費地としての傾向が強かったと考えられる。

## その他の舟運

琵琶湖湖岸のその他の湊間の荷駄も当然ながら存在した。その詳細を明らかにできる資料は持ち合わせていないが、将来明らかにすべき課題として、考えられる範囲でまとめておきたい。

表4‐7にある上方筋着船分のうち大津からの長浜湊丸子船581艘以外に、他湊の船として「湖西浦々、八幡」から年間500艘が着船している。船数から見ると、長浜船数に匹敵する数で無視できない。想像の域を出ないが、湖西からは燃料の炭・薪・柴などが、八幡からも湖東地域の生活必需品などが運ばれてきたと思われる。逆に長浜湊からも同様な舟運が存在したと想像できる。つまり、長浜湊の丸子船も「湖西浦々、八幡」へ一般荷物を運んでいたと考えられる。

また「湖北四カ浦」からの着船の記載がないことから、北国筋の大浦からの荷駄は「大浦行き」の一部の帰り船が着船分として運んでいたとも考えられる。「大浦行き」については、「その他行き」と比べて中継荷だけでは舟運量も少なく、役銀が高いなどの点でメリットが少ない。よって容易に「大浦と同様に船積みできる」権利を生かし、大浦から大津へ運ばれる北国の荷駄の舟運にも関わっていたものと推測できる。

# 第5章
# 長浜湊の艜船

米川下流に浮かぶ艜船と丸子船（明治時代、『写真集長浜百年』から転載）

# 1　艜船の概要

第3章「長浜湊の丸子船」では、丸子船について述べた。本章では、長浜湊に存在したその他の船である艜船《ひらたぶね》について分類し、その特徴と船持について明らかにしたい。

艜船は「平田船」とも書き、丸子船よりも小型で、底板を数枚並べた平らな船底に側板を取り付けた簡単な構造の船をいう。漁業用のほか、肥料とするために引き揚げた藻《も》を運ぶ農業用、川での荷物の運搬などに利用されたが、琵琶湖では丸子船の代用としての役割も果たした。

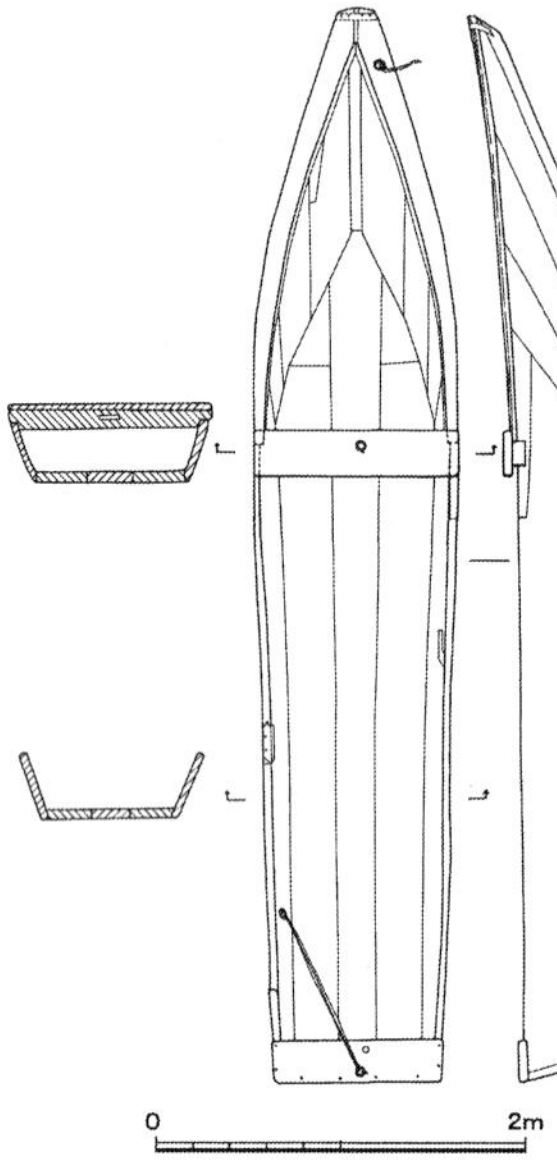


図5－1　艜船（高島市新旭町旭）の実測図
（『琵琶湖博物館資料目録第14号　民俗資料2』より転載）

図5－1は、滋賀県立琵琶湖博物館に唯一「ヒラタ（艜船）」の名称で収蔵されている船の実測図である。高島市新旭町深溝《ふかみぞ》の船大工が昭和12年（1937）ごろに製作し、同町旭《あさひ》で内湖や水路での漁業や農業に使われたという。全長5m70㎝、最大

幅1m8cmで、次に述べる「船方触書《ふなかたふれがき》」で示された艜船よりも小型である。

艜船は船底が平らで喫水が浅いため、遠浅の沿岸や、ある程度の水量のある川などでの少量の運搬に適していた。したがって、長浜湊内や遠浅の湖岸の続く、第1章の図1-5「湖北地域の湊・浦」に示した近在の湊への舟運や、舟運以外の農業・漁業などにも多く活用されていたと考えられる。長浜湊の艜船を分類する場合、大きさ・用途・構造・役銀などの条件で分け始めると複雑になりすぎて意味がないため、本書では吉川三左衛門文書に記載されている次の四つとした。

①橋船艜船　②船大工御免艜船　③借り艜船　④大艜船

## 「船方触書」から見た各艜船の特徴

丸子船については、文政5年（1822）に彦根藩から三湊と村々の船持へ出された「船方触書」の名称と一致するが、艜船については、三湊をはじめ彦根藩管轄の各浦のすべての艜船まで含まれている。長浜湊の艜船に関する規定に関わる項を拾い出すと、次のようになる。

| 「船方触書」 | | 内容 | |
|---|---|---|---|
| 十条 | 大艜船 | 長五間ゟ《より》五間半迄《まで》、巾四尺ゟ四尺五寸迄、 | |
| 十一条 | 大艜船以外の艜船 | 三間半／三尺 | 帆床梶床なし |
| 十四条 | 大艜船 | 役銀二匁五分 | |

十五条　持艜船・貸し艜船　役銀壱匁五分
十六条　船大工御免艜船　役銀免除
十七条　大艜船　極め印代壱匁が必要
二七条　長浜大艜船　（別途説明）

十五条にある「貸し艜船」は「借り艜船」のことで、実際に役銀を負担したのは借りた側である。これらから、長浜湊の各艜船の規定を整理すると、以下のような長浜湊の各艜船の基本的な特徴が明らかになる。

十四条と十五条の役銀額の差から、大艜船は他の艜より大型の艜船と考えられる。長さを船首から船尾までの全長として作図し、現存する百石積み丸子船と艜船の実測図と比較してみたのが次ページの図5–2である。十一条に大艜船以外の艜船は「帆床梶《かじ》（舵）床なし」とあるので、大艜船のみが帆・梶《かじ》（舵）を使用でき、他湊への舟運が可能であった。役銀については、十六条で船大工御免艜船は免除されており、他の艜船は、十四条と十五条から大きさで2種類（大艜船と借り艜船）の役銀が必要であった。

また、十七条から、大艜船は丸子船と同様に刻印代が必要であったこともわかる。

ただし、「船方触書」には、橋船艜船は記載がなく、持艜船にも含まれない。この件は、後項「橋船艜船」で明らかにする。

## 各艜船の積載量

積載量は役銀におおよそ比例すると仮定して、（その他行き）大丸子船１００石船で５匁５分、小丸子船最大60石で3匁5分を基準に各艜船の大きさ（積載量）を比例して試算すると、おおよそ次ページの表5-1のようになる。

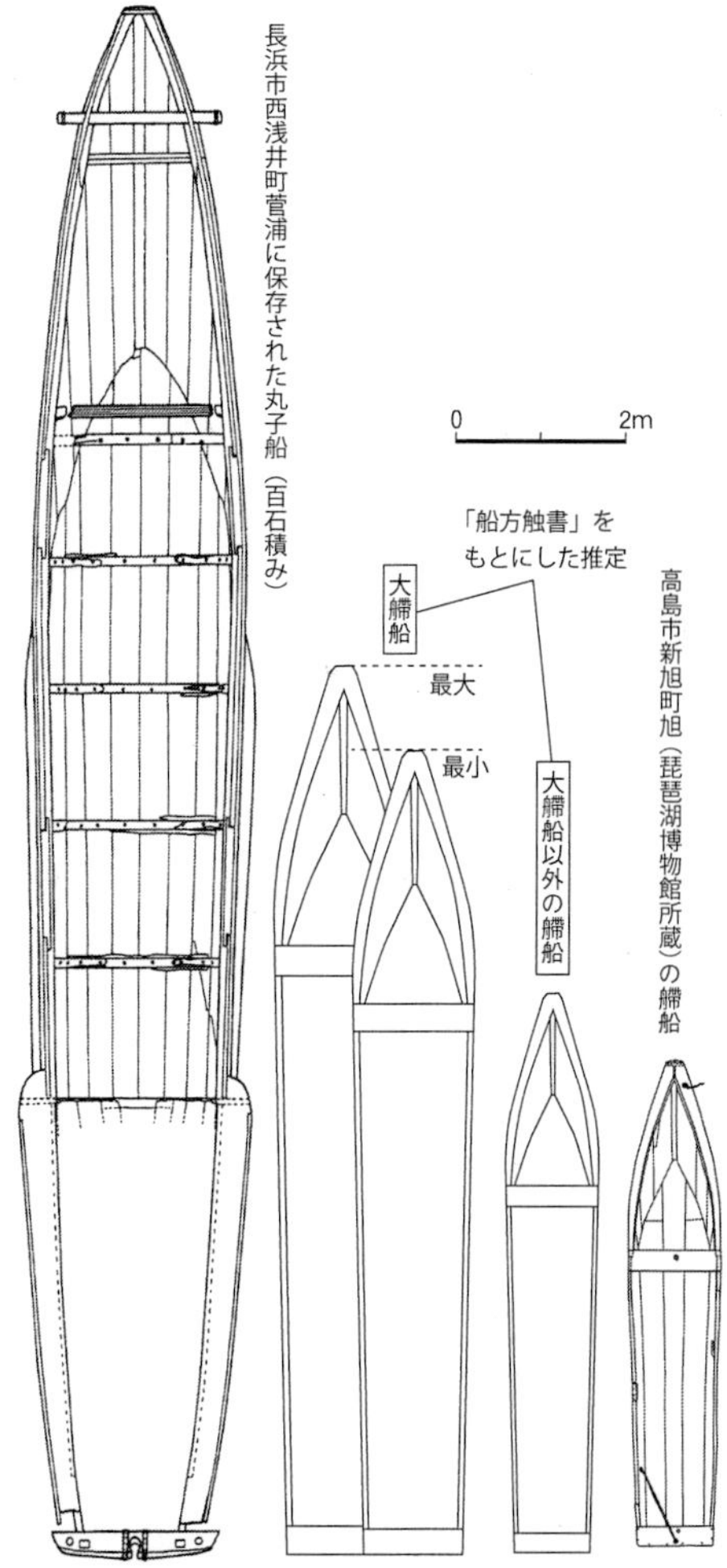


図５−２　艜船と丸子船の大きさの比較
（左端の丸子船は『琵琶湖博物館研究調査報告第13号　よみがえる丸子船』より、右端の艜船は『琵琶湖博物館資料目録第14号　民俗資料２』より転載）

表5－1　役銀から試算した積載量

| 船種類 | 役銀 | 積載量 |
|---|---|---|
| 大丸子船 | 5匁5分 | 100石 |
| | （この間5石刻みで役銀比例） | |
| 大丸子の最低 | 3匁5分7厘5毛 | 65石 |
| 小丸子の最高 | 3匁5分 | 60石 |
| | 3匁5分（この間は積載量に限らず役銀一定） | |
| 脇船小丸子船 | 3匁5分 | 20石 |
| 大艜船 | 2匁5分→ | 試算結果 43石（約45石） |
| 大工御免艜船・借り艜船 | 1匁5分→ | 試算結果 26石（約25石） |

結果として、船大工御免艜船・借り艜船でも、25石程度を積載でき、近在への舟運が可能だったと考えられる。また、大艜船は、脇船小丸子船（20石）のおよそ2倍にあたる45石程度の積載能力がある船と考えられる。

ただし、丸子船の舟運では、積載量150石の船では、安全面から80石積み程度で舟運していたことを考慮に入れると、大艜船は23石、その他の艜船は14石程度で舟運していたと考えられる。

以降の節では、艜船の種類ごとに詳細を考察する。

## 2　橋船艜船——丸子船の荷駄の瀬取り用

冒頭で示した4種の一つ目、橋船艜船は、『近江長濱町志』第2巻によると、「丸子付艜」・「艀《はしけ》艜《ひらた》」・「平駄橋船」などと呼ばれていたことからも、目的・役割が感じられる艜船である。

「艀」は、港で大型船と陸との間を往復して貨物や乗客を運ぶ小船をさし、次に述べるとおり、艜船の用途を言い表している。

吉川三左衛門文書に記載がある部分として、天保13年（1892）の三左衛門文書には、当時「小渡し艜船」と呼ばれていて、次のようにある。

> 小渡し艜船之義者、往古ゟ今において弐拾五艘共無レ滞相続仕罷在候義ニ御座候。尚又右働き方之義者、大丸子船積之節、瀬取等之義ヲ第一相働候。

つまり代々25艘の橋船艜船で、大丸子船の荷駄の瀬取《せど》り（水上で大型船から小船へ荷を移すこと）に使われていた船であることがわかる。長浜湊の大丸子船60艘に対し、半分ほどの橋船艜船があったことを考えると、長浜湊では大丸子の船持にとって重宝されていた船と考えられる。長浜湊の構造から、船入付近には米川も流れ込むなど土砂の流入により水深が浅くなりやすく、荷駄を満載した大型の大丸子船は堀筋をさかのぼることが困難なこともあり、沖泊りした大丸子船から橋船艜船への瀬取りが行われていたと思われる。

天保2年（1831）三左衛門文書「船証文」の役銀欄には「丸子附橋船ニ付御役銀御免」とある。また「船方触書」には「橋船艜船」の記載がなく「持艜船」にも含まれていない（「持艜船」なら役銀が必要）。よって、橋船艜船は大丸子船の一部（付属物）と見なされていたと考えられる。

## 橋船艜船の小渡し回数

第4章の表4-8、表4-9、表4-10にある天保期の「荷駄量」から、大丸子船への橋船艜船の小渡し回数を試算してみた。そのためには、橋船艜船の積載量が必要なので、「大工御免艜船」「借り艜船」などは25石より小型で、役銀不要から考えて、仮に半分程度の12石とし、実際の舟運量は6石(12石の2分の1)とした。

その結果を、表5-2に示した。1艘当たりの小渡し回数は、年間200回程度、月に20回に満たない仕事量である。6石(米15俵)を1時間で小渡しすると、月に20時間程度の仕事量となり、十分活用されているとは言いがたい。

この試算から、橋船艜船は大丸子船からの小渡し以外にも多様な目的に利用されていた船ではないかと考えられる。例えば、湖北の遠浅な海岸の村々からの荷の集配にも使われたり、遠浅の続く湖北の海岸で小渡しの船がない所など

表5-2　天保期の大丸子船荷駄量による橋船艜船の小渡し回数(試算)

| | | | 荷駄量(石・駄) |
|---|---|---|---|
| 上方筋 | | 出船分(天保13年) | 18,845 |
| | | 着船分(天保13年) | 15,376 |
| 北国筋 | 北国荷 | 出船分(天保13年) | 0 |
| | | 着船分(天保13年) | 621 |
| | 中継荷 | 出船分(天保9年) | 971 |
| | | 着船分(天保9年) | 3,690 |
| 荷駄合計 | | | 39,503 |

| | | |
|---|---|---|
| 橋船艜船船数 | 25艘 | |
| 橋船艜船積載量 | 6石(駄)/艘(積載量12石の2分の1にあたる6石で試算) | |
| 1艘当たり小渡し回数 | 263回/年 | 22回/月 |

へは、丸子船が橋船艜船を曳いていくといった光景も想像される。

## 橋船艜船の船持

先にも述べたとおり、橋船艜船は役銀が不要であるため、三左衛門文書の「役銀帳」・「舟証文」には、ほとんどその船持に関する記録がない。

数少ない資料の中で、時代範囲は短いながら大丸子船リストに橋船艜船持を突き合わせて、表5−3「大丸子船と橋船艜船持」を作成した。橋船艜船は、文化2年（1805）油屋彦十郎「船用留」と吉川三左衛門文書の天保2年（1831）「船証文」・安政2年（1855）「舟証文」（舟運71）の三つに、船持の住所がわかるよう元治元年（1864）の「長浜町切絵図」も追加した比較的短い間（約60年）の資料である。

橋船艜船のあり／なしで左右に分けた表5−3から、橋船艜船持は全員が大丸子船の船持でもあり、大丸子船持の約半数が橋船艜船を持っていたことがわかる。具体的には、大丸子船持58名中24人が橋船艜船持で、そのうち吉川三左衛門のみが2艘持である。したがって橋船艜船は、全部で25艘ある。また、50年にわたる資料であるため、橋船艜船持は各年代間で代々受け継がれていることがわかる。

その内訳は大浦行き船持の7割（12名で9艘）、その他行きの3～4割（46名で16艘）が橋船艜船

＊：帳簿外の橋船艜船持３名　表５－５参照

| 橋船艜 | 大浦行き | 和暦（西暦） | 文化２年（1805） | | 天保２年（1831） | | 安政２年（1855） | | 元治元年（1864） |
|---|---|---|---|---|---|---|---|---|---|
| | | 史料名<br>船持 No. | 油屋彦十郎文書　船用留 | | 三左衛門文書　舟運63 | | 三左衛門文書　舟運71 | | 長浜町切絵図［町名］ |
| | | | 大丸子持ち | 橋船艜持ち | 大丸子持ち | 橋船艜持ち | 大丸子持ち | 橋船艜持ち | |
| なし | ○ | 1 | 市兵衛 | | 市三郎 | | 市三郎 | | 市平［船片原南３］ |
| | ○ | 3 | 左近右衛門 | | 茂平 | | 茂平 | | 左近右衛門［下船西13］塩屋左近右衛門　船問屋 |
| | ○ | 7 | 新四郎 | | 新四郎 | | 新四郎 | | 新四郎［小船西３］ |
| | ○ | 9 | 長左衛門 | | 善五郎 | | 善五郎 | | 善五郎［下田西11］ |
| | | 14 | 市右衛門 | | 市右衛門 | | 市右衛門 | | 市右衛門［小船東３］ |
| | | 16 | 嘉左衛門 | | 加右衛門 | | 嘉右衛門 | | 嘉左衛門［稲荷西13］ |
| | | 17 | 瀬右衛門 | | 角右衛門 | | 七右衛門 | | 七右衛門［下船東16］ |
| | | 18 | 久二郎 | | 久次郎 | | 久次郎 | | 久次郎［稲荷西11］ |
| | | 20 | 源太郎 | | 源太郎 | | 源太郎 | | 源太郎［小船東14］ |
| | | 22 | 五兵衛 | | 五平 | | 五兵衛 | | 五平［中鞴西１］ |
| | | 23 | 作左衛門 | | 作右衛門 | | 作右衛門 | | 作左衛門［船片原10］ |
| | | 25 | 左介 | | 九介 | | 九介 | | 佐介［小船西１］ |
| | | 26 | 三九郎 | ＊ | 三九郎 | ＊ | 三九郎 | ＊ | 三九郎［小船西12］ |
| | | 30 | 重郎兵衛 | | 重郎平 | | 重郎平 | | 十郎兵衛［十一西７］ |
| | | 31 | 次郎介 | | 次郎助 | | 次郎介 | | 治郎介［小船東９］ |
| | | 33 | 次郎兵衛 | | 次郎平 | | 次郎平 | | 次郎兵衛［稲荷西８］ |
| | | 35 | 甚九郎 | | 甚九郎 | | 甚九郎 | | 甚九郎［十一西13］ |
| | | 36 | 甚太郎 | | 甚太郎 | | 甚太郎 | | 甚太郎［小船西９］ |
| | | 37 | 介重郎 | | 介十郎 | | 介重郎 | | 岩蔵［下田西10］ |
| | | 38 | 瀬兵衛 | | 瀬平 | | 瀬平 | | 清兵衛［下船東６］ |
| | | 39 | 善四郎 | | 善四郎 | | 善四郎 | | 善四郎［小船東20］ |
| | | 40 | 善太郎 | | 善太郎 | | 善太郎 | | 善太郎［小船東２］ |
| | | 43 | 善六 | | 善六 | | 善六 | | 忠左衛門［小船西４］ |
| | | 44 | 長右衛門 | | 長右衛門 | | 甚右衛門 | | 長右衛門［小船西２］ |
| | | 49 | 伝二郎 | | 伝次郎 | | 伝次郎 | | 伝治郎［小船東13］ |
| | | 50 | 半兵衛 | | 半四郎 | | 半四郎 | | 半兵衛（小船東18］ |
| | | 51 | 彦右衛門 | | 彦右衛門 | | 彦右衛門 | | 彦右衛門［小船東10］ |
| | | 52 | 孫右衛門 | ＊ | 孫平 | | 孫兵衛 | ＊ | 孫右衛門［小船東５］ |
| | | 53 | 平兵衛 | | 又次 | | 又次 | | 里与・又次［小船東1］ |
| | | 56 | 弥吉 | | 弥吉 | | 弥吉 | | 弥(吉)平［下船東13］？ |
| | | 59 | 与右衛門 | | 与右衛門 | | 与右衛門 | | 与右衛門［小船西14］ |
| | | 61 | 与左衛門 | | 与四郎 | | 与四郎 | | 与四郎［南新南10］ |
| | | 63 | 与惣次 | | 与惣次 | | 与惣次 | | 与惣次［小船東16］ |
| | | 64 | 六右衛門 | ＊ | 六右衛門 | ＊ | 六右衛門 | ＊ | 六右衛門［小船西７］ |
| 小計（人） | | | 34人 | | 34人 | | 34人 | | |
| 小計（艘） | | | 34艘 | ０艘 | 34艘 | ０艘 | 34艘 | ０艘 | |
| 小計（艘）帳簿外含 | | | 34艘 | ３艘 | 34艘 | ３艘 | 34艘 | ３艘 | |
| 合計（人） | | | 58人 | | 58人 | | 58人 | | |
| 合計（艘） | | | 60艘 | 25艘 | 60艘 | 25艘 | 60艘 | 25艘 | |
| 合計（艘）帳簿外含 | | | 60艘 | 28艘 | 60艘 | 28艘 | 60艘 | 28艘 | |

表5-3　大丸子船と橋船艜船持

| 橋船艜 | 大浦行き | 和暦（西暦） | 文化2年（1805） | | 天保2年（1831） | | 安政2年（1855） | | 元治元年（1864） |
|---|---|---|---|---|---|---|---|---|---|
| | | 史料名<br>船持 No. | 油屋彦十郎文書　船用留 | | 三左衛門文書　舟運63 | | 三左衛門文書　舟運71 | | 長浜町切絵図［町名］ |
| | | | 大丸子持ち | 橋船艜持ち | 大丸子持ち | 橋船艜持ち | 大丸子持ち | 橋船艜持ち | |
| あり | ○ | 4 | 吉川　2艘 | 吉川　2艘 | 吉川三介<br>2艘 | 吉川三介<br>2艘 | 三左衛門<br>2艘 | 三左衛門<br>2艘 | 吉川三左衛門［上船西10］船年寄 |
| | ○ | 5 | 三四郎 | 三四郎 | 三郎平 | 三郎平 | 元三郎平 | 元三郎平 | 員与［下船西11］柴屋三四郎　船問屋 |
| | ○ | 6 | 甚兵衛 | 甚兵衛 | 次郎右衛門 | 次郎右衛門 | 次郎右衛門 | 次郎右衛門 | 甚兵衛［小船東11］ |
| | ○ | 8 | 介三郎 | 介三郎 | 助三郎 | 介三郎 | 介三郎 | 介三郎 | 助三郎［船片原1］船片原町代 |
| | ○ | 10 | 仁兵衛 | 仁兵衛 | 仁右衛門 | 仁右衛門 | 仁兵衛 | 仁兵衛 | 仁平［小船東15］ |
| | ○ | 11 | 彦十郎 | 彦十郎 | 彦十郎 | 彦十郎 | 彦重郎 | 彦重郎 | 彦十郎1［小船東7/8］小船町代 |
| | ○ | 12 | 五郎右衛門 | 五郎左衛門 | 又右衛門 | 又右衛門 | 又右衛門 | 又右衛門 | 又右衛門［下船西12］塩屋武平　船問屋 |
| | ○ | 13 | 弥次兵衛 | 弥次兵衛 | 弥次平 | 弥次平 | 弥次兵衛 | 弥次平 | 弥ニ兵衛［下船西8］東屋弥次兵衛　船問屋 |
| | | 15 | 市兵衛 | 市兵衛 | 市三郎 | 市三郎 | 市三郎 | 市三郎 | 市平［船片原南3］ |
| | | 19 | 久兵衛 | 久兵衛 | 久右衛門 | 久右衛門 | 久右衛門 | 久右衛門 | 久兵衛［小船東12］ |
| | | 21 | 小右衛門 | 小右衛門 | 小右衛門 | 小右衛門 | 小右衛門 | 小右衛門 | 小右衛門［小船西10］ |
| | | 24 | 左次兵衛 | 左次兵衛 | 善七 | 善七 | 善七 | 善七 | 佐二兵衛［小船西6］ |
| | | 27 | 次兵衛<br>2艘 | 次兵衛 | 次平　2艘 | 次平 | 次平　2艘 | 次平 | ［小船西5］六右衛門持？ |
| | | 28 | 重右衛門 | 重右衛門 | 重右衛門 | 重右衛門 | 重右衛門 | 重右衛門 | 十右衛門［下船南2］ |
| | | 41 | 太右衛門 | 太右衛門 | 太右衛門 | 太右衛門 | 太右衛門 | 太右衛門 | 太平［大安北3］ |
| | | 46 | 伝左衛門 | 伝左衛門 | 伝右左衛門 | 伝右左衛門 | 伝右衛門 | 伝右衛門 | 伝左衛門［下船南1］ |
| | | 47 | 伝介 | 伝介 | 伝介 | 伝助 | 伝介 | 伝介 | 伝介［小船西11］ |
| | | 48 | 徳兵衛 | 徳兵衛 | 弥右衛門 | 弥右衛門 | 弥右衛門 | 弥右衛門 | 弥兵衛［小船西8］ |
| | | 54 | 孫十郎 | 孫十郎 | 又十郎 | 又重郎 | 又重郎 | 又重郎 | 又十郎［小船東19］ |
| | | 55 | 勘右衛門 | 勘右衛門 | 又之介 | 又ノ助 | 又之介 | 又之介 | 又助［小船西13］ |
| | | 57 | 弥惣 | 弥惣 | 弥惣 | 弥惣 | 彌惣 | 弥宗 | 弥惣［小船東6］ |
| | | 58 | 重三郎 | 重三郎 | 十三郎 | 十三郎 | 重三郎 | 重三郎 | 十三郎［十一西9］ |
| | | 60 | 与吉 | 与吉 | 与吉 | 与吉 | 与吉 | 介重郎 | 与吉［小船東4］ |
| | | 62 | 与兵衛 | 与兵衛 | 平蔵 | 平蔵 | 平蔵 | 平蔵 | 与平［大安北5］ |
| 小計（人） | | | 24人 | | 24人 | | 24人 | | |
| 小計（艘） | | | 26艘 | 25艘 | 26艘 | 25艘 | 26艘 | 25艘 | 2艘持ち2名 |

持で、大浦行きの船持が2倍程度の割合で橋船艜船を持っていたことになる。大浦行きには、船問屋・町代など町の有力者が多いためかもしれない。それ以外に、橋船艜船の有無の違いを、さまざまに検討してみたが、思いあたるところはなかった。

したがって、25艘が24名の大丸子持ちの所有になっているが、役銀も不要であり、管理名目上の所有であるとも考えられる。実際の運用としては、それぞれの橋船艜船が長浜湊の全体の荷物に関わっていたと思われる。

つけたしとして、25艘の橋船艜船以外に、明治4年（1871）三左衛門文書（舟運100）には、休船の橋船艜船が3艘存在し、追加記載されている（表5−5参照）。役銀免除のため、それまでは見過ごされていたためと思われる（表5−3中の＊のついた3名の船持の橋船艜船）。

## 3　船大工御免艜船——造船業者の作業船

二つ目にあげた船大工御免艜船は、船大工が使った船で役銀が免除されていた。船の建造技術は代々継承が必要であり、舟証文でも同じ名前でさかのぼれる。元禄ごろから明治初期までの船大工の系譜がどのように推移したかを示したのが、表5−4「船大工の推移」である。元禄8年（1695）「大洞寄進帳」、享保15年（1730）「長浜人数留」、文化2年（1805）油屋彦十郎

表5-4　船大工の推移

| 年号 | 資料名 | 大工名 | | | | | | 軒数 |
|---|---|---|---|---|---|---|---|---|
| 元禄8年(1695) | 大洞寄進帳舟大工 | 伝兵衛［船片原］(弟)七太夫 | | | | 惣右衛門［下船］(弟)惣次郎/八郎 | 四郎右衛門［船片原］兵四郎 | 3 |
| 享保15年(1730) | 長浜人数留 | 七太夫［船片原］ | | | 武太夫［船片原］ | 惣左/右衛門［下船］ | 伝四郎［船片原］ | 4 |
| 文化2年(1805) | 油屋彦十郎船大工 | 伝兵衛［船片原］ | 武兵衛［下船］ | 浅右衛門［十一］ | 武右衛門［船片原］ | 惣右衛門［下船］ | 甚兵衛［船片原］ | 6 |
| 天保2年(1831) | 舟証文(舟運63) | 伝平 | 文右衛門 | 浅右衛門 | 武右衛門 | 惣次郎 | 甚平 | 6 |
| 天保4年(1833) | 舟証文(舟運64) | 伝平 | 文右衛門 | 浅右衛門 | 武右衛門 | 惣次郎 | 甚平 | 6 |
| 天保5年(1834) | 舟証文(舟運65) | 伝平 | 文右衛門 | 浅右衛門 | 武右衛門 | 惣次郎 | 甚平 | 6 |
| 天保9年(1843) | 舟証文(舟運66) | 伝平 | 文右衛門 | 浅右衛門 | 武右衛門 | 惣次郎 | (甚平)記載なし | 6 |
| 天保13年(1838) | 舟証文(舟運67) | 伝平 | 文右衛門 | 浅右衛門 | 武右衛門 | 惣次郎 | 甚平 | 6 |
| 嘉永4年(1842) | 舟証文(舟運68) | 伝平 | 文右衛門 | 浅右衛門 | 武右衛門 | 惣次郎 | 甚平 | 6 |
| 嘉永5年(1852) | 舟証文(舟運69) | 伝兵衛 | 文右衛門 | 浅右衛門 | 武右衛門 | 惣次郎 | | 5 |
| 嘉永7年(1854) | 舟証文(舟運70) | 伝兵衛 | 文右衛門 | 浅右衛門 | 武右衛門 | 惣次郎 | | 5 |
| 安政2年(1855) | 舟証文(舟運71) | 伝兵衛 | 文右衛門 | 浅右衛門 | 武右衛門 | 惣次郎 | | 5 |
| 元治元年(1864) | 長浜町切絵図 | 伝平［船片原南13］ | 文右衛門［下船南3］ | 浅右衛門［十一東11］ | 武平［船片原南11］ | 明家［下船南4］ | (文四郎)在住［船片原南9］ | 5 |
| 明治4年(1871) | 舟証文(舟運72) | 伝平 | 文平 文右衛門事 | 浅治 浅右衛門事 | 武平 武右衛門事 | 惣治良 | | 5 |
| 明治4年(1871) | 船税上納帳(舟運38) | 伝平 | 文平　文右衛門事 | 浅治 浅右衛門事 | 武平 武右衛門事 | 惣治良 | | 5 |
| 明治4年(1871) | 船員数調査(舟運100) | 藤居伝平 | 藤居文平 | 藤居浅次 | 藤居武平 | 村瀬惣次郎 | 赤尾(文四郎) | 5 |
| 船番号 | | 97 | 98 | 99 | 100 | 101 | (船片原南9) | |
| | | | | | | | 船大工でないが代々続く | |

簡略化した船大工の系統

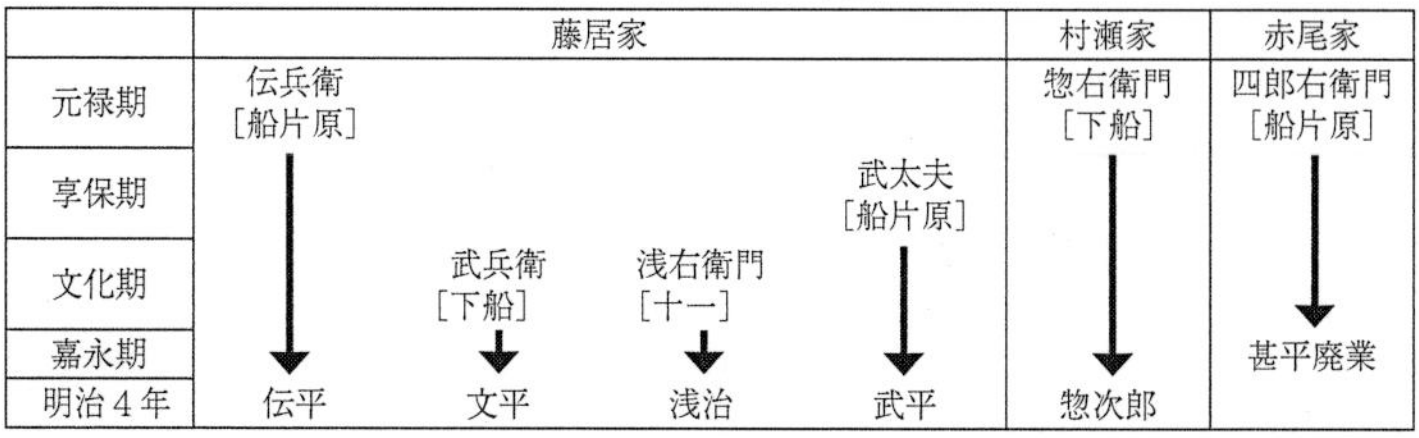

「船用留」、天保から明治初期にかけての三左衛門文書「舟証文」、元治元年（１８６４）「長浜町切絵図」をもとにまとめた。その下に、元禄期から明治初期までの船大工の簡略化した系統図も作成した。

元禄期には、下船町に村瀬惣右衛門《そうえもん》1軒と船片原町に藤居《（井）》伝兵衛《でんべえ》と赤尾四郎右衛門《しろうえもん》の２軒で、合計３軒があった。その後、大丸子船の大型化などの需要にともない、船大工の仕事が増えて、享保15年ごろに藤居《（井）》家から船片原町に武太夫《ぶだゆう》1軒が独立して４軒になった。長浜湊の最盛期にあたる文化2年ごろには、さらに藤居《（井）》家から下船町の武兵衛《ぶへえ》と十一町の浅右衛門《あさえもん》の２軒が独立して、最大６軒になった。

その後、幕末にかけては長浜湊の衰退とともに、嘉永5年（１８５２）ごろには船片原町の赤尾家1軒が廃業し、明治4年（１８７１）まで5軒で維持された。

これらの船大工は、仕事の関係上、いずれも堀筋や川のそばに船大工の作業場が必要であったと考えられる。船片原町の３軒の船大工は、町内（13軒中）でも湊の入口側から伝平《でんべい》、武平《ぶへい》、甚《じん》兵衛《べえ》の屋敷が1軒おきにあった。間口が4間と一般的な屋敷より広いという特徴がある。また、前の道をはさんだ湊側の荷駄の集配場所の空き地を作業場として利用していたとも思われる。

下船町の文右衛門《ぶんえもん》（南3）・惣次郎《そうじろう》（南4、当時は空き家かもしれない）の２軒も間口4間以上であり、船片原町の船大工同様に堀筋の空き地を作業場として利用していたと思われる。

十一町の浅右衛門（浅治《あさじ》／浅次）の屋敷（東11）は、十一川沿いではないが（十一川から4軒目）、「長浜町切絵図」には屋敷内に「舟造小屋」と記された区画があり、また間口もやはり6間と広い。

橋本鉄男著『丸子船物語』に、「琵琶湖の木造船には、だいたい長浜（伝兵衛）流と堅田（杢兵《もくべ》衛《え》）流に大別され、長浜流は大きさの割によく物を積み、そして速力がよく出たし、波に対しても強かった」とある。長浜湊の丸子船の性能を優れたものにしていた「伝兵衛流」に相当する船大工が、表5-4の「（藤居）伝平」と思われる。

藤居を姓とする船大工が4軒にまで増え、明治まで長浜湊の造船業を支えていたことからも、その技術の優秀さがうかがえる。

## 4　借り艜船——農家が船大工から借りた船

### 借り艜船の分類と意味など

三つ目の借り艜船は、名前のとおり、本来の持ち主から借りてさまざまな用途に用いられた艜船である。明治4年（1871）三左衛門文書「舟証文」（舟運72）の「借り艜船」・「船大工御免艜船」と同年「船員数調査」（舟運100）から借り艜船と船大工御免艜及帳簿外の部分を抜き出し、表5-5「明治4年借り艜船」を作成した。この二つの表を比べてみると、「舟証文」の「借り艜船」は、「船員数調査」では「田地《でんち》養船《やしないぶね》」と呼ばれ、船大工名（伝兵衛・武平・浅次など）が赤字で注記されており、主に船大工から借りていたことがわかる。

ところで、この明治４年は、廃藩置県の年にあたり、「舟証文」は彦根藩宛てに従来どおりの名称で作成された資料であり、一方の「船員数調査」は琵琶湖全域の船舶の調査資料のため旧大

明治４年（1871）　船員数調査　舟運100　つづき

| 休船分 | | | | | |
|---|---|---|---|---|---|
| 橋船艜　３艘 | | | 船持 | 町名 | |
| 130 | | 持船 | 尾板六郎 | 小船町 | |
| 131 | | 持船 | 阿蘇三九郎 | 小船町 | |
| 132 | | 持船 | （姓不明）孫平 | 小船町 | |
| 田地養船　27艘 | | | | | |
| 138 | | 持船 | 小山武平 | 下田町 | |
| 139 | | 持船 | 古川源五郎 | 中艑町 | 川向 |
| 140 | 武平借船 | | 中川太平 | 北片原町 | |
| 141 | | 持船 | 村居藤平 | 中片原町 | |
| 142 | 浅次借船 | | 藤田岩蔵 | 下田町 | |
| 143 | 浅次借船 | | 丸岡市治郎 | 下田町 | |
| 144 | 浅次借船 | | 林与三郎 | 下田町 | |
| 145 | 浅次借船 | | 河原林与平 | 中田町 | |
| 146 | 浅次借船 | | 藤田又市 | 中田町 | |
| 147 | 浅次借船 | | 岩崎藤五郎 | 中田町 | |
| 148 | 浅次借船 | | 松橋藤五郎 | 中艑町 | 通水止メ申候 |
| 149 | 浅次借船 | | 鳥居治平 | 大手町 | |
| 150 | 浅次借船 | | 藤本与平 | 郡上町 | |
| 151 | 浅次借船 | | 石居久次 | 十一町 | |
| 152 | 文平借船 | | 大橋卯平 | 中片原町 | |
| 153 | 文平借船 | | 川瀬甚七 | 稲荷町 | |
| 154 | 伝平借船 | | 中村藤元 | 小船町 | |
| 155 | 伝平借船 | | 北村佐平 | 下田町 | |
| 156 | 伝平借船 | | 浅見又蔵 | 中田町 | |
| 157 | 伝平借船 | | 村居九平 | 中田町 | |
| 158 | 伝平借船 | | 大橋耕造 | 紺屋町 | |
| 159 | 伝平借船 | | 西浜由平 | 中艑町 | |
| 160 | 伝平借船 | | 北川小太郎 | 中艑町 | |
| 161 | 伝平借船 | | 山畑乙松 | 新上片原町 | |
| 162 | 武平借船 | | 小野孫三郎 | 南片原町 | |
| 163 | | 持船 | 中川太平 | 北片原町 | |
| 164 | 武平借船 | | 谷口忠弥 | 南片原町 | |
| 小艜船　５艘 | | | | | |
| 133 | 文平借船 | | 伊藤新平 | 八幡町 | 通水止メ申候 |
| 134 | | 持船 | 伊藤新平 | | |
| 135 | | 持船 | （姓不明）作次郎 | 南新町 | 出水仕居候 |
| 136 | 武平借船 | | 吉川作七 | 船片原町 | |
| 137 | 浅次借船 | | 大橋仁二郎 | 大安寺町 | |
| 小丸子船　１艘 | | | | | |
| 165 | | 持船 | 田辺孫平 | 南片原 | |
| 伝馬送艜船　１艘 | | | | | |
| 166 | | 持船 | 大通寺 | 井伊家より譲り受けたと伝わる | |
| 計37艘 | | | | | |

## 表5-5　明治4年の借り艜船(田地養船／小艜船)

(船番号97～166および新規分)

| 明治4年(1871) 舟証文　舟運72 | |
|---|---|
| 小艜船 | 船持 |
| | 伝平 |
| 文右衛門事 | 文平 |
| 浅右衛門 | 浅治 |
| 武右衛門 | 武平 |
| | 惣治良 |

| 明治4年(1871)　船員数調査　舟運100 | | | |
|---|---|---|---|
| 小艜船(大工) | | | |
| 船番号 | | 船持 | 町名 |
| 97 | | 藤居伝平 | |
| 98 | | 藤居文平 | |
| 99 | | 藤居浅次 | |
| 100 | | 藤居武平 | |
| 101 | | 村瀬惣次郎 | |

| 借り艜船 | 船持 |
|---|---|
| 加右衛門事 | 加内 |
| 久右衛門事 | 久治良 |
| 太郎右衛門事 | 太良治 |
| | 勘平 |
| 清兵衛事 | 清平 |
| 忠右衛門事 | 忠平 |
| 利右衛門事 | 利平 |
| | 治平 |
| | 友八 |
| | 与三八 |
| | 善吉 |
| 与三右衛門事 | 惣治 |
| | 利平 |
| | 九平治 |
| 源助事 | 源五良 |
| | 彦八 |
| 与右衛門事 | 与平 |
| | 清五郎 |
| | 十治良 |
| | 忠治良 |
| 庄助事 | 泉吉 |
| | 与作 |
| 十助事 | 十三郎 |
| 善左衛門事 | 善十郎 |
| 八右衛門事 | 権／猪平 |
| 長助事 | 長九良 |
| | 久平 |
| 計28艘 | |

| 田地養船　稼働分 | | | | |
|---|---|---|---|---|
| 船番号 | | | 船持 | 町名 |
| 119 | 武平借船 | | 尾板嘉内 | 稲荷町 |
| 107 | 浅次借船 | | 三ツ橋久次郎 | 下田町 |
| 102 | | 持船 | 渕元太郎次 | 北伊部町 |
| 112 | | 持船 | 大橋勘平 | 川向 |
| 121 | | 持船 | 浅野清平 | 北片原町 |
| 118 | | 持船 | 村瀬忠平 | 下船町 |
| 104 | | 持船 | 中山利平 | 中伊部町 |
| 103 | | 持船 | 四居次平 | 南伊部町 |
| 109 | 浅次借船 | | 松橋友八 | 川向 |
| 110 | 伝平借船 | | 北川与三八 | 川向 |
| 127 | | 持船 | 河村善吉 | 中田町 |
| 105 | 浅次借船 | | 岩崎惣／忠次 | 中伊部町 |
| 113 | | 持船 | 北川利平 | 川向 |
| 111 | | 持船 | 高田九平次 | 川向 |
| 126 | 浅次借船 | | 古川源五郎 | 川向 |
| 120 | | 持船 | 西浜彦八 | 船片原町 |
| 117 | | 持船 | 下之郷与平 | 下船町 |
| 108 | 浅次借船 | | 北村清五郎 | 下田町 |
| 114 | 伝平借船 | | 石田十次郎 | 川向 |
| 128 | 浅次借船 | | 北村忠次郎 | 下田町 |
| 116 | 伝平借船 | | (姓不明)泉吉 | 川向 |
| 106 | | 持船 | 河原林与作 | 南伊部町 |
| 115 | 伝平借船 | | 原十三郎 | 川向 |
| 122 | 伝平借船 | | 中川善十郎 | 上船町 |
| 123/124 | | 持船 | 西崎権平 | 上田町 |
| 125 | | 持船 | 大竹長五郎 | 大安寺町 |
| 129 | 浅次借船 | | 小林久平 | 下田町 |
| 計28艘 | | | | |

| 新規分 | | | | |
|---|---|---|---|---|
| 田地養船　7艘 | | | 船持 | 町名 |
| | 借船 | | 北村忠平 | 中田町 |
| | | 持船 | 川瀬甚介 | 船片原町 |
| | | 持船 | 吉川吉平 | 船片原町 |
| | 借船 | | 中嶋吉次郎 | 船片原町 |
| | 借船 | | 別野藤平 | 下田町 |
| | 借船 | | 吉田喜平 | 小船町 |
| | 借船 | | 堀居小太郎 | 下田町 |
| 小艜船　1艘 | | 持船 | 中川源太郎 | 小船町 |
| (蒸気船　1艘) | | | | |

表5-6　船の名称の比較

| 舟証文（彦根藩） | 船員数調査（大津奉行所管轄） |
|---|---|
| 船大工御免艜船 | 小艜船 |
| 借り艜船 | 田地養船／小艜船 |
| 橋船艜 | 橋船艜 |

津奉行所管轄での呼び名に従い大津県庁宛に作成されたため、船の呼び名や区分けが異なると考えられる。

ここでの大津奉行所と彦根藩による呼び方を整理した表5-6から「船大工御免艜船」は、「小艜船」に含まれる。また、「借り艜船」は、主に農業用などに用いられる「田地養船」と、それ以外の「小艜船」に分類されていると考えられる。「小艜船」は、「大艜船」に比較して小型の艜船で、「田地養船」より舟運量が多少大きい艜船をさすものと思われる。

また、貸し主の船大工名の注記がない「田地養船」・「小艜船」があるが、持ち船と考えられる。ただし、持ち船であっても用途・目的などから借り船と同等に扱われたと思われる。なお、この「持船艜船」資料は、「船員数調査」の「帳簿外」以外に記載がなく、用途等での借り艜船との違いはないと考え、本書では、「借り艜船」に含めて考察した。

参考として、図5-3に各割合を示した。借り艜船（44艘）と持ち艜船（24艘）の比率は、2：1程度である。

このように船大工仲間が貸船業を営む例は、大津奉行所管轄の大津・堅田をはじめ、浅井郡の尾上《おのえ》・川道《かわみち》などでも見られる。また、橋本鉄男著『丸子船物語』には、浅井郡の南浜《みなみはま》（大津奉行所管轄）でも船大工が貸船屋を兼ねていたとの記載があり、弘化４年（１８４７）での各借り艜船を貸船賃銀の安い順に記載すると、次のとおりである。

［安い＝小型］田地養船＜田地小艜船＜小艜船＜中艜船＜中大艜船＜大艜船＜丸船［高い＝大型］

なお、橋船艜船については、「舟証文」「船員調査」ともに、「借り艜船」から独立させた区分けになっている。「借り艜船」に比べて積載量が少ない丸子船の付属船として艜船区分から除外されたものと思われる。

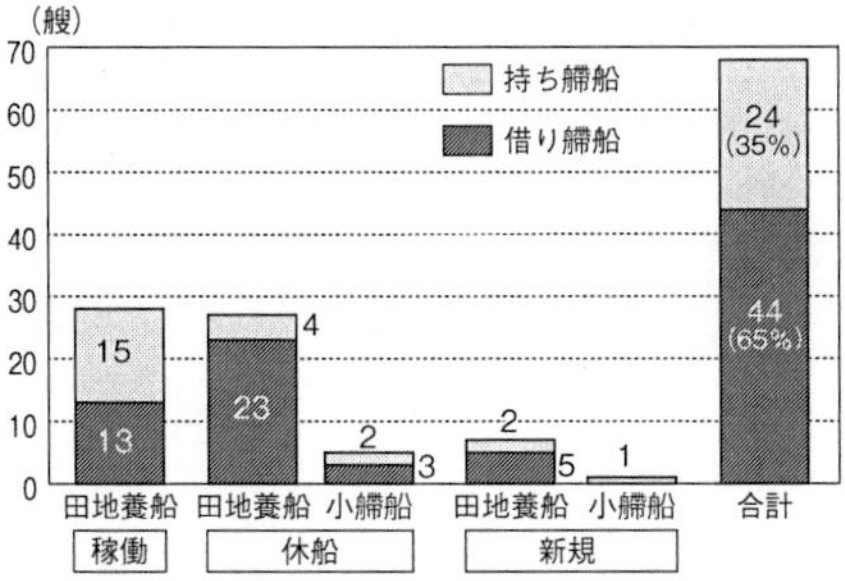

図５−３　明治４年の借り艜船と持ち艜船の割合

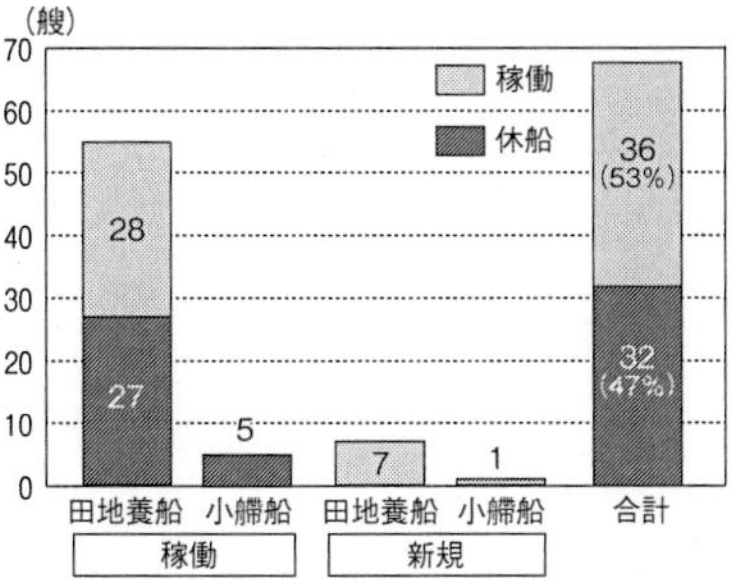

図５−４　明治４年の艜船の稼働・休船状況

## 明治４年の艜船の休船状況

表５−５から実際に稼働していた「借り艜船」（田養地船・小艜船）を拾い出すと、図５−４のと

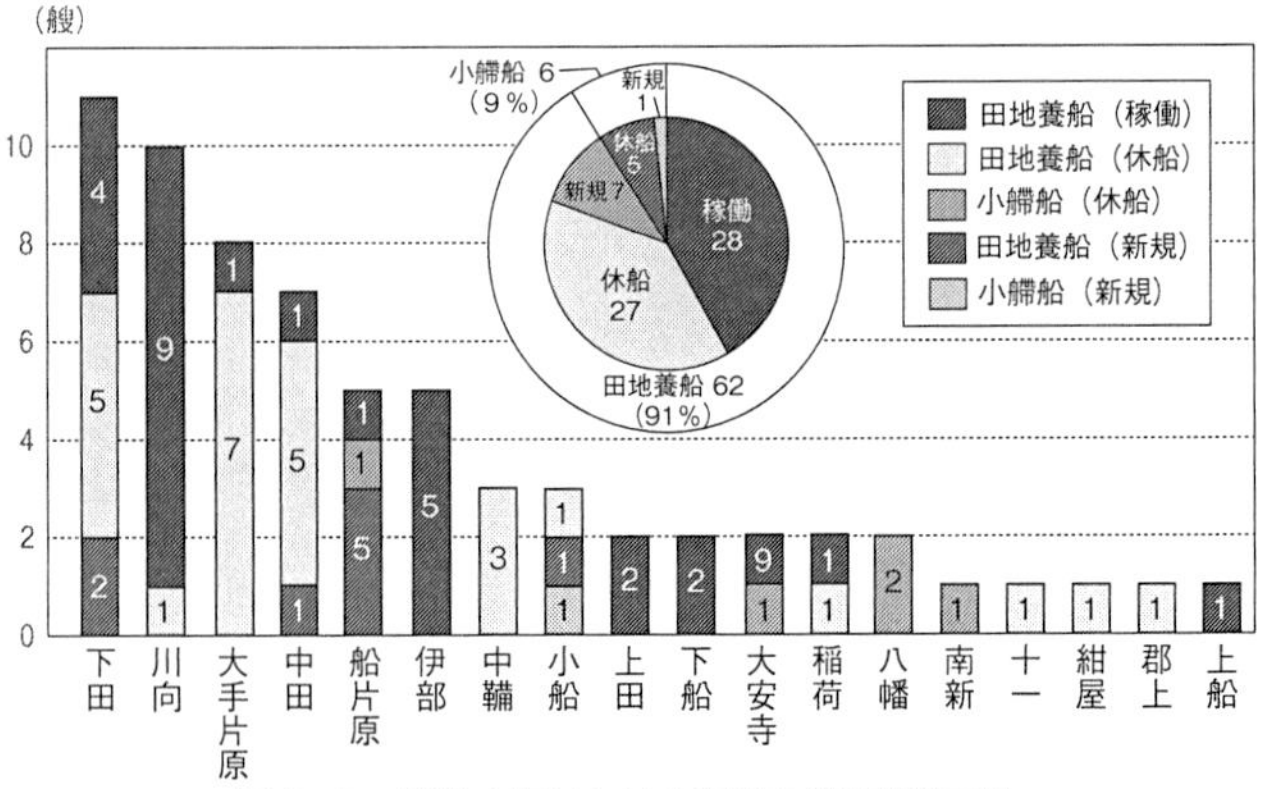


図5-5　明治4年における町別の借り艜船の数

おりで、「稼働分」の「田地養船」28艘と「新規分」の「田地養船」7艘と小艜船1艘を合わせ36艘であった。それに対し、刻印召上げによる休船は、「田地養船」27艘と「小艜船」5艘とで合計32艘であり、艜船の約半分近くが休船となっていたことになる。

幕末期の不況の影響で役銀などが納められず、放棄や破壊するわけにもいかず、行き場を失った船の姿を物語っている。

## 借り艜船の用途

借り艜は、船持次第で多用途に使われたと考えられる。長浜町の所有数を図5-5「町別の借り艜船の数」にまとめた。借り艜船の合計68艘中で「田地養船」は62艘と全体の9割を占めている。借り艜船が、「田地養船」とも呼ばれた由縁であろう。

町別に見て、十一川の南側に田園部が広がる下田《しもた》町・

中田町《なかた》に18艘（26％）があり、主に農業用に活用されていたと思われる。また、湖岸に近い、川向・大手片原・船片原など（32％）は「田地養船」の意味から、田畑の肥料として藻などの採取をはじめ、主に農業・漁業や舟運の補助などの目的に用いられたと思われる。

その他、町中で１～２艘程度の「田地養船」を持つ町では、古城跡の畑作業や家業荷駄の舟運などに使い、町内など共同で借りていた船かもしれない。いずれにしろ、借り艜船は当時大半が「田地養船」と呼ばれていたが、借主の多様な目的に合わせて便利に使われた船と考えられる。

農業以外に用いられていた例には、船持の本業の荷駄を近在へ運ぶための使用が多い。下船町の忠右衛門《ちゅうえもん》（忠平《ちゅうべい》）は酒屋、下船町は勘兵衛《かんべえ》が灰屋、下田町長左衛門《ちょうざえもん》は塩屋、三ツ屋町孫介《まごすけ》／六左衛門《ろくざえもん》は灰屋、瀬田町又右衛門《またえもん》は蚊帳《かや》などがあげられる。

## 借り艜船の推移と長浜湊の衰退

「丸子船の船持リスト」と同様に、表５-７に「借り艜船船持リスト」を作成した。年代別で享保期（享保６年～元文２年）の短期的に見ると、ほぼ同一人物が所有している。しかし、元文２年（１７３７）と約70年後の文化２年（１８０６）を比べると、同じ船持名は42艘中15艘となり35％に減る。丸子船の船持リストと比較すると空白が多く、船持がころころ入れ替わっていることがわかる。享保期から明治４年まで、同一家系で続く家は数軒に過ぎない。

| 天保13年（1842）<br>舟証文<br>舟運67 | 嘉永５年（1852）<br>舟証文<br>舟運69 | 安政２年（1855）<br>舟証文<br>舟運71 | 明治４年（1871）<br>船証文<br>舟運72 | 明治４年（1871）<br>船員数調査<br>舟運100 | 船番号 |
|---|---|---|---|---|---|
| | | | | | |
| | | | | | |
| | | | | | |
| | | | | | |
| | | | | | |
| | 嘉左衛門 | 嘉左衛門 | 加内<br>（加右衛門事） | 尾板嘉内［稲荷］<br>田地養船（当湊貸船屋武平より借り船） | 119 |
| 加右衛門 | | | | | |
| | | | | | |
| | | | | | |
| 久右衛門<br>（寅12月上がる） | 久右衛門 | 久右衛門 | 久治良<br>（久右衛門事） | 三ツ橋久次郎［下田］<br>田地養船（当湊貸船屋浅次より借り船） | 107 |
| 太郎右衛門２ | 太郎右衛門２ | 太郎右衛門 | 太良治<br>（太郎右衛門事） | 渕元太郎次［北伊部］<br>田地養船 | 102 |
| | | | | | |
| | | | | | |
| | | | | | |
| | 長左衛門 | 長右衛門 | | | |
| | | | | | |
| | | | | | |
| | | | | | |
| | | | | | |
| | | | | | |
| | | | | | |
| | | | | | |
| | | | | | |
| 勘平 | 勘平 | 勘平 | 勘平 | 大橋勘平［川向］<br>田地養船 | 112 |
| | | | | | |
| | 清兵衛 | 清兵衛 | 清平<br>（清兵衛事） | 浅野清平［北片原］<br>田地養船 | 121 |
| | | | | | |
| | | | | | |
| 忠右衛門 | 忠右衛門 | 忠右衛門 | 忠平<br>（忠右衛門事） | 村瀬忠平［下船］<br>田地養船 | 118 |
| | | | | | |
| | | | | | |
| | | | | | |
| | | | | | |
| | | | | | |

表５−７　借り艜船の船持リスト

| 和暦(西暦) | 享保６年(1721) | 享保19年(1734) | 文化２年(1805) | 天保４年(1833) | 天保５年(1834) | 天保９年(1838) |
|---|---|---|---|---|---|---|
| 史料名 / 船持 No. | 船方諸事留帳 舟運補79 | 船方諸事留帳 舟運補66 | 油屋彦十郎　船用留 | 舟証文 舟運64 | 舟証文 舟運65 | 舟証文 舟運66 |
| 1 | 市右衛門［上船］ | 市右衛門［上船］ | | | | |
| 2 | 次郎兵衛［上船］ | 次郎兵衛［上船］ | | | | |
| 3 | 源兵衛［十一］(移転か→) | 源兵衛［大手］ | | | | |
| 4 | | 市介［大手］ | | | | |
| 5 | | 忠兵衛［大手］ | | | | |
| 6 | | | | | | |
| 7 | 九郎右衛門［上呉服］ | | | 加右衛門 | 加右衛門 | 加右衛門 |
| 8 | 清兵衛［片］ | 清兵衛［片］ | | | | |
| 9 | 久右衛門［片原］ | | | | | |
| 10 | 久右衛門［下田］ | 久右衛門［下船 下田？］ | 久右衛門 | 久右衛門 | 久右衛門 | 久右衛門 |
| 11 | 太郎右衛門［北伊部］ | 太郎右衛門２［北伊部］ | 太郎右衛門２ | 太郎右衛門２(長十郎事) | 太郎右衛門２ | 太郎右衛門 |
| 12 | 勘右衛門［小船］ | 勘右衛門［小船］ | | | | |
| 13 | | 次郎介［小船］ | | | | |
| 14 | 市右衛門［下田］ | 市右衛門［下田］ | | | | |
| 15 | 長左衛門［下田］ | 長左衛門［下田］ | | | | 長左衛門 |
| 16 | 彦次郎［下田］ | | | | | |
| 17 | 忠次郎［下田］ | | | | | |
| 18 | | 太兵衛［下田］ | | | | |
| 19 | | 介十郎［下田］ | | | | |
| 20 | | | 善七 | | | |
| 21 | | 市郎兵衛［下田］ | | | | |
| 22 | 忠三郎［下船］ | | | | | |
| 23 | 勘兵衛［下船］ | 勘兵衛［下船］ | 勘兵衛 | | | |
| 24 | | | | 勘平(川向) | 勘平 | 勘平 |
| 25 | 左近右衛門［下船］(大丸子持ち) | 左近右衛門［下船］ | | | | |
| 26 | 清兵衛［下船］ | | | | | 清兵衛 |
| 27 | 六右衛門［下船］ | 六右衛門［下船］ | 六右衛門 | 六右衛門 | 六右衛門 | |
| 28 | 甚右衛門［下船］ | 甚右衛門［下船］ | | | | |
| 29 | 忠左衛門［下船］ | 忠左衛門［下船］ | 忠左衛門 | 忠右衛門 | 忠右衛門 | 忠右衛門 |
| 30 | | 五郎右衛門［下船］ | 五郎右衛門 | | | |
| 31 | | 平兵衛［下船］ | | | | |
| 32 | 次郎右衛門［十一］ | | | 孫市 | 孫市 | |
| 33 | 徳左衛門［十一］ | 徳左衛門［十一］ | | | | |
| 34 | 孫兵衛［十一］ | 孫兵衛［十一］ | | | | |

| 天保13年（1842）<br>舟証文<br>舟運67 | 嘉永５年（1852）<br>舟証文<br>舟運69 | 安政２年（1855）<br>舟証文<br>舟運71 | 明治４年（1871）<br>船証文<br>舟運72 | 明治４年（1871）<br>船員数調査<br>舟運100 | 船番号 |
|---|---|---|---|---|---|
| | | | | | |
| | | | | | |
| | | | | | |
| | | | | | |
| | | | | | |
| | | | | | |
| | | | | | |
| 利平２ | 利平 | 利平 | 利平 | 北川利平［川向］<br>田地養船 | 113 |
| | | | | | |
| | | | | | |
| | | | | | |
| | | | | | |
| | | | | | |
| | | | | | |
| | | | | | |
| | | | | | |
| | | | | | |
| | | | | | |
| | | | | | |
| | | | | | |
| | | | | | |
| | | | | | |
| | | | | | |
| | | | | | |
| 鐺七 | | | | | |
| | | | | | |
| 次平 | 次兵衛 | 次兵衛 | 治平 | 四居次平［南伊部］<br>田地養船 | 103 |
| 小介 | | | | | |
| | | | | 岩崎惣／忠次「中伊部」<br>田地養船（当湊貸船屋浅次より借り船） | 105 |
| | | | | | |
| | | | | | |
| | | | | | |
| | | | | | |
| 惣介 | | | | | |
| | | | | | |
| | | | | | |

| 和暦(西暦) | 享保6年(1721) | 享保19年(1734) | 文化2年(1805) | 天保4年(1833) | 天保5年(1834) | 天保9年(1838) |
|---|---|---|---|---|---|---|
| 史料名／船持 No. | 船方諸事留帳 舟運補79 | 船方諸事留帳 舟運補66 | 油屋彦十郎　船用留 | 舟証文 舟運64 | 舟証文 舟運65 | 舟証文 舟運66 |
| 35 | | 茂吉［十一］ | | | | |
| 36 | | 十郎兵衛［十一］ | | | | |
| 37 | 又右衛門［瀬田］ | | | | | |
| 38 | 介十郎［中田］ | | | | | |
| 39 | 甚左衛門［中田］ | | | | | |
| 40 | 加十郎［中鞴］ | 加十郎［中鞴］ | | | | |
| 41 | 善五郎［中鞴］ | | | | | |
| 42 | 利兵衛［中鞴］ | 利兵衛［中鞴］ | | 利平2 | 利平2 | 利平 |
| 43 | 利右衛門［中鞴］ | 利右衛門2［中鞴］ | 利右衛門2 | | | |
| 44 | | 九郎兵衛［中鞴］ | | | | |
| 45 | 藤右衛門［西本］ | 藤右衛門［本］ | | | | |
| 46 | 加兵衛［南新］ | 加兵衛［南新］ | | | | |
| 47 | 勘七［南新］ | 勘七［南新］ | | | | |
| 48 | 庄九郎［南新］ | | | | | |
| 49 | 孫介［三ッ屋］ | 孫介［三ッ屋］ | 孫介2 | | | |
| 50 | 六左衛門［三ッ屋］ | 六左衛門2［三ッ屋］ | | | | |
| 51 | | | 吉右衛門2 | | | |
| 52 | | 作左衛門［船片原］ | | | | |
| 53 | | | 甚左衛門 | | | |
| 54 | | | 嘉左衛門(大丸子持ち) | | | |
| 55 | | | 市兵衛(大丸子／橋船艜持ち) | | | |
| 56 | | | 吉兵衛2 | | | |
| 57 | | | 介三郎(大丸子／橋船艜持ち) | | | |
| 58 | | | 猪右衛門 | 猪右衛門 | 猪右衛門 | |
| 59 | | | 鐺七 | 鐺七 | 鐺七？ | |
| 60 | | | 四郎右衛門 油屋・船問屋 | 四郎右衛門(猪／権右衛門事) | 四郎右衛門 | |
| 61 | | | 次兵衛 | 次平2 | 次平2 | 次平2 |
| 62 | | | 小介 | 小介 | 小介 | |
| 63 | | | 五兵衛(大丸子持ち) | | | |
| 64 | | | 善右衛門 | 喜右衛門 | | |
| 65 | | | 善四郎(大丸子持ち) | 善四郎 | | |
| 66 | | | 佐兵衛 | | | |
| 67 | | | 作五郎 | | | |
| 68 | | | 惣介 | 惣介 | 惣介 | |
| 69 | | | 庄五郎 | | | |
| 70 | | | 善六2(大丸子持ち) | | | |

| 天保13年（1842） | 嘉永５年<br>（1852） | 安政２年（1855） | 明治４年（1871） | 明治４年（1871） | |
|---|---|---|---|---|---|
| 舟証文<br>舟運67 | 舟証文<br>舟運69 | 舟証文<br>舟運71 | 船証文<br>舟運72 | 船員数調査<br>舟運100 | 船番号 |
| | | | | | |
| 長八 | 長八 | 長八 | | | |
| 藤吉 | 藤吉 | | | | |
| | | | | | |
| 武右衛門 | | | | | |
| | | | | | |
| | 弥（孫）左衛門 | 弥左衛門 | | | |
| | | | | | |
| 友八 | 友八 | 友八 | 友八 | 松橋友八［川向］<br>田地養船（当湊貸船屋浅次より借り船） | 109 |
| 与惣八 | 与惣八 | 与惣八 | 与三八 | 北川与三八［川向］<br>田地養船（当湊貸船屋伝平より借り船） | 110 |
| 与惣平 | | | | | |
| 善介<br>（寅12月上がる） | | | | | |
| 善吉 | 善吉 | 善吉 | 善吉 | 河村善吉［中田］<br>田地養船 | 127 |
| | | | | | |
| 惣次 | 惣次 | 惣次 | 惣治<br>（与三右衛門事） | | |
| 利右衛門 | 利右衛門 | 利右衛門 | 利平<br>（利右衛門事） | 中山利平［中伊部］<br>田地養船 | 104 |
| | | | | | |
| 九平次 | 九平次 | 九平次 | 九平治 | 高田九平次［川向］<br>田地養船 | 111 |
| | | | | | |
| 半平<br>（卯２月上がる） | | | | | |
| | | | | | |
| | | | | | |
| 源介 | 源助 | | 源五良<br>（源助事） | 古川源五郎［川向］<br>田地養船（当湊貸船屋浅次より借り船） | 126 |
| 彦八 | 彦八 | 彦八 | 彦八 | 西浜彦八［船片原］<br>田地養船 | 120 |
| | | | | | |
| | | | | | |
| 吉介 | 吉介 | 吉介 | | | |
| 久次郎<br>（大丸子持ち） | | | | | |
| 佐平 | 佐平 | | | | |
| 太平 | 太兵衛 | | | | |
| | | | | | |
| | | | | | |
| 安右衛門 | | | | | |
| 弥平<br>（卯２月上がる） | | | | | |

| 和暦(西暦) | 享保６年(1721) | 享保19年(1734) | 文化２年(1805) | 天保４年(1833) | 天保５年(1834) | 天保９年(1838) |
|---|---|---|---|---|---|---|
| 史料名／船持No. | 船方諸事留帳 舟運補79 | 船方諸事留帳 舟運補66 | 油屋彦十郎　船用留 | 舟証文 舟運64 | 舟証文 舟運65 | 舟証文 舟運66 |
| 71 | | | 与右衛門(大丸子持ち) | | | |
| 72 | | | 長八 | 長八 | 長八 | 長八 |
| 73 | | | 藤吉 | 藤吉 | 藤吉 | |
| 74 | | | 孫吉 | | | |
| 75 | | | | 武右衛門 | 武右衛門 | |
| 76 | | | 武兵衛 | 武平 | 武平 | |
| 77 | | | 孫左衛門２ | | | |
| 78 | | | 徳兵衛(大丸子／橋船艜持ち) | | | |
| 79 | | | 友八 | 友八 | 友八 | 友八 |
| 80 | | | | 与惣八 | 与惣八 | |
| 81 | | | | 与惣平 | 与惣平 | |
| 82 | | | | 善介 | 善介 | |
| 83 | | | | 善吉 | 善吉 | 善吉 |
| 84 | | | | 惣平 | | |
| 85 | | | | 惣次 | 惣次 | 惣次 |
| 86 | | | | 利右衛門 | 利右衛門 | 利右衛門 |
| 87 | | | | 久平(大丸子持ち) | 久平(大丸子持ち) | |
| 88 | | | | 九平次 | 九平次 | 九平次 |
| 89 | | | 武太夫 | | | |
| 90 | | | | 半兵衛 | | |
| 91 | | | | 仁右衛門(大丸子／橋船艜持ち) | 仁右衛門(大丸子／橋船艜持ち) | |
| 92 | | | | 杢右衛門 | | |
| 93 | | | | 源介 | 源介 | |
| 94 | | | | 彦八 | 彦八 | 彦八 |
| 95 | | | | | 佐右衛門 | |
| 96 | | | | 卯平 | 卯平 | |
| 97 | | | | 吉介２ | 吉介２ | 吉介 |
| 98 | | | | 久次郎(大丸子持ち) | 久次郎(大丸子持ち) | |
| 99 | | | | 佐平 | 佐平 | |
| 100 | | | | 太平 | 太平 | |
| 101 | | | | | 次平 | |
| 102 | | | | 徳右衛門 | 徳右衛門 | |
| 103 | | | | 安右衛門 | 安右衛門 | |
| 104 | | | | 弥平 | 弥平 | |

| 天保13年（1842） | 嘉永５年（1852） | 安政２年（1855） | 明治４年（1871） | 明治４年（1871） | |
|---|---|---|---|---|---|
| 舟証文<br>舟運67 | 舟証文<br>舟運69 | 舟証文<br>舟運71 | 船証文<br>舟運72 | 船員数調査<br>舟運100 | 船番号 |
| 与右衛門 | 與右衛門 | 与右衛門 | 与平<br>（与右衛門事） | 下之郷与平［下船］<br>田地養船 | 117 |
| 与惣右衛門 | 與惣右衛門 | 與三右衛門 | | | |
| 和介 | | | | | |
| | | | | | |
| 作右衛門 | | | | | |
| | | | | | |
| | | | | | |
| 精五郎 | 清五郎 | 清五郎 | 清五郎 | 北村清五郎［下田］<br>田地養船（当湊貸船屋浅次より借り船） | 108 |
| | | | | | |
| | | | | | |
| | | | | | |
| | | | | | |
| | 重次郎 | 重次郎 | 十治良 | 石田十次郎［川向］<br>田地養船（当湊貸船屋伝平より借り船） | 114 |
| | | | | | |
| 吉平 | | | | | |
| | | | | | |
| ○右衛門 | | | | | |
| 甲介 | | | | | |
| | 吉兵衛 | 吉平 | | | |
| | 仁三郎 | | | | |
| | 庄兵衛 | | | | |
| | 忠次郎 | | 忠治良 | 北村忠次郎［下田］<br>田地養船（当湊貸船屋浅次より借り船） | 128 |
| | 惣七 | 惣七 | | | |
| | | 作右衛門<br>（大丸子／小丸子持ち） | | | |
| | | 文右衛門 | | | |
| | | 彦四郎 | | | |
| | | | 亀／泉吉<br>（庄助事） | 泉吉［川向］<br>田地養船（当湊貸船屋伝平より借り船） | 116 |
| | | | 与作 | 河原林与作［南伊部］<br>田地養船 | 106 |
| | | | 十三良<br>（十助事） | 原十三郎［川向］<br>田地養船（当湊貸船屋伝平より借り船） | 115 |
| | | | 善十良<br>（善左衛門事） | 中川長十郎［上船］<br>田地養船（当湊貸船屋伝平より借り船） | 122 |
| | | | 権／猪平<br>（八右衛門事） | 西崎権／猪平２［上田］<br>田地養船 | 123/124 |
| | | | 長九良<br>（長助事） | 大竹長九郎［大安寺］<br>田地養船 | 125 |
| | | | 久平 | 小林久平［下田］<br>田地養船（当湊貸船屋浅次より借り船） | 129 |
| 40 | 33 | 28 | 27 | 28 | |

| 和暦(西暦) | 享保６年(1721) | 享保19年(1734) | 文化２年(1805) | 天保４年(1833) | 天保５年(1834) | 天保９年(1838) |
|---|---|---|---|---|---|---|
| 史料名／船持 No. | 船方諸事留帳 舟運補79 | 船方諸事留帳 舟運補66 | 油屋彦十郎　船用留 | 舟証文 舟運64 | 舟証文 舟運65 | 舟証文 舟運66 |
| 105 | | | | 与右衛門 | 与右衛門 | 与右衛門 |
| 106 | | | | 与惣右衛門 | 与惣右衛門 | 与惣右衛門 |
| 107 | | | | 和介 | 和介 | |
| 108 | | | 弥介 | | | |
| 109 | | | | | 作右衛門 | |
| 110 | | | 弥兵衛 | | | |
| 111 | | | | | 久蔵 | |
| 112 | | | | | | 清五郎 |
| 113 | | | | | | 弥左衛門 |
| 114 | | | | | | 助左衛門 |
| 115 | | | | | | 文右衛門 |
| 116 | | | | | | 彦四郎 |
| 117 | | | | | | 重次郎 |
| 118 | | | | | | 惣七 |
| 119 | | | | | | 吉平 |
| 120 | | | | | | 与惣次 |
| 121 | | | | 伝次 | | |
| 122 | | | | | | |
| 123 | | | | | | |
| 124 | | | | | | |
| 125 | | | | | | |
| 126 | | | | | | |
| 127 | | | | | | |
| 128 | | | | | | |
| 129 | | | | | | |
| 130 | | | | | | |
| 131 | | | | | | |
| 132 | | | | | | |
| 133 | | | | | | |
| 134 | | | | | | |
| 135 | | | | | | |
| 136 | | | | | | |
| 137 | | | | | | |
| 借り艜船合計(艘) | 36 | 39 | 48 | 51 | 49 | 29 |

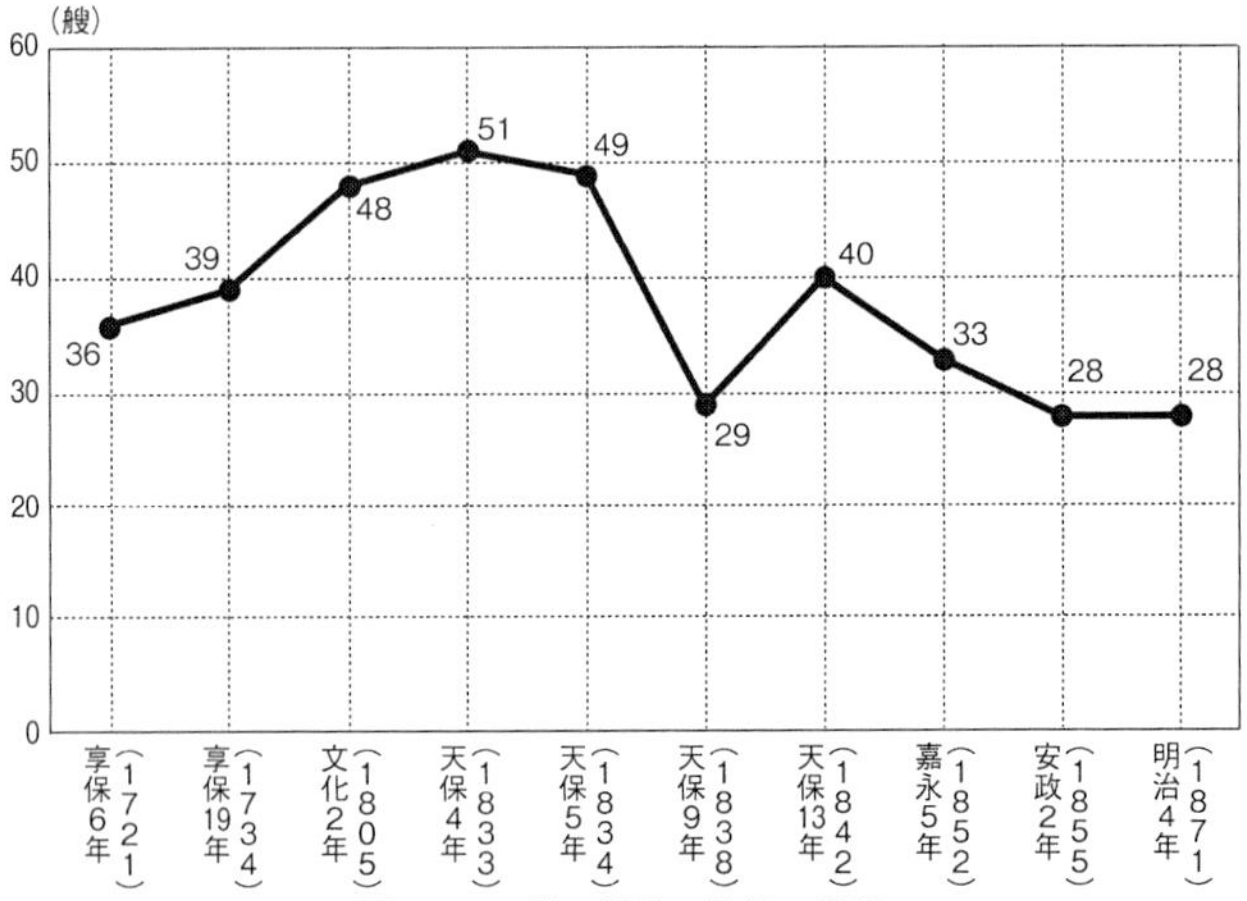

図5-6　借り艜船の総数の推移

北伊部町　太郎右衛門《たろうえもん》家→太郎次《たろうじ》
下田町　久右衛門《きゅうえもん》家→久次郎《きゅうじろう》
下船町　忠左衛門《ちゅうざえもん》家→忠平《ちゅうべい》

先ほど述べたように、必要に応じて借りて使われていた船であるため、稼業の推移などによって船持が変わっていったものと考えられる。

借り艜船の船数の推移を、図5-6「借り艜船の総数の推移」に示す。グラフからわかるように、享保6年（1721）の36艘から、天保4年（1833）には51艘にまで増加している。その後、減少に転じ、天保9年（1838）には、29艘と享保期以後最低に落ち込む。そして、天保13年（1842）には40艘といったん増えるが、再び嘉永5年（1852）に33艘、明治4年（1871）に28艘と、幕末にかけて減少していく。

舟運業で生計を立てている丸子船の船持と違い、

舟運を生業としていない借り艜船の船持の場合、深刻度は違っていたと思われる。借り艜船の数が最大だった天保4年（1833）の51艘に比べ、天保の飢饉が起こっていた天保9年の落ち込みは29艘にとどまり、半分以上は維持されていた。明治4年でも半数以上が活用されている。

## 明治4年の各船の休船状況

借り艜船の項を終えるにあたり、艜船を含めた明治4年（1871）「船員数調査」（舟運100）の各船の出船と休船の状況を示すことで、長浜湊の舟運不況の深刻さを明らかにしておく。船の種類ごとにまとめたものが上の表5-8である。

つまり、大丸子船は半数余りが出船できていない。特に「大浦行き」は、すべて休船状態である。また、大丸子船への荷駄の積込・荷下し船である橋船艜船も、半数ほどが休船である。

一方、脇船小丸子船と押切早船は、1艘を除いて出船している。物流は不況であるが、旅人を乗せる舟運は維持されており、人の動きは相変わらず盛んであると考

表5-8　明治4年の種類別休船数と休船割合

| 船の種類 | 総船数 | 休船数 | 休船割合（%） |
|---|---|---|---|
| 大丸子船 | 60 | 33 | 55 |
| 　うち大浦行き | 13 | 13 | 100 |
| 　うちその他行き | 47 | 20 | 43 |
| 小丸子船 | 9 | 1 | 11 |
| 押切早船 | 2 | 0 | 0 |
| 橋船艜船 | 28 | 16 | 57 |
| 借り艜船（田地養船） | 68 | 32 | 47 |
| 小艜船 | 6 | 5 | 83 |
| 小艜船（船大工御免艜船） | 5 | 0 | 0 |

えられる。

借り艜船に関しては、農業に関わる田地養船は不況の影響をさほど受けず、4分の3程度が使用されている。借り艜船の中でも、大型の小艜船は荷駄の舟運に関わっていたと思われ、休船が多い。ただし、このころ、借り艜船に分類され、小艜船と呼ばれていた「船大工御免艜船」の5軒5艘は維持されていた。

## 5　大艜船――吉川家文書に現れない〝謎の船〟

船年寄の吉川三左衛門とは別に存在していた「大艜方」最後の「大艜船」は長浜湊に存在する船であるが、三左衛門文書にはほとんど記載がなく、私には〝謎の船〟のように感じられる。「大艜」と記載があっても宝永期以前までと明治4年（1871）の船数程度である。この理由は、大艜船が宝永期以降、長浜湊の船年寄を頂点とする組織に属さない船だったためと考えられる。

一例として、第1章の最後に示した享保7年（1722）の回覧宛先に次のようにある（51ページ参照）。

（略）↓下坂浜村↓長浜　↓同所大艜方　↓祇園村↓（略）
吉川三左衛門　作十郎

つまり「長浜湊」からわざわざ長浜町内の「大艜方」へ回覧していることからも、そのことがうかがえる。大艜船の存在と元締めと思われる「作十郎」名もわざわざ記載されている。大艜方の「方」は、「役」との意味で、「大艜船役」とも解釈できる。享保13年の三左衛門文書にも同様の回覧記載がある。

その他の大艜船の存在を示す資料として、吉川三左衛門文書のうちの「運上銀高覚」（『長浜市史』第3巻に写真掲載）があり、今までに述べた丸子船・艜船以外に、次のような宝永4年（1707）の「大艜船」に関する記述がある。

（前略）
小丸子船弐拾艘　但石高六拾石以下舟
此御運上銀七拾匁、但壱艘ニ付三匁弐分つつ
大艜持船拾三艘
此御運上銀三拾弐匁五分、但壱艘ニ付弐匁五分つつ
かり艜舟三拾壱艘
此御運上銀四拾六匁五分　但壱艘ニ付壱匁五分つつ
宝永四丁亥十二月上納御帳上ル

以上から、当時1艘当たり2匁5分の役銀を収め、13艘が存在したことがわかる。この資料にもある「大艜持船」との記述から、「借り艜船」のように借りているのでなく、丸子船持同様に自前で所持し、舟運業に関わっていた船と考えられる。

吉川三左衛門文書の役銀帳においても、元禄6年（1693）に舟運22、元禄15年（1702）に舟運23、宝永元年（1704）に舟運24と、先ほど示した宝永4年（1707）「運上銀高覚」までは、大艜船の船数と役銀高のみではあるが記載がある。しかし、宝永7年の舟運25以降の役銀帳に記載がない。ただし、天保14年の三左衛門文書には、大艜船について次のようにある。

元来元禄年中以前、吉川三左衛門方ニ而《テ》支配仕罷在候節者、何之故障茂無レ之処、其後支配方別段ニ相成候ら、已来《いらい》多々故障筋出来歎《なげかわしく》ケ敷仕合ニ奉レ存候。

元禄期以前は吉川三左衛門の統制下にあり、何の問題もなかったが、その後別の者が統制するようになって以降、多くの支障が生じており嘆《なげ》かわしいことであるというのである。残念ながら、なぜそうなったか、具体的にどのような問題が起こっていたのかは不明である。

## 大艜船の船数

先ほど述べた大艜船の船数が記載されている『近江長濱町志』第２巻掲載の表を年代別に整理すると、表５-９のとおりである。なお、一番古い寛永21年（１６４４）は「艜」と記載されているが、役銀１艘当たりが２匁５分であるため大艜船と推定できる。

以上の資料のとおり、寛永21年＝正保元年（１６４４）から宝永期までと、明治４年の記録があることから、江戸時代初期から明治初期に至るまで大艜船が存在していたことは確かと思われる。なお、先の資料のうち、大艜船９艘とある明治４年の資料「内庄屋舟一般役銀御免」の出典が不明である。この資料詳細から、何か新たな情報が得られるかもしれない。

表５-９　年代別の大艜船の船数

| 時期 | 船数 |
|---|---|
| 寛永21年（1644）６月５日 | ８艘 |
| 貞享２年（1685）５月19日 | 13艘 |
| 元禄11～13年（1698～1700） | 13艘 |
| 元禄14～16年（1701～1703） | 14艘 |
| 宝永元～２年（1704～1705） | 15艘 |
| 宝永３～５年（1706～1711） | 14艘 |
| （「運上銀高覚」では13艘） | |
| 明治４年（1871） | ９艘 |
| （内庄屋舟一般役銀御免） | |

## 年貢米を運んだ長浜の大艜船

次に、「船方触書」から長浜大艜船に関係ある部分を抜き出し、大艜船の役割などをまとめてみた。二十七条に「長浜大艜船」の舟運役割の詳細が次のように記載されている。

一、年貢米をそれぞれ積送り
二、其湊其橋船仕
三、近在へ之小荷物夫々相対賃銭ヲ以積可致候
四、遠浦へ渡海停止ニ候
五、勿論長浜湊丸子船之指障ニ相成候事堅仕間敷候

その他「船方触書」十七条から他の艜船では不要であったが、大艜船は丸子船と同様に極印代として1匁が必要であった。彦根藩にとって平穏な時代において、重要な年貢米を運ぶ船を御用船として管理するための刻印だと考えられる。

二十七条最初の「年貢米をそれぞれ積送り」が、大艜船の基本的な役割である。長浜湊をはじめ長浜湊受持ち区域内の浜・岸などに集積された年貢米を、松原蔵まで積み送る「御詰米」の運搬に関わっていたものと考えられる。舟運能力から考えると、大丸子船での舟運の方が効率よく

短期間で舟運可能である。しかし、浅瀬の岸が続く湖北地域の伊香郡から坂田郡までの浜からの積み出しは、喫水が浅い大艜船が適していただろう。

第4章の「2　年貢米」では、長浜湊管轄の湖北地域から松原蔵へ舟運される御詰米の舟運量を最大で3万8400石と推定したが、さらに「石代納」（第4章「御詰米」参照）分を引いて年貢米で納める割合を6割、長浜湊以南の藩領では米原湊と同様に大艜船を介さず直接松原蔵に納めた分もあると考え、実際に舟運された年貢米は長浜湊管轄の年貢米の3分の2程度であっただろう。そこで、全体の4割にあたり1万5360石を大艜船ですべて舟運したと仮定し、どのくらいで運べるか試算した。条件は次のとおりである。

御詰米石高　1万5360石（3万8400俵）
大艜船総数　13艘
安全積載量　23石（本章の1「艜船の概要」参照）
所要時間　1回当たり1日（長浜湊→湖岸の村→松原蔵→長浜湊）
御詰米積み送り期間　4か月（9月～12月）

試算の結果、登せ米出荷期間に1艘当たり51・4回、1か月につき13回程度の舟運が必要となる。ほぼ2日に1回の間隔であり、可能と考えられる。なお、この試算ではすべて大艜船で算出したが、大丸子船持ちの大艜方が存在したことを考慮すれば、舟運回数はさらに少なくなる。

「船方触書」によれば長浜湊以外にも大艜船が存在していた。二十九条には「米原湊大艜船」・三十条には「外船町（松原）大艜船」・三十三条には「下坂浜村大艜船」と3か所に確認できる。役割は次のようにそれぞれの湊で異なっていた。

米原湊大艜船
其所へ出候両船町着之諸荷物積送可申候、其外八坂村迄罷越シ候事免之候、右之外他浦江罷越シ義《(候脱カ)》堅停止ニ候

外船町（松原）大艜船
其所之問屋着之諸荷物夫々定賃銭ヲ以舟積致シ、松原・米原へ積送可申候、諸事舟方之作法ハ、兼日申渡し置候定目面之通相守可申候

下坂浜村大艜船
其所へ出候年貢米少々宛之酒代ヲ以積送可申候、其外賃取之船 挊《はたらき》 停止候、勿論隣在之妨不仕、猶又持舟村方之内江貸申間布《(敷)》候

この条目からは、米原湊と松原湊区域の大艜船は、橋船艜船の役割のみだったと考えられる。
下坂浜《しもさか》は、長浜に城下町が形成される以前は、中世湖北地域の主要湊であった下坂氏の平方湊《ひらかた》

である。細々とではあるが、長浜湊の大艜船同様に下坂浜村の大艜船も年貢の収集・舟運業務で残ったと思われる。いずれにしろ、各湊での状況によって大艜船の業務内容に違いが生じたと考えられる。

## その他の役割・規定

二十七条の二つ目に書かれた「其湊其橋船仕」とは、どういう意味だろうか。長浜湊の橋船艜船との関係もあり、天保14年（１８４３）の三左衛門文書には、次のようにある。

　且又諸浦ゟ入船之小渡仕候柄ニ御座候得共、諸浦入船小渡之義者、大艜之者共へ為レ働申候趣先々ゟ申伝ニ御座候。

すなわち、主に他浦から来た丸子船の「橋船」の役割を大艜船が務めていたと思われる。

二十七条の三つ目では、賃銭を受け取り、長浜湊から近在への荷物の集配などで生計を立てていたことがわかる。

四つ目では、長浜湊の丸子船の妨げとなる大浦・大津などの遠方までの舟運は禁止となっている。ただし、天保14年の三左衛門文書には次のようにある。

尤、背負之分者小丸子船出切候跡へ出来り候ハハ、大艜方ゟ対談次第、双方指閊《さしつかえ》不レ申様取斗《とりはからい》可レ申様被二仰渡一奉レ畏候。

当時では「背負い」（行商人）が増え、小丸子船が出払っていて双方に差しつかえないような場合には、大艜船で脇小丸子船の代わりを務めることを容認する船奉行からの裁定もある。よって、長浜湊の大艜船が彦根藩区域外の大津湊まで旅人を運んでいたと思われる。

最後の五つ目は当然のことで、丸子船に差し障りのあるようなことは決しておこなってはならないとしている。

## 大艜船船持名の抽出

長浜湊の大艜船は十数艘が存在したが、船持名や居住地などは不明である。この大艜船持を推定してみた。先に述べたように、三左衛門文書の「役銀帳」などでは大艜船の船持名が記載されていない。一方、元禄8年（1695）「大洞寄進帳」には、当時の長浜すべての住人名と職業が記載されている。この資料から船持をすべて抽出すれば、その中には大艜船持も含まれているはずである。

具体的には、この元禄8年「大洞寄進帳」と年代の近い前後の年代である元禄6年（1693）

と元禄15年（1702）の三左衛門文書「役銀帳」の丸子船持名と比較し、「役銀帳」にある船持を「大洞寄進帳」から除き、残った船持を大艜船持とする方法で推定した。

その結果、抽出された大艜船の船持と考えられる人名をまとめたのが表5-10である。元禄8年の「大洞寄進帳」時点では15艘で、「1　大艜船の概要」で述べた元禄期の大艜船が船数13～14艘であることとほぼ一致する。

元禄期の抽出された個々の船持を見ると、「大洞寄進帳」の中で船片原町の「弥次右衛門《やじえもん》」「次左衛門《じざえもん》」「権平《ごんべい》」「角兵衛《かくべえ》」4軒の職業は、「艜持」（職業として長浜の船持の中で「艜持」記載の者はこの4名以外なし）との記載があり、この大艜船持の推定を裏づけている。

また、同町の船片原町の「六太夫《ろくだゆう》」「太郎左衛門《たろうざえもん》」2軒の職業は「船持」であるが、江戸時代を通じて三左衛門文書「役銀帳」に記載がなく、持船は丸子船船持であるが、「大艜方」に所属していたとも考えられる。つまり「大艜方」の呼び方は、役割上（年貢米の輸送）での分類であり、元禄期には持船の違いで「艜船」と「丸子船」が混在していたとも考えられる。さらに、十一町にも4軒あり、どちらも川沿いの湊発祥地域に位置し、古くから居住していたものとも思われる。

なお、中艜町の「作十郎《さくじゅうろう》」は先に示した回覧で「同所大艜方」として名があがっていた人物で、大艜船の「舟庄屋」の役名もあり、代々中艜町の町代《ちょうだい》（有力町人から選ばれた町役人）も務めていた。「庄屋」が年貢米徴収の責任者であることから考えれば、「舟庄屋」とは、徴収された年貢米の舟運の責任者と考えてもよいだろう。

表5-10から時代推移を見ると、享保15年（1730）「長浜人数留」では、船片原「角兵衛」が船大工の「武太夫《ぶだゆう》」に変わり、上田町の「彦右衛門《ひこえもん》」も減り13軒となる。さらに、幕末の元治元年（1864）「長浜町切絵図」のころには、船片原町の「次左衛門」が「奥右衛門《おくえもん》」に変わるが大艜船は受け継がれている。中鞴町の「甚介《じんすけ》（助）」は船片原町南2へ移住する。船数では、十一町の「長左衛門《ちょうざえもん》」は醤油屋に変わり、十一町「惣五郎《そうごろう》」「伝左衛門《でんざえもん》／伝右衛門《でんえもん》」、上田町「惣次郎《そうじろう》」の4軒が減り、計9艘を確認できる。

この9艘は、前節「1　大艜船の概要」で大艜船船数とした「明治4年9艘」とも一致する。長浜区域から松原蔵までの年貢米の舟運が主な公務で、大丸子船と比べると舟運量も少なく、小丸子船と同様に減少しながらも残ったと船だと考えられる。

なお、「大洞寄進帳」から抽出した大艜持ちの中の「権平」名は、伊香郡木之本《きのもと》（長浜市）にある浄信寺の僧・遊山《ゆうざん》が書いた『浅井三代記』巻四にある永正13年（1516）の逸話に記された船持の名前と同じである。その当時、「今浜の商人〈権平〉は、浅井亮政《すけまさ》の命により大津浦より塩みそ二百俵を仕入れ、小舟五、六艘で中浜に着け、姉川・馬渡川《もうたり》を川舟二十艘にて丁野まで運んだ」という。同書はいわゆる軍記物語のため信憑《しんぴょう》性は疑問視されており、執筆も1670年ごろに下るが、江戸時代初期の舟運のようすを反映したものではあるだろう。一般荷駄の項で述べ

表5-10　元禄8年の大艜船の船持とその後の推移（推定）

| 和暦（西暦） | 元禄8年（1695） | | 享保15年（1730） | 元治元年（1864） |
|---|---|---|---|---|
| 史料名 ／ 船持No. | 大洞弁財天祠堂金寄進帳（残りの船持） | | 長浜人数留 | 長浜町切絵図 |
| | 家長 | 男子家族 | | |
| — | 六太夫［船片原］ | 又五郎・六之介 | 六左衛門［船片原］ | 六左衛門［船片原南4］ |
| — | 太郎左衛門［船片原］ | 太兵衛・太郎介・市蔵 | 太郎介［船片原］ | 太郎介［船片原南5］ |
| — | 弥次右衛門［船片原］ | 助之丞・喜内・七之介 | 猪右衛門［船片原］ | 猪右衛門［船片原南6］ |
| — | 次左衛門［船片原］ | 半七 | 次左衛門［船片原］ | 奥右衛門［船片原南7］に変わる |
| — | 権平［船片原］ | 宇右衛門・甚吉 | 宇右衛門［船片原］ | 権平［船片原南8］ |
| — | 角兵衛［船片原］ | 奥右衛門 | （武太夫）船大工に変わる | |
| — | 惣五郎［十一］ | | 惣五郎［十一］ | |
| — | 利左衛門［十一］ | 惣太郎 | 利左衛門［十一］ | 利右衛門［十一東7］ |
| — | 長右衛門［十一］ | （弟）長吉・長五郎 | 長右衛門［十一］ | （長右衛門［十一西1］）醤油屋に変わる |
| — | 伝右衛門［十一］ | | 伝左（右）衛門［十一］ | |
| — | 作十郎［中鞴］町代 | （弟）七郎右衛門・（弟）弥五兵衛・（弟）五右衛門 | 作十郎［中鞴］ | 作十郎［中鞴西26］ |
| — | 甚助［中鞴］組取 | 甚五兵衛・甚六 | 甚介［中鞴］ | 甚助［船片原南2］移住　元問屋長左衛門宅 |
| — | 惣次郎［上田］ | 惣太郎 | 惣次郎［上田］ | |
| — | 彦右衛門［上田］ | （弟）平兵衛・（弟）卯之助・与惣 | | |
| — | 与四郎［南新］ | 由太夫・与兵衛 | 甚四郎［南新］ | 四郎兵衛［南新南8］ |
| 船数 | 15艘 | | 13艘 | 9艘 |

たように上方筋からの「下り荷」荷駄の3分の1が塩であり、姉川や馬渡川（高時川）を10石たらずの小船を使ってさかのぼり、小谷城の旧城下近くまで荷を運ぶといった河川の利用が盛んであったことがうかがえる。

## 江戸時代初期の大艜船（芦浦観音寺の調査記録より）

第3章で丸子船の船数を把握するために用いた「江州《ごうしゅう》諸浦船数帳」を作成した琵琶湖の船奉行・芦浦観音寺《あしうらかんのんじ》（草津市）が、関ヶ原の合戦直後に徳川政権から命じられて琵琶湖に面した浦々にある艜船の数を調査した帳簿が伝わっている。慶長6年（1601）6月の日付がある「江州諸浦れう《（猟）》舟・ひらた船之帳」と年の記載がない「さわ《（佐和）》山御城付分ひらた舟之帳」（ともに「芦浦観音寺文書」）で、前者は彦根藩領を除く75か村、後者は彦根藩領18か村の艜船・猟船（漁船）の船数と所有者名が書き上げられている。

調査時の長浜は幕府領で元和元年（1615）に彦根藩領となったため、「江州諸浦れう舟・ひらた船之帳」の方に記載されており、異筆で「佐和山領（＝彦根藩領）になる」という書き込みが加えられている。長浜の項にある所有者名をまとめたのが表5-11である。「長浜ひらた舟　船町」と「同町ひらた船」の2グループに分けてあり、持船数は全員1艘ずつである。猟船は1艘もない。

元禄8年（1695）「大洞寄進帳」から約1世紀さかのぼる記録にあたるが、「長浜ひらた舟　船町」の合計数は、元禄期の大艜船の艘数と同じ15艘である。船持の名前を比較してみると、「又五郎《またごろう》」は元禄8年の大艜船持ち「六太夫」（船片原町）の家族に同名があり、「太郎三郎《たろさぶろう》」に似た名として大艜船持ち「太郎左衛門」（船片原町）とその家族の「太郎介《たろすけ》」がみられ、大艜船のグループと思われる。

一方、「同町ひらた船」のグループは、後の時代にも「十右衛門《じゅうえもん》」は下船町、「助三《すけぞう》」は船片原町、「佐介《さすけ》」は小船町の船問屋で丸子船の船持に同名が存在する。「助三」は町代でもあり、「庄屋」という添え書きとも一致する。『長浜市史』第3巻では、2グループを上船町・下船町・小船町・船片原町など船町の住人とそれ以外による区分ではないかとしているが、そう考え

表5-11　慶長6年ごろの長浜の艜船の船持
（「江州諸浦れう舟・ひらた船之帳」より作成）

| 長浜ひらた舟　船町 | 同町ひらた船 |
|---|---|
| 弥八 | 二郎右衛門 |
| 孫太郎 | 与太郎 |
| 孫四郎 | 法泉坊 |
| 左近二郎 | （たたミや）九郎左衛門 |
| 衛門三郎 | 十右衛門 |
| 又十郎 | 才三郎 |
| 左近五郎 | 福寿坊 |
| 彦左衛門 | （庄屋）助三 |
| 二郎三郎 | （こきや）左介 |
| 又五郎 | 円徳坊 |
| 五郎二郎 | 以上10艘 |
| 二郎右衛門 | |
| 九郎兵衛 | |
| 源右衛門 | |
| 太郎三郎 | |
| 以上15艘 | |

ることは難しい。合計10艘のグループは、船問屋で大丸子船持ちであり、荷駄の瀬取りのため橋船艜船を持っていたと思われる。「たたミや《（畳屋）》」「こきや（脱穀業者か）」といった業種名が書き添えられた者がいること、「法泉坊」「福寿坊」「円徳坊」と3人の僧をふくむ特徴にも合う。

# 第6章
# 長浜湊の住人と各町の特徴

長浜の曳山の中で唯一、船の形を
模した船町組の「猩々丸」
（長浜市曳山博物館提供）

## 1　長浜湊各町の概要

第1章「5　江戸時代の長浜湊」では、長浜湊の成り立ちと各町の位置関係を述べたが、最後のこの章では町ごとの長浜湊との関わり合いを、「各町」に住む船持に焦点をあてて分析してみたい。対象としたのは、船の種類にかかわらず船持が1人でも住んでいる町である。

船持を各町別に整理した資料として、表6-3「長浜湊各町の船持数」と表6-4「長浜湊各町の船持と持ち船」を作成した（章末に掲載）。表6-4は、各町別に船持名と船持の船を分類して船数まで記載した詳細資料である。船持の分類として、丸子船・橋船艜船・借り艜船・船大工船（船大工御免艜船）・大艜船に、船持ではないが長浜湊の舟運を管理する「船問屋」を加えた。押切早船は各町へ振り分けられなかったため含んでいない。

長浜湊の各町の特徴を考察するため、選んだ時代は享保15年（1730）と明治4年（1871）である。考察は江戸中期にあたる享保15年を中心として述べ、明治4年で違いがあれば追記した。なお、明治4年は、それまでの長浜湊が終わりを迎えた時期にあたり、稼働せず休船状態の船も含んでおり、実際の稼働数ではない。

## 船問屋

まず、これまで「船問屋」についての説明がなかったので、改めて記しておく。

船問屋は、基本的に丸子船船持のため荷駄を集めたり、船持と契約を結んで荷駄を運送したりする運送取次・取扱業の役目を担っていた。さらに、他の地域からの荷駄も含め、湊内での橋艜船による荷駄の瀬取り管理にも関わっていた。また船問屋は荷駄の引取・売買だけではなく積荷の保管・管理や売買相手の斡旋《あっせん》・仲介、相場情報の収集、さらに船具や各種消耗品の販売などその扱う分野は幅広いものがあった。よって、船問屋は必ずしも船を所有しているわけではなかった。

表6−1　長浜湊の船問屋

| | | |
|---|---|---|
| 八軒問屋 | 三左衛門（上船西6） | |
| | 介三郎／介右衛門（船片原南1） | |
| | 長左衛門（船片原町南2） | 文化12年ごろに廃業 |
| | 三四郎（下船西11） | |
| | 久（九）右衛門（下船西10） | 元文2年ごろに廃業 |
| | 又右衛門（下船西12） | |
| | 十右衛門（下船南2） | |
| | 三郎左衛門（下船西9） | |
| 新問屋 | 佐介（小船西1） | |
| | 喜兵衛（小船東1） | 元禄期に廃業 |
| | 弥一郎／弥次兵衛（下船西8） | |
| | 四郎右衛門（十一東13） | |
| | 久四郎／市兵衛（船片原南3） | |

　長浜湊の船問屋は、おそらく最初に8軒からなる「八軒問屋」があり、新たに「新問屋」5軒が加わり、天和《てんな》3年（1617）には、表6−1「長浜湊の船問屋」のとおり13軒となる。

　その後、元禄期に新問屋の喜兵衛《きべえ》が廃業し、元文《げんぶん》2年（1737）ごろ、八軒問屋の久《きゅう》右衛門《えもん》が、文化12年（1815）ごろには八軒問屋の長左衛門《ちょうざえもん》が廃業し、その後明治4年（1871）まで、10軒で運用された。基本的に船問屋は、急な舟運に対応するための備えとして丸子船の船持を兼ねていたが、下船町《しもふなまち》の三郎左衛門《さぶろうざえもん》、小船町《こぶなまち》の佐介《さすけ》、十一町《じゅういちまち》の四郎右衛門《しろうえもん》は船問屋業のみであった。

大浦行きの船持12名中6軒が問屋業を営み、南北航路の荷駄も含めた北国筋との中継の問屋業が盛んであったことがうかがえる。

## 長浜湊の船持軒数

212〜213ページの表6-3のとおり、享保15年（1730）の長浜の船持軒数は107軒に達する。その当時の長浜の総軒数は1284軒程度であり、約1割が船持であった。また、船を持たない湊関係者として加子《かこ》（水夫）などを加えると、関係軒数はそれ以上と考えられる。このように長浜町にとって、湊は経済的な面からも欠くことのできない柱であった。

明治4年（1871）では、船持の軒数が132軒と享保期に比べて25軒増加した。増加率でいえば23％程度にあたる。ただ、幕末の不況のために、丸子船の船持と借り艜船の船持では、出船できない船を持つ船持が62軒に達し、半数以上の船持が休船という深刻な状況となった。

## 「船持の町」の選定

ここでは、各町の総軒数のうち船持の軒数が３割以上の場合を「船持の町」と定義した。

表６-３の下に置いた享保15年（１７３０）の図６-３のグラフから各町を見ると、小船町は32軒（町内の89％）で長浜各町のうち、第一の「船持の町」である。船片原町《ふなかたはら》も軒数は少ないが、92％で１軒を除いてすべての家が船持である。その他の「船持の町」として、３割以上の町をあげると、下船町47％、十一町36％、下田町《しもた》30％などがあげられる。

なお、長浜湊や十一川などの湊沿いでない町にも、少ないながら船持が存在する。例えば、長浜湊から離れた伊部町《いべ》・三ツ屋町・郡上町《ぐじょう》・八幡町《はちまん》などの場合、借り艜船の船持が多く、第５章「４　借り艜船」で述べたように、多様な目的に船を使っていたと思われる。

明治４年で特筆すべきは、長浜の正式な町ではないが川向《かわむかい》である。すべてが借り艜船の船持で、享保15年に１艘だった数が、10艘に増えている。割合では享保期８％に対して83％まで増加し、小船町や船片原町と肩を並べる「船持の町」となった。

その他で増加した町として、下田町が30％が57％に、大安寺町は軒数が少ないながら17％が33％に、享保期ほとんど存在しなかった大手片原町は23％と増加している。減少した町として、享保期に30％を超えていたのが30％以下になった十一町がある。

これらの増減の分析は、本章「３　各町の特徴と船持」でおこなう。

## 2　長浜湊の船持図

長浜の江戸時代の町並みを復元する資料として、各町の世帯ごとの居住者名と間口の広さ、1階の間取りを書き込んだ「長浜町切絵図《きりえず》」が残されている。幕末の文久《ぶんきゅう》2年（1862）、幕府は参勤交代制をゆるめ、大名の妻子が国許《くにもと》で暮らすことを許可したため、加賀藩主前田斉泰《まえだなりやす》夫人の溶姫《やすひめ》（11代将軍徳川家斉《いえなり》の娘）は中山道と北国下《しも》街道を通って金沢におもむいた。しかし、わずか2年後の元治《げんじ》元年（1864）に幕府が再び江戸での居住を命じたため、溶姫は北国上《かみ》街道から中山道・東海道を通って、江戸に向かうことになる。11月3日、溶姫一行は長浜町の本陣、吉川三左衛門家に昼食をとるために立ち寄った。一行は数千人規模だったため、長浜町の本陣・旅籠《はたご》だけでは収容しきれず、一般民家も休憩場所に割り当てられた。この割り振りのために、事前に命じられた吉川三左衛門らによって作製されたのが、この切絵図である。52町のうち現存する44町の絵図をつなぎあわせた『長浜のまちなみ』報告書（1995年）掲載図をもとに船持が住んでいた町の範囲へ、享保《きょうほう》15年（1730）の「長浜町人数留」にある船持の名を入れたものが次ページの図6-1である。197ページには、明治4年（1871）の状態の図6-2を示した。

上船町の吉川三左衛門家の敷地は格段に広く、普通の町家の4〜5軒分あった。吉川家と同様

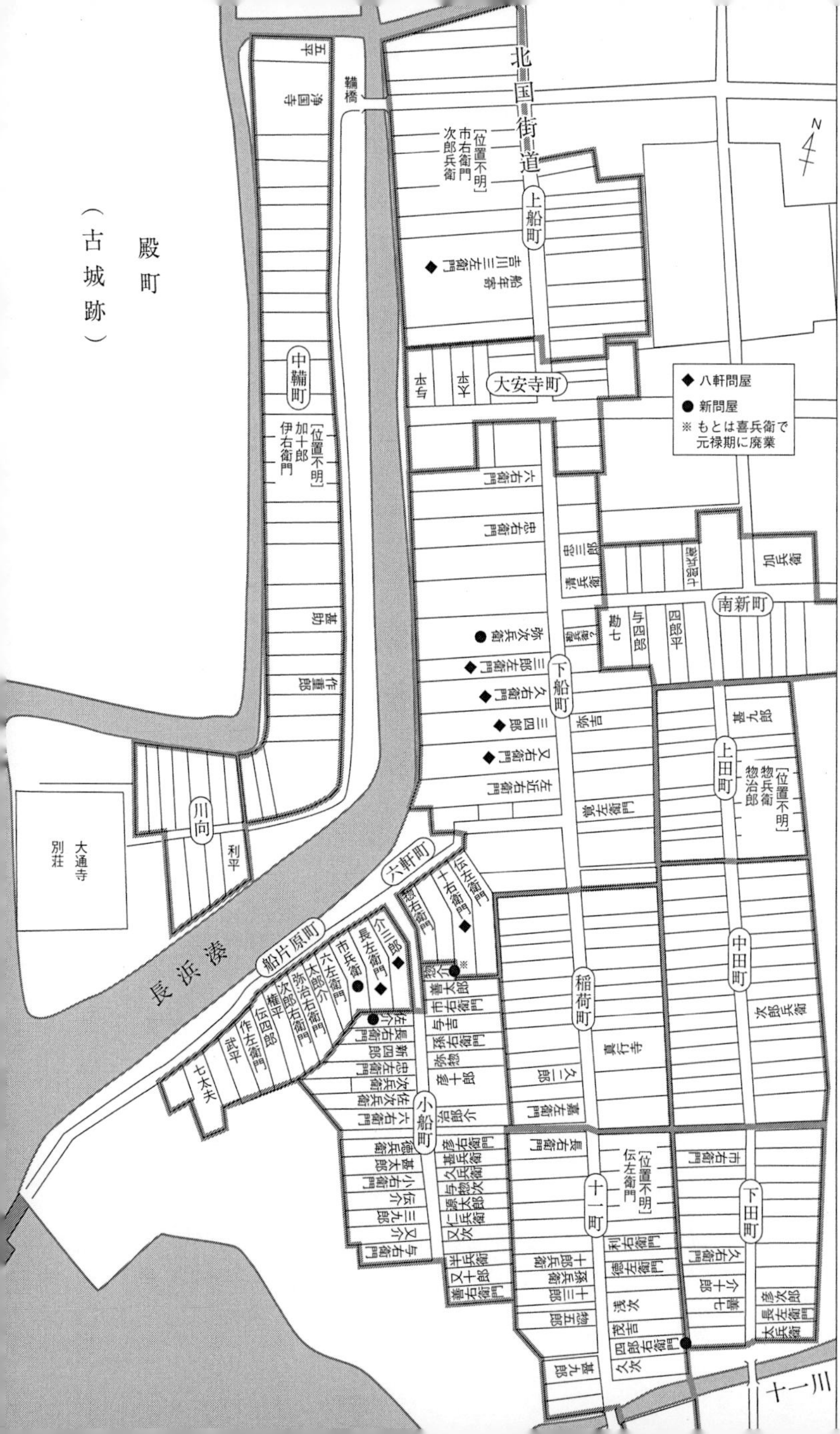


図6-1　享保15年（1730）の長浜湊の船持図（『長浜のまちなみ』報告書掲載の図と「長浜町人数留」の住民名などをもとに推定）

に船持と荷主の間で荷物の斡旋《あっせん》などをおこなった船問屋《ふなどんや》には印をつけた。

下船町の間を抜ける道を通して北国街道筋の船問屋街をはじめとする商業地域と行き来する仕組みになっていた。江戸時代を通して、長浜と近郊・北国筋・中京筋と大津・上方筋の荷駄がどれほどこの道を行き交ったか想像すれば、物流にとって重要な道であったことがわかる。

## 3　各町の特徴と船持

章末に掲載した表6−3と表6−4から、長浜湊を支えた各町の特徴などを考えてみたい。

主に享保15年（1730）の状況について述べ、違いがあれば明治4年（1871）についても加えて述べる。

### 上船町・大安寺町——本陣と旅籠屋の町

上船町は、北国街道沿いで長浜町を代表する町の一つで、当時21軒の商家中心の町であった。また、船年寄役も務める吉川三左衛門が本陣を兼ねて居住する町でもあった。しかし、三左衛門以外の船持は、借り艜船の船持2軒で、船持の割合14%である。明治4年には借り艜船の船持1軒に減り、船持中心の町とは言えない。

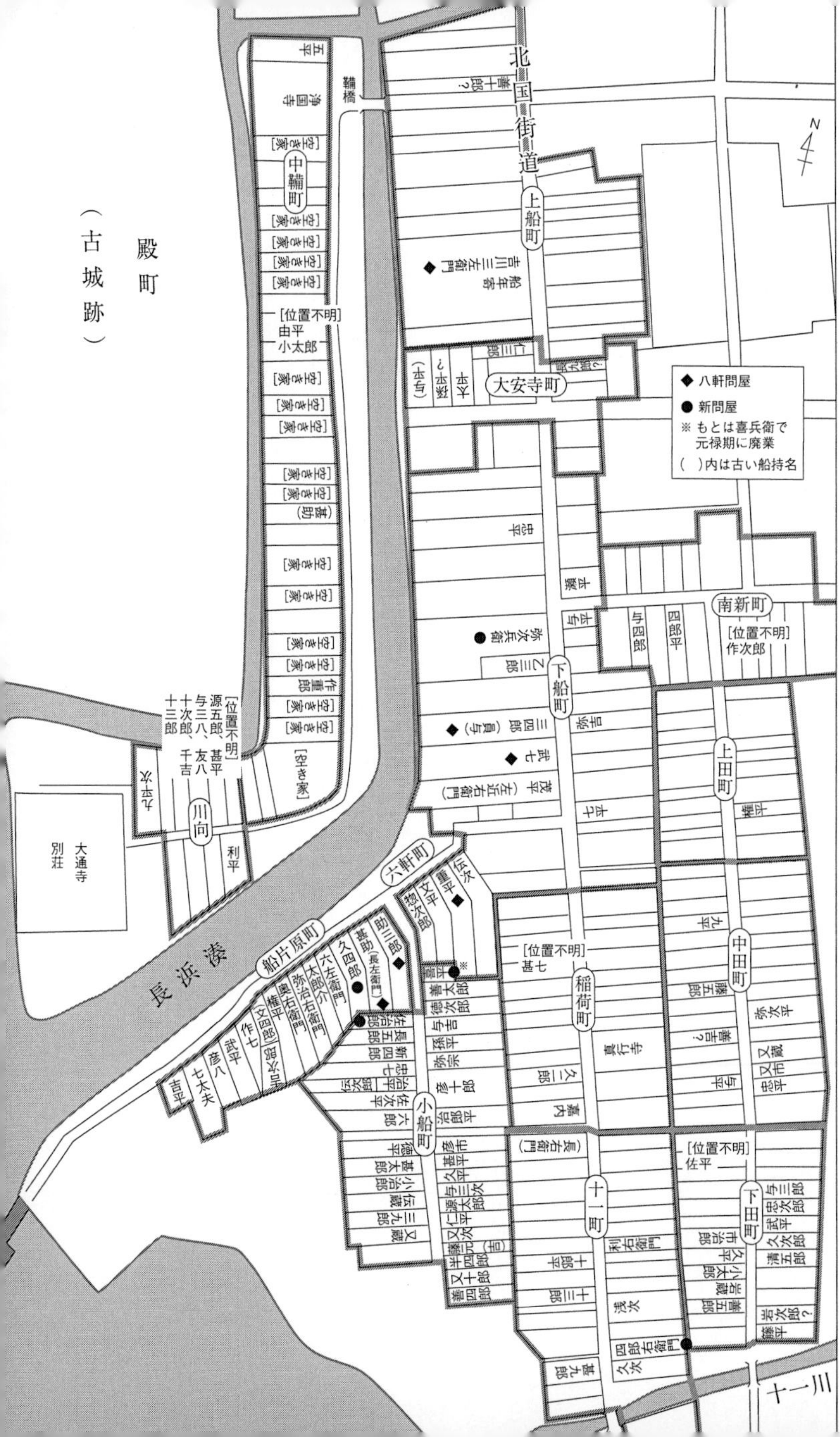


図6－2　明治4年（1871）の長浜湊の船持図（明治4年「船証文」の船持名などをもとに推定）

『近江長濱町志』第2巻によれば、安永2年（1772）に上船町には、旅籠屋が5軒あり、宿泊所が29％を占める町であった。上船町の隣町の瀬田町・大安寺町・下船町にも各1軒ずつ旅籠屋があった。

大安寺町は12軒と小さい町である。船持2名（丸子船3艘と橋艜船2艘）で船持の割合は17％と少ないが、明治4年には、借り艜船持が2名増え、船持4名になる。「長浜町切絵図」を見ると、当時大安寺町には、旅籠屋風の屋敷（部屋数が多く風呂がある）が4～5軒ある。また町内から米川に直接下りられる場所があり、乗人の乗り降りができたのかもしれない。したがって、増加する旅人のための旅籠屋と、近在への送迎を行う借り艜船が増加したとも考えられる。

現在の上船町の旧湊側（2022年撮影）
吉川三左衛門家跡に長浜幼稚園がある。奥が鞴橋。

## 下船町——船問屋街の町

上船町と同じく北国街道沿いの下船町も、長浜町を代表する町の一つである。軒数は当時34軒あり、商業地域として長浜発展の一端を担っていた。

船持は16軒で、町の半分程度を占める。しかし、船持割合47%は、小船町・船片原町に比べて少ない。この町の特徴は、当時長浜の船問屋12軒中6軒と半分を占めていたことである。

この船問屋のうち、弥次兵衛《やじへえ》から又右衛門《またえもん》までの5軒並び［西8〜西12］は、表が北国街道沿いで裏が堀筋に面し、屋敷を介して陸運と水運が直接つながるよう船問屋街を形成していた。三《さぶ》郎左衛門《ろうざえもん》［西9］の間口4間を除き、間口は5間半〜7間半と広く、裏の米川岸に沿って土蔵が立ち並び、直接荷揚げと荷駄出しができるように工夫されていた。

「長浜町切絵図」によると、3軒続きの三四《さんし》郎《ろう》［西11］・又右衛門［西12］・左近右衛門《さこんえもん》［西13］の屋敷内には、表の北国街道筋から河岸の間に「馬通り」が設けられ、荷駄を直接行き来できる工夫がされていた。このように、下船町は長浜町の中でも船問屋中心の町であったと言える。この5軒のうち三郎左衛門を除く4軒の問屋は、大丸子船持で舟運も兼ねていた。

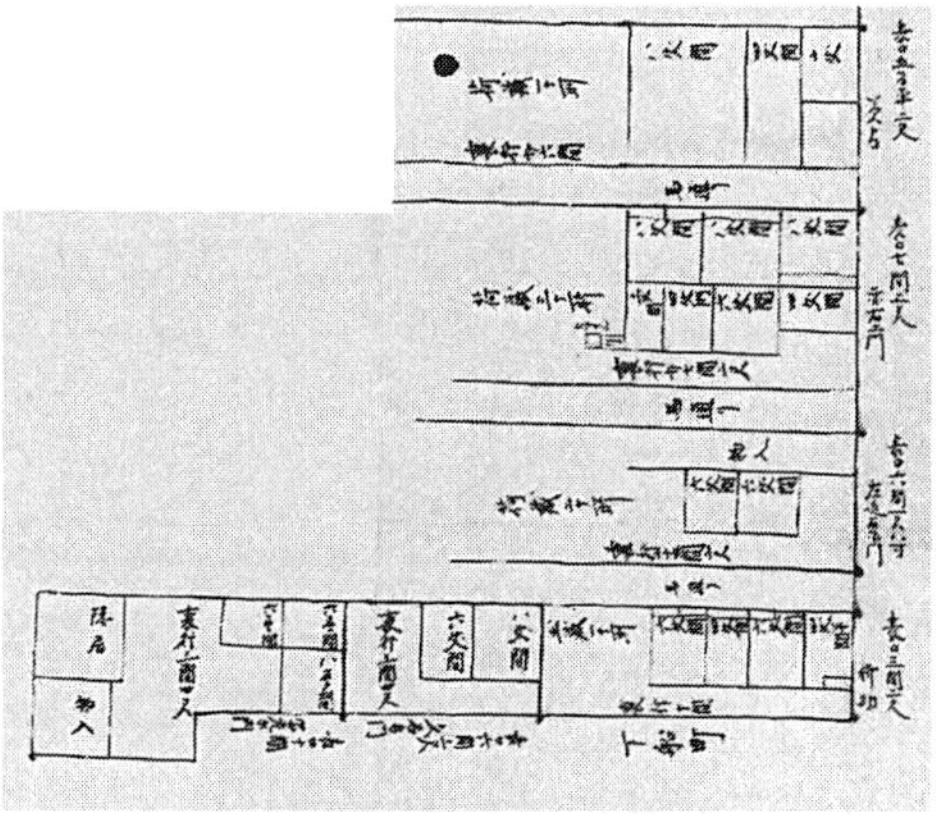

下船町切絵図　長浜町切絵図のうち
（部分、長浜城歴史博物館蔵）

上の2軒が船問屋の三四郎家（家主名は「員与《かずよ》」と記載）と又右衛門家、次の左近右衛門は船問屋ではないが「馬通り」を備えていた。

船問屋以外では、船問屋の丸子船持ちも含め丸子持ち10軒で12艘・借り艜持ち5軒・船大工1軒などを有する町であった。

この下船町のうち、北国街道沿いでない船片原町との間の北1～2・南1～4の6軒を「六軒《ろっけん》町《ちょう》」と称する呼び名があった。船持図から見ると、特に南側4軒は船片原町との並びにつながりを感じられる船持の町である。具体的には、伝左衛門［南1］は丸子船2艘持、十右衛門［南2］は船問屋・丸子船持であり、惣右衛門［南4］は船大工であった。

明治4年には、幕末の不況の影響で北国街道沿いの船問屋は、久右衛門《きゅうえもん》（西10、当時弥十郎《やじゅうろう》持の空き家）の1軒が減る。六軒町では、文化期ごろに「南3」へ船大工の文平《ぶんぺい》1軒が増え、六軒町では「南4」の惣次郎《そうじろう》とともに船大工が2軒になったと考えられる。

なお、現在も北国街道と六軒町をつないだ町道がせまいながら残されている。この道を通ると、江戸時代に長浜と近郊・北国・中京筋と大津・上方筋の荷駄がどれほどこの道を行き交ったのか想像させられる。長浜の歴史上、非常に重要な道であったと言えるだろう（昨年、この道の南側の建屋が撤去され、現在は空き地である）。

## 小船町——丸子船の町

小船町は、長浜町内で比較的大きな町で、享保15年（1730）当時で36軒あった。そのうち丸子船の船持が町内の9割（32軒）を占めており、長浜湊の丸子船の約半分（67艘中33艘）にあたり、まさに「丸子船持の町」であった。また、丸子船つきである橋船艜船も丸子船持が13艘を有しており、丸子船同様に長浜湊の半分を占めていた。その他の船は、借り艜船が1艘あるのみで、実質的な長浜湊の舟運を担っていた町とも言える。

長浜湊が整備された当時、堀筋で河岸に当たる船片原町13軒分の区画では、丸子船持の居住地を設ける場所がなく、計画的に丸子船持の集団居住地として小船町が形成された感がある。小船町は、堀筋や十一川など水辺に接している町ではないが、橋船艜船の項で述べたように、橋船艜船による沖泊りの丸子船への荷扱いを考えると、さほど不便には当たらなかったと思われる。なお、丸子船持の中に、屋敷は小さいが船問屋の佐介が「西1」に居住している。

また、道隣りの「東1」に元治元年（1864）「長浜町切絵図」では喜助《きすけ》が居住しており、明治4年（1871）の船員数調査では「喜平《きへい》」名で借り艜船持ちが居住している。町内の入口に位置することから、両者は、新問屋の喜兵衛《きへえ》の末裔と思われる。

この2軒の屋敷の規模からの推測だが、船問屋業は荷駄を保管する蔵などを持たなくても営めたのかもしれない。例えば、上方筋専用の船問屋とすると、荷駄は、近在・近郷との荷駄であるため、あらかじめ決められた日時に集配でき、丸子船の出船・着船に合わせて集配場所を一時保管場所にすることで蔵の役割を果たしていたのかもしれない。この2軒の船問屋の比較対象になるのが、下船町の5軒続きの船問屋である。これらの船問屋は、「大浦行き」の丸子船持であり、中継荷のような場合、丸子船の出船・着船に合わせて荷駄を集配することが困難であり、保管場所として蔵が必要だったと考えられる。同様の理由から、次に述べる船片原町・十一町などの船問屋は、下船町もふくめすべて堀筋などの水辺に近い所にあると考えられる。

明治4年にも、享保期と変わらず丸子船の町である。なお、橋船艜が、停止分として3艘増えているが、いつごろから使われていたか不明でもあり、実質的な増加とは言えない。

なお、小船町で町代も務めた油屋《あぶらや》彦十郎《ひこじゅうろう》［東7・8］は、文化2年「船用留」を残し、本書にとって貴重な情報を提供してくれた人物である。また、第1章で明治期に活躍した尾板六郎《おいたろくろう》は、「明治4年（1871）の長浜湊の船持図」にある「六郎」［西7］である。

## 船片原町——古い長浜湊の姿を残す多様な船持の町

船片原町は、町軒数は13軒と小さな片町である。船持が12軒あって9割以上を船持が占める船持の町である。

船片原町は、特徴別に3区域に分けることができる。町内の入口角から3軒目までは、丸子船持を兼ねる介三郎《すけさぶろう》［南1］・長左衛門《ちょうざえもん》［南2］・市兵衛《いちべえ》（久四郎）［南3］の船問屋区域である。このうち、市兵衛は「大浦行き」と「その他行き」の丸子船を持っている船問屋であり、北国筋・

現在の船片原町入口角（2022年撮影）
「船片原町」の石標が設置されている。

上方筋両方で舟運していた珍しい存在であった。隣町の六軒町十右衛門《じゅうえもん》［南2］と小船町佐介《さすけ》［西1］・元禄期まで存在した喜兵衛《きべえ》［東1］も加えると、6軒の船問屋があったことになり、下船町の問屋街と肩を並べる地域である（195ページの船持図参照）。また、隣町は丸子船の小船町であり、この地域は効率よい荷捌きが可能であったと考えられる。船片原町の角［南1］の介三郎《すけさぶろう》は一時期、船年寄役を務めた町代下郷《しもごう》助左衛門《すけざえもん》家であり、古い時代には実質的な長浜湊の中心的な地域だったと思われる。

「南4」からの第二の区域は、5軒並びの大艜船持の町である。町内の中央あたりの六左衛門《ろくざえもん》［南4］・太郎介《たろすけ》［南5］・弥治右衛門《やじえもん》［南6］・次郎右衛門《じろうえもん》［南7］・権平《ごんべい》［南8］で（元禄期には［南9］までの6軒並び）、このころ、長浜湊の大艜船持の4割程度が集中していた。

丸子船中心の江戸時代に、衰退期の大艜船持が集団で居住していることや、湊の発祥は河口付近に自然発生的にできることなどを考慮すると、船片原町は、古い長浜湊の姿を残している場所であるとも考えられる。また、町名のとおり、片町から六軒町を含めた通りの反対側は、堀筋の荷駄の集配場所として利用されていたと思われる。また、この集配場所には、「御詰米」にあたる年貢米などの一時保管の倉庫が設けられていた。長浜近在から陸路で運ばれてきた年貢米や舟運途中のものなどを一時的に保管されていたと思われる（昭和20年ごろまで3軒に蔵が残っていた）。その他の集配場所は、船大工の作業場など、さまざまに利用されていた。

第三の区域として、すでに第5章「3　船大工御免艜船」で述べたように、船入近くには3軒の船大工、伝四郎《でんしろう》［南9］・武太夫《ぶだゆう》（武平）［南11］・伝平事《でんぺいこと》（弟）七太夫《しちだゆう》［南13］が1軒飛びに並ぶ船大工町でもあった。湊入口付近が、船大工として立地条件がよかったと考えられる。当時最も河口の「南13」は前に述べたとおり伝兵衛家で、長浜での船大工発祥地と考えられる。その後、文化期から嘉永期ごろには、六軒町・船片原町に6軒中5軒の船大工が集中し、長浜湊の船大工地域であった。

明治4年（1871）には、船問屋の長左衛門［南2］にかわり、中艜《なかたたら》町の大艜船の船持であった甚助《じんすけ》が移り住む。よって船問屋が1軒減って2軒になり、大艜船は1軒増えて6軒となる。船大工も伝四郎［南9］は嘉永4年まで続くが、文四郎《ぶんしろう》が船大工を廃業し2軒に減る。さらに河口に1軒［南14］借り艜持ちの吉平《きちべい》が増え、14軒の町になる。

以上から、船片原町は、小規模であるが多様な船持が居住していた町であったことがわかる。

大艜船持に関する追記として、延宝3年（1675）「江州坂田郡長浜古城跡御検知帳」によれば、大艜船持はすべて古城跡に畑を持っており、古くから居住していたことがうかがえる。

## 中艜町——船乗りの町

中艜町の軒数は、19軒中5軒（丸子船持ち1軒、借り艜持ち2軒、大艜船2軒）が船持であり、割合では26％にすぎない。明治4年にも、軒数が14軒中4軒で29％（丸子船持1軒、借り艜持ち2軒、大艜船持1軒）であり、割合からすると船持の町とは言えない。船持のうちで目につくのは大艜船の元締役である船庄屋作十郎《さくじゅうろう》［西26］が居住していたことである。

元禄8年（1695）「大洞寄進帳」では11軒中貸し家が6軒と半数以上あり、中艜町は船持の町ではないが、湊沿いの町であることを考えると、船を操船する加子や漕ぎ手、あるいは湊で働く人々の居住場所だったのではないだろうか。すなわち、船乗りの町であったものと思われる。丸子船持は、自身や家族で船を操作する船持もいたが、多くの船持は「旦那衆《だんなしゅう》」と呼ばれ、加子に運航を任せていたとされる。長浜湊の機能のかなりの面は、中艜町に暮らす人々が支えていたとも考えられる。

江戸時代における中艜町の軒数・貸し家・空き家数の推移をまとめると、上の表6-2のとおりである。

表6-2　中艜町の空き家と貸し家
（享保15年「御改長浜人数留」、元禄8年「大洞寄進帳」、「長浜町切絵図」をもとに作成）

| 和暦（西暦） | 町軒数 | 空き家 | 貸し家 |
|---|---|---|---|
| 慶安3年（1650） | 11 | 3 | （不明） |
| 元禄8年（1695） | 11 | （不明） | 6 |
| 享保15年（1730） | 27 | 8 | （不明） |
| 文化3年（1806） | 34 | （不明） | （不明） |
| 元治元年（1864） | 31 | 17 | （不明） |

屋敷の軒数は、慶安3年の11軒から文化3年の34軒まで増加している。その後、幕末までほぼ変わらないが、空き家が幕末（元治元年）には、半分以上に達することになる。これは、すでに述べたように、天保期以後、長浜湊が不況によって衰退した結果、中艜町在住の加子が減り、空き家が増えたことを裏づけているとも考えられる。

**中艜町と川向の区分**

「長浜町切絵図」によると、中艜町は浄国寺（艜橋）の付近から南北の通りを南に下がり東西に曲がって2軒目までと記載されている。よって、当時3軒目以降の東西の通りで大通寺別荘までが「川向」であったと考えられる。

しかし、長浜町の古地図の中には、浄国寺付近から「川向」と表記される例もある。その理由は、長浜築城当時は中艜地域が城内にあたり、堀筋左岸の町々から見て川の向側として「川向」と呼ばれていたためと考えられる。その後、廃城にともない町屋が建ち始め、町名として「中艜町」と呼ばれるようになり、慶安ごろには、10軒程度の狭い範囲が呼ばれていた。

その後、中艜町は発展を遂げて町家が増え、「長浜町切絵図」に描かれた範囲にまで広がったと考えられる。また、幕末ごろには表5-5「明治4年の借り艜船」にあるように、中艜町以外の区域を、正式な町ではないが、昔の呼び方のまま「川向」と呼んだのだろう。よって、本書では、中艜町に続く北側7軒と南側5軒の合計12軒を川向とした（図6-1・図6-2の船持図参照）。

## 川向——新しい借り艜船（田地養船）の船持の町

享保15年（１７３０）には借り艜船の船持として中艜町に「利平《りへい》」が見られる。しかし、明治４年になると、借り艜持ち（田地養船）として「川向利平」が記載されている。よって享保15年当時にも利平は、当時町名のない川向［南１］に住んでいたと考えられる。

明治４年（１８７１）には、利平以外に、勘平《かんぺい》・友八《ともはち》・与三八《よさはち》・九平次《くへいじ》・源五郎《げんごろう》（２艘）・十次郎《じゅうじろう》・泉吉《せんきち》・十三郎《じゅうざぶろう》の８名が借り艜船を持ち、９軒10艘の借り艜船（田地養船《でんちやしないぶね》）の船持の町になる（このうち利平以外では、九平次のみが住所を確定できた）。残りの７軒（７名）は、当時の土地台帳には名前が見当たらないため、貸し家と考えられる。

よって、川向は、享保15年当時には１軒であったが、その後空き地であった川向に、船片原町など左岸の船持の町から分家の地として移り住み、明治４年には、借り艜持ちが町軒数10軒中９軒10艘にまで増えたと考えられる。

中艜町が「船持ちでない船乗りの町」であるのに対し、川向は「借り艜船の船持の町」であり、長浜湊口に位置することなどを考えると、主に橋船艜の役割を担ったり、湊周辺への舟運、漁猟、農業用肥料となる藻の採取など多岐の仕事に従事していたものと思われる。

なお、不況時期の江戸末期において、川向の10艘の借り艜のうち９艘が稼業しており、休船の１艘は２艘持ち「源五郎」の１艘で、残り９軒の各１艘は稼働状態であり、当時比較的活気のある町であったと思われる。

## 十一町——第二の長浜湊乗船場のある町

十一町は、長浜町のうち北国街道沿いの最南部にあたり、名前のとおり十一川の河口に位置する町である。この河口部は、琵琶湖周辺に多数点在した船着き場の姿を残す物静かな私の好きな場所でもある。

享保15年（1730）には、軒数28軒に対し船持10軒で、4割近くが船持の町である。船問屋四《し》郎《ろう》右衛門《えもん》（丸子船なし）を中心に、丸子船持2軒、借り艜船持3軒と、船片原町同様に大艜船の船持が当時4軒あり、古い湊の状況を残していた。

さらに、文化期には船大工浅右衛門《あさえもん》が入居し、十一町に湊町の機能がそろい、小規模ではあるが長浜湊の補助的な脇湊としての機能を持つ町となった。

十一町の特徴は、押切早船や脇小丸子船の船着き場であったことである。荷駄中心の長浜湊と区分され、商人等旅人のための乗船場として利用されていたことである。旅人にとって、北国街道沿いで町の南端部に位置し、乗人にとって多少不便ながら、荷駄が行き交う雑踏の長浜湊より、静寂な十一町の乗船場が適していたと思われる。乗船場所は十一川橋横の「川戸」（「長浜町切絵図」に記載あり）を通し、乗り降りしていたと考えられる。

明治4年（1871）には、借り艜船持・大艜船持がそれぞれ1軒に減り、船持割合は3割を下回る。しかし、丸子船持が1軒増えて3軒となり、船数で見た場合、2艘から5・5艘に増える。そのうち小丸子船が2・5艘増え、荷駄の舟運から旅人と商人などの増加に対応した結果と考えられる。

## 下田町――田地養船の町

隣町の下田町も十一川に隣接する地域であり、十一川河口の湊に付属していた地域と考えられる。河口から十一川沿いに、下田町あたりにも多くの船が係留されていたと思われる。

享保15年には、船持7軒（30％）で丸子船持1軒（大小1艘宛）を除いて、借り艜船持7軒の町であり、借り艜船中心の町であった。

明治4年にも、休船分も含め船持13軒（57％）と増加し、そのうち借り艜船持が11軒に増加している。ちなみに、他の町と比べると、享保15年と明治4年ともに借り艜は一番多く、主に農業中心に使われていたと考えられる「田地養船」の町である。

上・中・下と並ぶ3町を田地養船（借り艜船）の数で比較してみると、享保15年では上田町・中田町ともに0艘、下田町は7艘であり、明治4年には上田町2艘・中田町7艘に比べ、下田町は11艘である。十一川に近い下田町が特に農業従事者が多く、その結果、田地養船として多く使われていたと考えられる。

### その他の町――借り艜船の活用

最後に長浜湊付近にない町について述べる。具体的には伊部町・三ツ屋町・瀬田町・大手町・西本町・郡上町・紺屋《こんや》町・八幡町などであるが、これらの町中にも借り艜船持が存在する。稼業の状況や年代とともに持ち主は変わっていることが多いが、享保15年には合計10艘、明治4年にも14艘と、町中各町に存在する。これらの町は、屋敷裏などの水路を介して米川などとつながっており、米川沿いに湊河口へも出られ、長浜湊や古城跡の畑地や長浜湊近郊へも行けた。

このように船数は少ないが、町中に借り艜船持が存在した事実は、稼業の荷駄などの舟運のため、長浜町内に巡らせられた水路も舟運に利用されていたことを証明するものと思われる。

これら町中の借り艜船の係留地として、大手片原《おおてかたはら》町の堀筋が利用されていたと思われる。また、その大手片原町には、明治4年には小丸子船の船持が1軒あり、近隣まで乗人の輸送に使っていたものと思われる。

湊町の各町として述べてきた周辺は、「旅籠屋の町」でもあり、嘉永6年（1853）の時点で北国街道筋の各町には、次のように長浜町の旅籠38軒の半数に相当する19軒の旅籠屋があった。

十一町4軒、稲荷《いなり》町7軒、下船町3軒、上船町5軒

特に、乗船場に当たる十一町や北隣の稲荷町には多く、その数は11軒にのぼっている。

## 今も曳山祭で異彩を放つ船町

江戸時代の各町は明治10年代に再編・合併がおこなわれて数が減り、さらに昭和40年（1965）の住居表示の施行によって、米川より東、鞴橋から北は元浜《もとはま》町、南は朝日《あさひ》町、米川より西は北船《きたふな》町と港《みなと》町という町名に変わった。旧町名は今も自治会名として残るので、地元では江戸時代の区割の町名が使われることの方が多い。長浜曳山祭の山組名も住民には違和感のないものである。

羽柴秀吉が町人に与えた砂金を元手に曳山を造営したのが始まりと伝わる曳山祭は、曳山上で子ども歌舞伎（地元では「狂言《きょうげん》」と称する）が演じられることで知られ、長浜52町が13の山組を組織している。このうち、船町《ふなまち》組（上船町・下船町・稲荷町・十一町）と小舟町《こふなまち》組（小船町・船片原町）の曳山は異彩を放つ。船町組の猩々《しょうじょう》丸《まる》は正面に船首を取りつけた御座船型と呼ばれる形をしている（6章扉写真参照）。小舟町組の長刀山《なぎなたやま》は他の曳山とはまったく形状が異なり、子ども歌舞伎は演じられない。小舟町組は巨大な木太刀《きだち》を携えた鎧《よろい》武者《むしゃ》姿の子どもと若衆が八幡宮に参拝する「太刀渡り」という行事を担当している。初期祭礼の練物《ねりもの》を継承したもので、正保《しょうほう》3年（1646）に町年寄十人衆から引き継いだとされる。

小舟町組の「太刀渡り」（長浜観光協会提供）

| 資料名 | 明治4年(1871)船員数調査　舟運100 | | | | | | | | | |
|---|---|---|---|---|---|---|---|---|---|---|
| 町名 | 町軒数 | 船持 | 船持割合(%) | 船問屋 | 丸子船 | 橋船艜 | 借り艜 | 船大工船 | 大艜船 | 船数合計 |
| 上船町 | 22 | 2 | 9 | 1 | 2 | 2 | 1 | 0 | 0 | 5 |
| 下船町 | 41 | 14 | 34 | 5 | 10 | 5 | 2 | 2 | 0 | 19 |
| 小船町 | 34 | 34 | 100 | 1 | 35.5 | 16 | 3 | 0 | 0 | 55 |
| 船片原町 | 15 | 14 | 93 | 2 | 5 | 2 | 5 | 2 | 6 | 20 |
| 稲荷町 | 23 | 3 | 13 | 0 | 2 | 0 | 2 | 0 | 0 | 4 |
| 十一町 | 30 | 7 | 23 | 1 | 5.5 | 1 | 1 | 1 | 1 | 10 |
| 大安寺町 | 12 | 4 | 33 | 0 | 2 | 2 | 2 | 0 | 0 | 6 |
| 南新町 | 18 | 3 | 17 | 0 | 1 | 0 | 2 | 0 | 1 | 4 |
| 上田町 | 19 | 1 | 5 | 0 | 0 | 0 | 2 | 0 | 0 | 2 |
| 中田町 | 28 | 8 | 29 | 0 | 1 | 0 | 7 | 0 | 0 | 8 |
| 下田町 | 23 | 13 | 57 | 0 | 3 | 0 | 11 | 0 | 0 | 14 |
| 中鞴町 | 14 | 4 | 29 | 0 | 1 | 0 | 2 | 0 | 1 | 4 |
| 川向 | 12 | 9 | 75 | 0 | 0 | 0 | 10 | 0 | 0 | 10 |
| 大手片原町 | 31 | 7 | 23 | 0 | 1 | 0 | 8 | 0 | 0 | 9 |
| 伊部町 | 49 | 5 | 10 | 0 | 0 | 0 | 5 | 0 | 0 | 5 |
| 三ツ屋町 | | | | | | | | | | 0 |
| 瀬田町 | | | | | | | | | | 0 |
| 大手町 | 33 | 1 | 3 | 0 | 0 | 0 | 1 | 0 | 0 | 1 |
| 西本町 | | | | | | | | | | 0 |
| 郡上町 | 38 | 1 | 3 | 0 | 0 | 0 | 1 | 0 | 0 | 1 |
| 紺屋町 | 22 | 1 | 5 | 0 | 0 | 0 | 1 | 0 | 0 | 1 |
| 八幡町 | 41 | 1 | 2 | 0 | 0 | 0 | 2 | 0 | 0 | 2 |
| 大通寺別荘 | | | | | | | | | | |
| 合計 | 505 | 132 | | 10 | 69 | 28 | 68 | 5 | 9 | 179 |

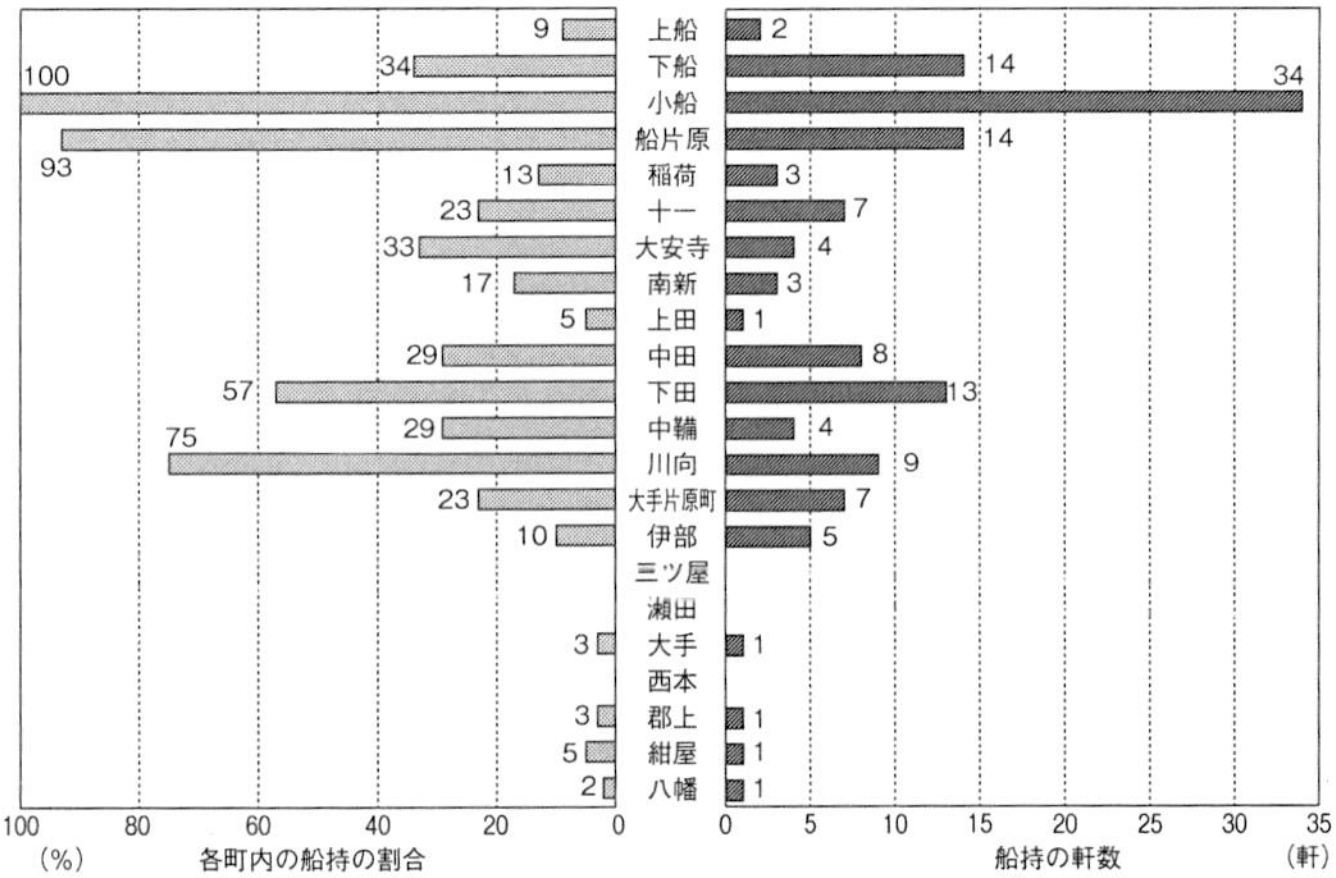


図6-4　明治4年(1871)の各町の船持軒数と町内における割合

表６-３　長浜湊各町の船持数

| 資料名 | 享保15年（1730）　船方諸事留帳　舟運補62 | | | | | | | | | |
|---|---|---|---|---|---|---|---|---|---|---|
| 町名 | 町軒数 | 船持 | 船持割合（%） | 船問屋 | 丸子船 | 橋船艜 | 借り艜 | 船大工船 | 大艜船 | 船数合計 |
| 上船町 | 21 | 3 | 14 | 1 | 2 | 2 | 2 | 0 | 0 | 6 |
| 下船町 | 34 | 16 | 47 | 6 | 12 | 5 | 5 | 1 | 0 | 23 |
| 小船町 | 36 | 32 | 89 | 1 | 33 | 13 | 1 | 0 | 0 | 47 |
| 船片原町 | 13 | 12 | 92 | 3 | 5 | 2 | 0 | 3 | 5 | 15 |
| 稲荷町 | 23 | 2 | 9 | 0 | 2 | 0 | 2 | 0 | 0 | 4 |
| 十一町 | 28 | 10 | 36 | 1 | 2 | 1 | 4 | 0 | 4 | 11 |
| 大安寺町 | 12 | 2 | 17 | 0 | 3 | 2 | 0 | 0 | 0 | 5 |
| 南新町 | 17 | 5 | 29 | 0 | 2 | 0 | 2 | 0 | 1 | 5 |
| 上田町 | 17 | 3 | 18 | 0 | 2 | 0 | 0 | 0 | 1 | 3 |
| 中田町 | 29 | 1 | 3 | 0 | 1 | 0 | 0 | 0 | 0 | 1 |
| 下田町 | 23 | 7 | 30 | 0 | 2 | 0 | 7 | 0 | 0 | 9 |
| 中鞴町 | 19 | 5 | 26 | 0 | 1 | 0 | 3 | 0 | 2 | 6 |
| 川向 | 12 | 1 | 8 | 0 | 0 | 0 | 1 | 0 | 0 | 1 |
| 大手片原町 | 31 | 1 | 3 | 0 | 0 | 0 | 1 | 0 | 0 | 1 |
| 伊部町 | 49 | 1 | 2 | 0 | 0 | 0 | 1 | 0 | 0 | 1 |
| 三ツ屋町 | 24 | 2 | 8 | 0 | 0 | 0 | 3 | 0 | 0 | 3 |
| 瀬田町 | 19 | 1 | 5 | 0 | 0 | 0 | 1 | 0 | 0 | 1 |
| 大手町 | 33 | 2 | 6 | 0 | 0 | 0 | 2 | 0 | 0 | 2 |
| 西本町 | 19 | 1 | 5 | 0 | 0 | 0 | 1 | 0 | 0 | 1 |
| 郡上町 | | | | | | | | | | |
| 紺屋町 | | | | | | | | | | |
| 八幡町 | | | | | | | | | | |
| 大通寺別荘 | （伝馬送艜船） | | | | | | | | | |
| 合計 | 459 | 107 | | 12 | 67 | 25 | 36 | 4 | 13 | 145 |

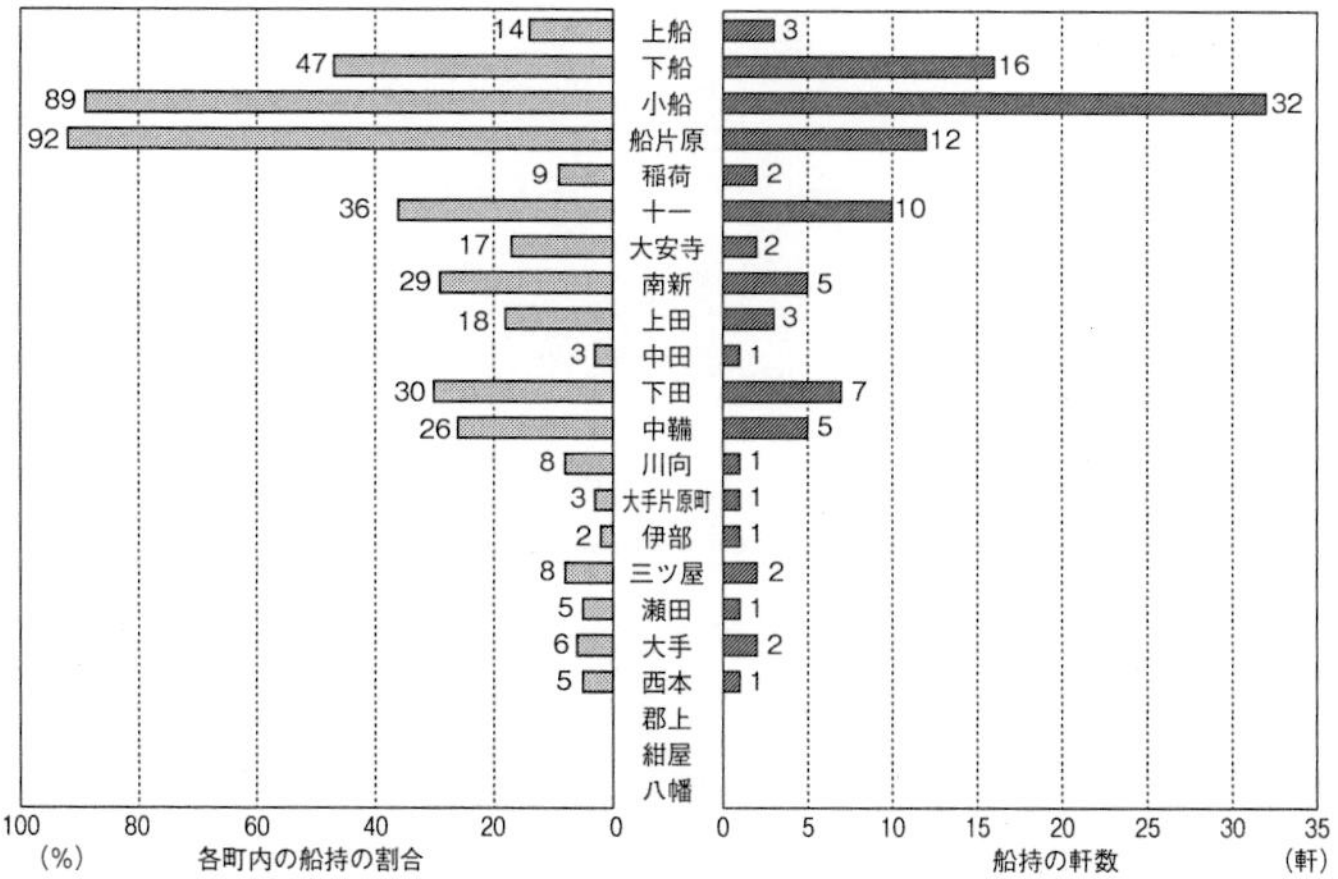


図６-３　享保15年（1730）の各町の船持軒数と町内における割合

| 和暦（西暦） | 享保15年（1730） | | | | | | | | | 元治元年（1864） | | 明治4年（1871） | | | | | | | |
|---|---|---|---|---|---|---|---|---|---|---|---|---|---|---|---|---|---|---|---|
| 史料名 | 船方諸事留帳　舟運補62（町名は長浜人数留） | | | | | | | | | 長浜町切絵図 | | 船員数調査　舟運100 | | | | | | | |
| 町名 | 船持名 | 船問屋 | 丸子船 | 橋船艜船 | 借り艜船 | 船大工船 | 大艜船 | 船数合計 | 住居位置 | 船持名 | 住居位置 | 船持名 | 船問屋 | 丸子船 | 橋船艜船 | 借り艜船 | 船大工船 | 大艜船 | 船数合計 |
| | 佐介 | 1 | 1 | | | | | | | 佐介 | 西1 | 七治郎 | 1 | 1.5● | | | | | |
| | 長右衛門 | | 1 | | | | | | | 長右衛門 | 西2 | 長五郎 | | 1● | | | | | |
| | 新四郎 | | 1 | | | | | | | | 西3 | 新四郎 | | 1● | | | | | |
| | 忠左衛門 | | 1 | | | | | | | 忠左衛門 | 西4 | 忠七 | | 1● | | | | | |
| | 次兵衛 | | 2 | 1 | | | | | | 六右衛門持 | 西5 | 治平 | | 2● | 1 | | | | |
| | 左次兵衛 | | 1 | 1 | | | | | | 左二兵衛 | 西6 | 左次平 | | 1● | 1 | | | | |
| | 六右衛門 | | 1 | | | | | | | 六右衛門 | 西7 | 六郎 | | 1 | 1● | | | | |
| | 徳兵衛 | | 1 | 1 | | | | | | 弥兵衛 | 西8 | 徳平 | | 1● | | | | | |
| | 甚太郎 | | 1 | | | | | | | | 西9 | 甚太郎 | | 1 | | | | | |
| | 小右衛門 | | 1 | 1 | | | | | | 小右衛門 | 西10 | 小治郎 | | 1 | 1 | | | | |
| | 伝介 | | 1 | 1 | | | | | | 伝介 | 西11 | 伝蔵 | | 1 | 1 | | | | |
| | 三九郎 | | 1 | | | | | | | | 西12 | 三九郎 | | 1 | 1● | | | | |
| | 又介 | | 1 | 1 | | | | | | 又助 | 西13 | 又蔵 | | 1 | 1 | | | | |
| | 与右衛門 | | 1 | | 1 | | | | | 与右衛門 | 西14 | 与平 | | 1 | 1 | | | | |
| | 惣介 | | 1 | 元文2年まで | | | | | | 喜助 | 東1 | 喜平 | | 1 | | 1 | | | |
| | 善太郎 | | 1 | | | | | | | | 東2 | 善太郎 | | 1 | | | | | |
| 小船町 | 市右衛門 | | 1 | | | | | | | 市右衛門 | 東3 | 徳次郎 | | 1● | | | | | |
| | 与吉 | | 1 | 1 | | | | | | | 東4 | 与吉 | | 1● | 1 | | | | |
| | 孫右衛門 | | 1 | | | | | | | 孫右衛門 | 東5 | 孫平 | | 1 | 1● | | | | |
| | 弥惣 | | 1 | 1 | | | | | | 弥惣 | 東6 | 弥宗 | | 1● | 1 | | | | |
| | 彦十郎 | | 1 | 1 | | | | | | | 東7/8 | 彦十郎 | | 1● | 1 | | | | |
| | 次郎介 | | 1 | | | | | | | 治郎介 | 東9 | 治郎平 | | 2 | | | | | |
| | 彦右衛門 | | 1 | | | | | | | 彦右衛門 | 東10 | 彦市 | | 2● | | | | | |
| | 甚兵衛 | | 1 | 1 | | | | | | 甚兵衛 | 東11 | 甚平 | | 1 | 1 | | | | |
| | 久兵衛 | | 1 | 1 | | | | | | 久兵衛 | 東12 | 久平 | | 1.5 | 1 | | | | |
| | 源太郎 | | 1 | | | | | | | | 東14 | 源太郎 | | 1 | | 1 | | | |
| | 仁兵衛 | | 1 | 1 | | | | | | | 東15 | 仁平 | | 1 | 1 | | | | |
| | 与惣次 | | 1 | | | | | | | | 東13 | 与三次 | | 1.5 | | | | | |
| | 半兵衛 | | 1 | | | | | | | 半兵衛 | 東18 | 半四郎 | | 1 | | | | | |
| | 又十郎 | | 1 | 1 | | | | | | | 東19 | 又十郎 | | 1 | 1 | | | | |
| | 善右衛門 | | 1 | | | | | | | | 東20 | 善四郎 | | | | | | | |
| | 又次 | | 1 | | | | | | | 里よ | 東16 | 又次 | | | | | | | |
| | | | | | | | | | | | 東17 | 藤元／吉 | | | | 1● | | | |
| | | | | | | | | | | | 西4裏 | 伝次郎 | | 1 | 下船町伝次の分家丸子船分ける | | | | |
| 町軒数　36 | 32 | 1 | 33 | 13 | 1 | 0 | 0 | 47 | | 町軒数　34 | | 34 | 1 | 35.5 | 16 | 3 | 0 | 0 | 54.5 |

表6-4　長浜湊各町の船持と持ち船

● 休船／水入

| 和暦（西暦） | 享保15年（1730） | | | | | | | | | 元治元年（1864） | | 明治4年（1871） | | | | | | | |
|---|---|---|---|---|---|---|---|---|---|---|---|---|---|---|---|---|---|---|---|
| 史料名 | 船方諸事留帳　舟運補62（町名は長浜人数留） | | | | | | | | | 長浜町切絵図 | | 船員数調査　舟運100 | | | | | | | |
| 町名 | 船持名 | 船問屋 | 丸子船 | 橋船艜船 | 借り艜船 | 船大工船 | 大艜船 | 船数合計 | 住居位置 | 船持名 | 住居位置 | 船持名 | 船問屋 | 丸子船 | 橋船艜船 | 借り艜船 | 船大工船 | 大艜船 | 船数合計 |
| 上船町 | 三左衛門 | 1 | 2 | 2 | | | | | | | 西6 | 俊治 | 1 | 2● | 2 | | | | |
| | 市右衛門 | | | | 1 | | | | | | | | | | | | | | |
| | 次郎兵衛 | | | | 1 | | | | | | | | | | | | | | |
| | | | | | | | | | | 善左衛門 | 西4？（空家） | 善十郎 | | | | 1 | | | |
| 町軒数　21 | 3 | 1 | 2 | 2 | 2 | 0 | 0 | 6 | | 町軒数　22 | | 2 | 1 | 2 | 2 | 1 | 0 | 0 | 5 |
| 下船町 | 三四郎 | 1 | 1 | 1 | | | | | | 員与 | 西11 | 三四郎 | 1 | 1● | 1 | | | | |
| | 久右衛門 | 1 | 1 | 元文2年まで | | | | | 西10 | | 西10空家 | | | | | | | | |
| | 又右衛門 | 1 | 1 | 1 | | | | | | 又右衛門 | 西12 | 武七 | 1 | 1● | 1 | | | | |
| | 十右衛門 | 1 | 1 | 1 | | | | | | 十右衛門 | 南2 | 重平 | 1 | 1 | 1 | | | | |
| | 三郎左衛門 | 1 | | | | | | | | | 西9 | 乙三郎 | 1 | | | | | | |
| | 左近右衛門（茂平事） | | 1 | | | | | | | 左近右衛門 | 西13 | 茂平 | | 1● | | | | | |
| | 弥次兵衛 | 1 | 1 | 1 | | | | | | 弥二兵衛 | 西8 | 弥次兵衛 | 1 | 1● | 1 | | | | |
| | 覚左衛門 | | 1 | | | | | | | 七右衛門 | 東17 | 七平 | | 1● | | | | | |
| | 伝左衛門（伝次事） | | 2 | 1 | | | | | | 伝左衛門 | 南1 | 伝次 | | 1● | 1 | | | | |
| | 弥吉 | | 1 | | | | | | | 弥平？ | 東12 | 弥吉 | | 1● | | | | | |
| | 清兵衛 | | 2 | | 1 | | | | | 清兵衛 | 東6 | 瀬平 | | 2● | | | | | |
| | 忠右衛門（酒屋） | | | | 1 | | | | | 忠右衛門 | 西5 | 忠平 | | | | 1 | | | |
| | 勘兵衛（灰屋） | | | | 1 | 文化2年まで | | | 東8空家？ | | | | | | | | | | |
| | 忠三郎 | | | | 1 | | | | 東5 | | | | | | | | | | |
| | 六右衛門 | | | | 1 | | | | 西2 | | | | | | | | | | |
| | 惣左衛門 | | | | | 1 | | | 南4 | | 南4空家 | 惣次郎 | | | | | 1 | | |
| | | | | | | | | | | 文右衛門 | 南3 | 文平 | | | | | 1 | | |
| | | | | | | | | | | 与兵衛 | 東7 | 与平 | | | | 1 | | | |
| 町軒数　34 | 16 | 6 | 12 | 5 | 5 | 1 | 0 | 23 | | 町軒数　41 | | 14 | 5 | 10 | 5 | 2 | 2 | 0 | 19 |

| 和暦(西暦) | 享保15年(1730) | | | | | | | | | 元治元年(1864) | | 明治4年(1871) | | | | | | | |
|---|---|---|---|---|---|---|---|---|---|---|---|---|---|---|---|---|---|---|---|
| 史料名 | 船方諸事留帳　舟運補62(町名は長浜人数留) | | | | | | | | | 長浜町切絵図 | | 船員数調査　舟運100 | | | | | | | |
| 町名 | 船持名 | 船問屋 | 丸子船 | 橋船艜船 | 借り艜船 | 船大工船 | 大艜船 | 船数合計 | 住居位置 | 船持名 | 住居位置 | 船持名 | 船問屋 | 丸子船 | 橋船艜船 | 借り艜船 | 船大工船 | 大艜船 | 船数合計 |
| 町軒数　12 | 2 | 0 | 3 | 2 | 0 | 0 | 0 | 5 | | 町軒数　12 | | 4 | 0 | 2 | 2 | 2 | 0 | 0 | 6 |
| 南新町 | 与四郎 | | 1 | | | | | | | | 南10 | 与四郎 | | 1● | | | | | |
| | 七郎兵衛 | | 1 | 明和元年まで | | | | | 北3 | 七左衛門 | | | | | | | | | |
| | 加兵衛 | 元文2年まで | | | 1 | | | | 北1 | | | | | | | | | | |
| | 勘七 | 享保15年まで | | | 1 | | | | 南11 | | | | | | | | | | |
| | 四郎兵衛 | | | | | | 1 | | | | 南8 | 四郎平 | | | | | | 1 | |
| | | | | | | | | | | | ? | 作次郎 | | | | 2● | | | |
| 町軒数　17 | 5 | 0 | 2 | 0 | 2 | 0 | 1 | 5 | | 町軒数　18 | | 3 | 0 | 1 | 0 | 2 | 0 | 1 | 4 |
| 上田町 | 甚九郎 | | 1 | 元文2年に十一町へ | | | | | 東2 | | | | | | | | | | |
| | 惣兵衛 | | 1 | 元文2年まで | | | | | ? | | | | | | | | | | |
| | 惣治郎 | | 享保15年まで | | | | 1 | | ? | | | | | | | | | | |
| | | | | | | | | | | 五平 | 東7 | 権平 | | | | 2 | | | |
| 町軒数　17 | 3 | 0 | 2 | 0 | 0 | 0 | 1 | 3 | | 町軒数　19 | | 1 | 0 | 0 | 0 | 2 | 0 | 0 | 2 |
| 中田町 | 次郎兵衛 | | 1 | | | | | | | 次郎兵衛 | 東9 | 弥次平? | | 1 | | | | | |
| | | | | | | | | | | 善松 | 西11? | 善吉 | | | | 1 | | | |
| | | | | | | | | | | 與惣右衛門 | 西14 | 与平 | | | | 1● | | | |
| | | | | | | | | | | 又次 | 東12 | 又市 | | | | 1● | | | |
| | | | | | | | | | | 藤次郎 | 西8 | 藤五郎 | | | | 1● | | | |
| | | | | | | | | | | | 東13 | 忠平 | | | | 1 | | | |
| | | | | | | | | | | 又右衛門 | 東11 | 又蔵 | | | | 1● | | | |
| | | | | | | | | | | 久右衛門 | 西4 | 九平 | | | | 1● | | | |
| 町軒数　29 | 1 | 0 | 1 | 0 | 0 | 0 | 0 | 1 | | 町軒数　28 | | 8 | 0 | 1 | 0 | 7 | 0 | 0 | 8 |
| 下田町 | 介十郎 | | 2 | | 1 | | | | | | 東10 | 岩次郎 | | 2● | | | | | |
| | 市右衛門 | 元文2年まで | | | 1 | | | | 西2 | 市造 | | | | | | | | | |
| | 長左衛門(塩屋) | 安政2年まで | | | 1 | | | | 東10 | (空家) | | | | | | | | | |
| | 彦次郎 | | | | 1 | | | | 東9 | 彦次郎 | | | | | | | | | |
| | 太兵衛 | 嘉永7年まで | | | 1 | | | | 東11 | 藤兵衛 | | | | | | | | | |
| | 善七 | | | | 1 | | | | 西11 | 善五郎 | | | | | | | | | |
| | 久右衛門 | | | | 1 | | | | | 久右衛門 | 西8 | 久平 | | | | 1 | | | |
| | | 船片原　長左衛門　文化12年までその後→善五郎へ? | | | | | | | | | 西11 | 善五郎 | | 1● | | | | | |
| | | | | | | | | | | 久左衛門 | 東7 | 久次郎 | | | | 1 | | | |
| | | | | | | | | | | | 東8 | 清五郎 | | | | 1 | | | |
| | | | | | | | | | | 忠次 | 東5 | 忠次郎 | | | | 1 | | | |
| | | | | | | | | | | 武右衛門 | 東6 | 武平 | | | | 1● | | | |
| | | | | | | | | | | | 西10 | 岩蔵 | | | | 1● | | | |
| | | | | | | | | | | 市平後家 | 西7 | 市治郎 | | | | 1● | | | |
| | | | | | | | | | | 与十右衛門 | 東4 | 与三郎 | | | | 1● | | | |
| | | | | | | | | | | | | 佐平 | | | | 1● | | | |
| | | | | | | | | | | | 東11 | 籐平 | | | | 1 | | | |
| | | | | | | | | | | | 西9 | 小太郎 | | | | 1 | | | |
| 町軒数　23 | 7 | 0 | 2 | 0 | 7 | 0 | 0 | 9 | | 町軒数　23 | | 13 | 0 | 3 | 0 | 11 | 0 | 0 | 14 |

| 和暦（西暦） | 享保15年（1730） | | | | | | | | | 元治元年（1864） | | 明治４年（1871） | | | | | | | |
|---|---|---|---|---|---|---|---|---|---|---|---|---|---|---|---|---|---|---|---|
| 史料名 | 船方諸事留帳　舟運補62（町名は長浜人数留） | | | | | | | | | 長浜町切絵図 | | 船員数調査　舟運100 | | | | | | | |
| 町名 | 船持名 | 船問屋 | 丸子船 | 橋船艜船 | 借り艜船 | 船大工船 | 大艜船 | 船数合計 | 住居位置 | 船持名 | 住居位置 | 船持名 | 船問屋 | 丸子船 | 橋船艜船 | 借り艜船 | 船大工船 | 大艜船 | 船数合計 |
| 船片原町 | 介三郎 | 1 | 1 | 1 | | | | | | | 南１ | 助三郎 | 1 | 1● | 1 | | | | |
| | 長左衛門 | 1 | 1 | 文化12年まで。その後、善五郎継ぐ（下田西11） | | | | | | 甚助 | 南２ | 甚助 | | | | 1 | | 1 | |
| | 市兵衛 | 1 | 2 | 1 | | | | | | 市平 | 南３ | 久四郎 | 1 | 2● | 1 | | | | |
| | 六左衛門 | | | | | | 1 | | | | 南４ | 六左衛門 | | | | | | 1 | |
| | 太郎介 | | | | | | 1 | | | | 南５ | 太郎介 | | | | | | 1 | |
| | 弥治右衛門 | | | | | | 1 | | | | 南６ | 弥治右衛門 | | | | | | 1 | |
| | 次郎右衛門 | | | | | | 1 | | | | 南７ | 奥右衛門 | | | | | | 1 | |
| | 權平 | | | | | | 1 | | | | 南８ | 權平 | | | | | | 1 | |
| | 伝四郎 | | | | | 1 | 船大工甚平で嘉永４年まで | | | 文四郎 | 南９ | （船大工廃業） | | | | | | | |
| | 作左衛門 | | 1 | | | | | | | 作左衛門 | 南10 | 作七 | | 2● | | 1● | | | |
| | 武太夫 | | | | | 1 | | | | | 南11 | 武平 | | | | | 1 | | |
| | 七太夫（伝平事） | | | | | 1 | | | | | 南13 | 伝平 | | | | | 1 | | |
| | | | | | | | | | | | 南９裏 | 吉次郎 | | | | 1 | | | |
| | | | | | | | | | | | 南12 | 彦八 | | | | 1 | | | |
| | | | | | | | | | | | 南14 | 吉平 | | | | 1 | | | |
| 町軒数　13 | 12 | 3 | 5 | 2 | 0 | 3 | 5 | 15 | | 町軒数　15 | | 14 | 2 | 5 | 2 | 5 | 2 | 6 | 20 |
| 稲荷町 | 久二郎 | | 1 | | 1 | | | | | 久次郎 | 西11 | 久二郎 | | 1 | | | | | |
| | 嘉左衛門 | | 1 | | 1 | | | | | 加内 | 西13 | 嘉内 | | 1 | | 1 | | | |
| | | | | | | | | | | | ？ | 甚七 | | | | 1● | | | |
| 町軒数　23 | 2 | 0 | 2 | 0 | 2 | 0 | 0 | 4 | | 町軒数23 | | 3 | 0 | 2 | 0 | 2 | 0 | 0 | 4 |
| 十一町 | 四郎右衛門 | 1 | | | | | | | | | 東13 | 四郎右衛門 | 1 | | | | | | |
| | 十郎兵衛 | | 1 | | 1 | | | | | 十郎兵衛 | 西７ | 十郎平 | | 1.5● | （うち１艘脇小丸子） | | | | |
| | 十三郎 | | 1 | 1 | | | | | | | 西９ | 十三郎 | | 2 | 1 | | | | |
| | 徳左衛門 | 元文２年まで | | | 1 | | | | 東９ | | | | | | （うち0.5艘脇小丸子） | | | | |
| | 孫兵衛 | 元文２年まで | | | 1 | | | | 西８ | | | | | | | | | | |
| | 茂吉 | 享保15年まで | | | 1 | | | | 東12 | | | | | | | | | | |
| | 惣五郎 | 享保15年まで | | | | | 1 | | 西11 | 介五郎？ | | | | | | | | | |
| | 利右衛門 | | | | | | 1 | | 東７ | | 東７ | 利右衛門 | | | | | | 1 | |
| | 長右衛門 | | | | | | 1 | | 西１ | | | | | | | | | | |
| | 伝左衛門 | 享保15年まで | | | | | 1 | | ？ | | | | | | | | | | |
| | | | | | | | | | | | 西13 | 甚九郎 | | 2● | （内１艘脇小丸子） | | | | |
| | | | | | | | | | | | 東14 | 久次 | | | | 1● | | | |
| | | | | | | | | | | | 東11 | 浅次 | | | | | 1 | | |
| 町軒数　28 | 10 | 1 | 2 | 1 | 4 | 0 | 4 | 11 | | 町軒数　30 | | 7 | 1 | 5.5 | 1 | 1 | 1 | 1 | 9.5 |
| 大安寺町 | 太兵衛 | | 2 | 1 | | | | | | | 北３ | 太平 | | 1 | 1 | | | | |
| | 与兵衛 | | 1 | 1 | | | | | | 与平 | 北５ | 平蔵（文政元年から） | | 1● | 1 | | | | |
| | | | | | | | | | | 仁平 | 西北１ | 仁三郎 | | | | 1● | | | |
| | | | | | | | | | | 明家 | 東北１？ | 長九郎 | | | | 1 | | | |

| 和暦（西暦） | 享保15年（1730） | | | | | | | | | 元治元年（1864） | | 明治４年（1871） | | | | | | | |
|---|---|---|---|---|---|---|---|---|---|---|---|---|---|---|---|---|---|---|---|
| 史料名 | 船方諸事留帳　舟運補62（町名は長浜人数留） | | | | | | | | | 長浜町切絵図 | | 船員数調査　舟運100 | | | | | | | |
| 町名 | 船持名 | 船問屋 | 丸子船 | 橋船艜船 | 借り艜船 | 船大工船 | 大艜船 | 船数合計 | 住居位置 | 船持名 | 住居位置 | 船持名 | 船問屋 | 丸子船 | 橋船艜船 | 借り艜船 | 船大工船 | 大艜船 | 船数合計 |
| 大手町 | 源兵衛 | | | | 1 | | | | | | | | | | | | | | |
| | 市之介 | | | | 1 | | | | | | | | | | | | | | |
| | | | | | | | | | | | | 治平 | | | | 1● | | | |
| 町軒数　33 | 2 | 0 | 0 | 0 | 2 | 0 | 0 | 2 | | 町軒数　33 | | 1 | 0 | 0 | 0 | 1 | 0 | 0 | 1 |
| 西本町 | 藤右衛門 | | | | 1 | | | | | | | | | | | | | | |
| 町軒数　19 | 1 | 0 | 0 | 0 | 1 | 0 | 0 | 1 | | | | | | | | | | | |
| | | | | | | | | | | 郡上町 | | 与平 | | | | 1● | | | |
| | | | | | | | | | | 町軒数　38 | | 1 | 0 | 0 | 0 | 1 | 0 | 0 | 1 |
| | | | | | | | | | | 紺屋町 | | 耕造 | | | | 1● | | | |
| | | | | | | | | | | 町軒数　22 | | 1 | 0 | 0 | 0 | 1 | 0 | 0 | 1 |
| | | | | | | | | | | 八幡町 | | 新平 | | | | 2● | | | |
| | | | | | | | | | | 町軒数　41 | | 1 | 0 | 0 | 0 | 2 | 0 | 0 | 2 |
| | | | | | | | | | | 大通寺別荘 | | | （伝馬送艜船） | | | （１） | 集計に含めず | | |
| 合計 | | | | | | | | | | | | | | | | | | | |
| 459 | 107 | 12 | 67 | 25 | 36 | 4 | 13 | 145 | | 505 | | 132 | 10 | 69 | 28 | 68 | 5 | 9 | 179 |
| | | | | | | | | | | ●休船／水入 | | | | 34 | 3 | 32 | | | |

丸子船休船34艘のうち大丸子船33、小丸子船１

| 和暦（西暦） | 享保15年（1730） | | | | | | | | | 元治元年（1864） | | 明治４年（1871） | | | | | | | |
|---|---|---|---|---|---|---|---|---|---|---|---|---|---|---|---|---|---|---|---|
| 史料名 | 船方諸事留帳　舟運補62（町名は長浜人数留） | | | | | | | | | 長浜町切絵図 | | 船員数調査　舟運100 | | | | | | | |
| 町名 | 船持名 | 船問屋 | 丸子船 | 橋船艜船 | 借り艜船 | 船大工船 | 大艜船 | 船数合計 | 住居位置 | 船持名 | 住居位置 | 船持名 | 船問屋 | 丸子船 | 橋船艜船 | 借り艜船 | 船大工船 | 大艜船 | 船数合計 |
| 中艜町 | 五兵衛 | | 1 | | | | | | 西１ | | 西１ | 五平 | | 1● | | | | | |
| | 加十郎 | | | | 1 | | | | ? | | | | | | | | | | |
| | 利右衛門 | | | | 2 | | | | | | | | | | | | | | |
| | 作十郎 | | | | | | 1 | | 西24 | 作重郎 | 西24 | 作重郎 | | | | | | 1 | |
| | 甚介 | | | | | | 1 | | 西19 | 甚七 | | 幕末に船片原南２へ | | | | | | | |
| | | | | | | | | | | | | 源五郎 | 川向へ | | | 0 | | | |
| | | | | | | | | | | | ? | 由平 | | | | 1● | | | |
| | | | | | | | | | | | ? | 小太郎 | | | | 1● | | | |
| 町軒数　19 | 5 | 0 | 1 | 0 | 3 | 0 | 2 | 6 | | 町軒数　14 | | 4 | 0 | 1 | 0 | 2 | 0 | 1 | 4 |
| 川向 | 利兵衛 | | | | 1 | | | 中艜に記載 | | | 南1/2 | 利平 | | | | 1 | | | |
| | | | | | | | | | | | ? | 勘平 | | | | 1 | | | |
| | | | | | | | | | | | ? | 友八 | | | | 1 | | | |
| | | | | | | | | | | | ? | 与三八 | | | | 1 | | | |
| | | | | | | | | | | | 北6/7 | 九平次 | | | | 1 | | | |
| | | | | | | | | | | | ? | 源五郎 | | | | 2<br>（1●） | | | |
| | | | | | | | | | | | ? | 十次郎 | | | | 1 | | | |
| | | | | | | | | | | | ? | 泉吉 | | | | 1 | | | |
| | | | | | | | | | | | ? | 十三郎 | | | | 1 | | | |
| 町軒数　12 | 1 | 0 | 0 | 0 | 1 | 0 | 0 | 1 | | 町軒数　12 | | 9 | 0 | 0 | 0 | 10 | 0 | 0 | 10 |
| 大手片原町 | | | | | | | | | | | | 孫平 | | 1 | | （小丸子船） | | | |
| | 清兵衛 | | | | 1 | | | | | | | 清平 | | | | 1 | | | |
| | | | | | | | | | | | | 太平 | | | | 2● | | | |
| | | | | | | | | | | | | 卯平 | | | | 1● | | | |
| | | | | | | | | | | | | 藤平 | | | | 1● | | | |
| | | | | | | | | | | | | 孫三郎 | | | | 1● | | | |
| | | | | | | | | | | | | 忠弥 | | | | 1● | | | |
| | | | | | | | | | | | | 乙松 | | | | 1● | | | |
| 町軒数　31 | 1 | 0 | 0 | 0 | 1 | 0 | 0 | 1 | | 町軒数　31 | | 7 | 0 | 1 | 0 | 8 | 0 | 0 | 0 |
| 伊部町 | 太郎右衛門 | | | | 1 | | | | | | | 太郎次 | | | | 1 | | | |
| | | | | | | | | | | | | 惣／忠次 | | | | 1 | | | |
| | | | | | | | | | | | | 利平 | | | | 1 | | | |
| | | | | | | | | | | | | 次平 | | | | 1 | | | |
| | | | | | | | | | | | | 与作 | | | | 1 | | | |
| 町軒数　49 | 1 | 0 | 0 | 0 | 1 | 0 | 0 | 1 | | 町軒数　49 | | 5 | 0 | 0 | 0 | 5 | 0 | 0 | 5 |
| 三ツ屋町 | 孫介<br>（灰屋） | | | | 1 | | | | | | | | | | | | | | |
| | 六左衛門<br>（灰屋） | | | | 2 | | | | | | | | | | | | | | |
| 町軒数　24 | 2 | 0 | 0 | 0 | 3 | 0 | 0 | 3 | | | | | | | | | | | |
| 瀬田町 | 又右衛門<br>（蚊帳屋） | | | | 1 | | | | | | | | | | | | | | |
| 町軒数　19 | 1 | 0 | 0 | 0 | 1 | 0 | 0 | 1 | | | | | | | | | | | |

# おわりに

筆者の生家は195ページの図6-1でいえば、船片原町の東から4軒目にある「六左衛門《ろくざえもん》」の家にあたる。大艜船の船持が5軒並ぶうちの1軒であった。幕末には船問屋に代わって大艜船の船持が引っ越してきたため6軒に増え、さぞや賑やかだったと思われる。そのころ、町内では、人物を端的に表すあだ名がはやっていた。我が家は、「頓癖《とんぺき》の又六／六左衛門」と呼ばれていた。父からは「頓智」の意味合いから「頭の回転が速く利口だった」と聞かされていたが、ある人から「頓死」の意味合いから「せっかちで早とちり」の意味合いだと聞かされた。私自身の性格からすると、後者が当たっているような気がする（おかげで、本書を担当いただいたサンライズ出版編集部の岸田幸治氏にも多々お手間を取らせてしまった）。

明治維新後の文明開化にともない、西洋化の波には勝てず長浜の物流は船から鉄道へと移行した。我が家は練炭商へと転身したが、商売の合間には持船として湖西の港へ肥料（石灰）やあらゆる消費財を運び、湖西から米や商売物の木炭・薪・柴などを持ち帰ったとのことである。

明治45年（1912）生まれの父が船に乗り始めたのは、昭和の初めごろだと思われる。当時丸子船の動力はいまだに帆で、若く遊びたい年ごろだった父は、天候に左右されていつ家に帰れるかもわからない生活が嫌いだったらしく、そのころの話をすることはほぼなかった。当時、一般の荷物は貨車輸送であったが、鉄道で運べない危険物を船の特殊な荷として扱っていた。長浜の国友町で作られた打ち上げ花火（あるいは原料の火薬かも知れない）を、赤い旗を立てた船で大津港まで運ぶと、かなりの危険手当が出たので、一航海《ひと》でしばらく寝て暮らせたという。この話を聞いたきっかけは、偶然にも私の妻の母が国友町出身で火薬を商う家だったためである。父と妻の母が交わした世間話を横で聞いていたのが、唯一記憶に残っている父の船乗り時代の逸話である。

筆者自身は就職とともに長浜の地を離れ、現在は静岡県三島市で暮らしており、年に数回帰省するだけである。平成7年（1995）に父が亡くなり、その遺品を整理しているうちに見つかった先祖の書いた古文書の内容を知りたくなり、当時、長浜城歴史博物館におられた太田浩司氏に読み解いていていただいた。

その後、勤め先を定年退職した後の平成24年（2012）ごろ、もともと古地図の収集が趣味の一つだったことから地図上のくずし字の地名・人名などを読み解くために、図書館で古文書読解の本を借りて独学するようになった。太田氏からは、長浜城歴史博物館が市民向けの古文書講座で教材にしておられた「御触書」や「心酔亭用留《しんすいていようどめ》」（長浜の寺子屋師匠のメモ）などのコピーを提供いただき、添削までしていていただいた。徐々にくずし字にも慣れてきた翌年、長浜湊の歴史をさらに知る手助けになるという太田氏のアドバイスから、本書の基本資料となった「吉川三左衛門文書」を閲覧するため、初めて彦根市にある滋賀大学経済学部附属史料館を訪れた。長浜城歴史博物館では「油屋彦十郎文書」の撮影もさせていただいた。「吉川三左衛門文書」は量が多いので、春・秋の長浜帰省時に附属史料館へ赴いての撮影を4年後の平成29年春まで続けた。翌年から丸2年ほどかけて、船持のリストや「長浜切絵図」と「長浜町地籍図」をもとにした船持図の作成などをおこなった。令和2年（2020）の5月から1年半ほどかけて執筆したのが、本書のもととなった原稿である。

最後になりましたが、私が古文書読解を始めた頃からご指導いただき執筆にあたってもさまざまな資料を紹介いただいた太田浩司氏、いつも古文書の読解などでアドバイスいただいている西川丈雄氏、彦根藩船奉行通達の「船方触書」を紹介いただいた彦根城博物館副館長の渡辺恒一氏、滋賀大学経済学部附属史料館に寄託されている「吉川三左衛門文書」の閲覧でお世話になった同館の堀井靖枝氏、地図の作成などグラフィック化でサポートいただいた大坂規久氏、昭和30年代の長浜港を撮影なさった貴重な写真の本書への掲載をご快諾いただいた故和田清太郎氏のご遺族に心より感謝申し上げます。

昨年末に後期高齢者の仲間入りをしたものですから、単純な読み違いや勘違いもあろうかと思いますが、わずかばかりでも長浜の歴史を知るうえで資するところがあれば幸いです。

令和4年12月

北川　徹

# 主な参考文献


東幸代「近世における琵琶湖舟運の構造」『市場史研究』29巻（2010）
太田浩司「湖北史話　蔵の並ぶ湊町―幕末・明治の船片原町点描―」『み～な　びわ湖から』47号、長浜み一な協会（1997）
COM計画研究所編『長浜のまちなみ 北国街道を中心として　長浜市伝統的建造物群保存対策調査報告書 平成7年』長浜市教育委員会（1995）
滋賀県立安土城考古博物館・長浜市長浜城歴史博物館編『琵琶湖の船が結ぶ絆』（2012）
滋賀県立琵琶湖博物館編『琵琶湖博物館資料目録　第14号　民俗資料2　琵琶湖水系漁撈習俗資料(2)』（2006）
市立長浜城歴史博物館編『湖北の絵図――長浜町絵図の世界』（1987）
市立長浜城歴史博物館編『秀吉の城と城下町――近世城下町のルーツ・長浜』（2002）
高島幸次校訂、大津市尾花川町竹中家所蔵「船大工・貸船屋仲間文書（一）」『近江地方史研究』第8号（1978）
多賀町史編さん委員会編『多賀町史』上巻　多賀町（1991）
津本信博『江戸後期紀行文学全集』第2巻　新典社（2013）
中川泉三編『近江長濱町志』第1～4巻　臨川書店（1988）
長浜市編『長浜市二十五年史』長浜市役所（1967）
長浜市史編さん委員会編『長浜市史』　第2～4巻・第7巻　長浜市役所（1998～2000・2003）
長浜市総務部企画課編『写真集長浜百年　明治大正昭和』長浜市役所（1980）
西川丈雄「近江長浜湊の流通について」『地方史研究』317号（2005）
橋本鉄男著・用田政晴編『丸子船物語』サンライズ印刷出版部（1997）

彦根城博物館編『湖上水運の盛衰と彦根三湊』彦根市教育委員会（１９９９）
彦根市史編集員会編『新修彦根市史』第2巻　通史編　近世　彦根市（２００８）
彦根市史編集員会編『新修彦根市史』第7巻　史料編　近世2　彦根市（２００４）
米原町史編さん委員会編『米原町史』通史編　米原町役場（２００２）
用田政晴・牧野久実編『琵琶湖博物館研究調査報告第13号　よみがえる丸子船――琵琶湖最後の伝統的木造船復元展示記録』滋賀県立琵琶湖博物館（１９９９）

■著者略歴

北川　徹（きたがわ・とおる）

1947年、滋賀県長浜市生まれ。

立命館大学理工学部（数学・物理学科物理学専攻）卒業。東芝テックへ入社し、主に三島工場勤務。主に流通業に使われる商業用電子料金ばかり用重量センサーの開発・設計に従事する。一時、オランダ勤務。

退職後、趣味の古地図収集などから古文書に興味を持ち、「高畑邑郷中名寄絵図」（切絵図、明治２年）から合成図を作成。文化４年に近江国神崎郡杠葉尾《ゆずりお》村で作成された「近江絵図」を調査。

江戸時代の長浜湊《ながはまみなと》と船持《ふなもち》たち　別冊淡海《おうみ》文庫28

2023年１月30日　第１刷発行　N.D.C. 216

著　者　北川　徹

発行者　岩根　順子

発行所　サンライズ出版株式会社

〒522-0004 滋賀県彦根市鳥居本町655-1

電話 0749-22-0627

印刷・製本　サンライズ出版



ISBN978-4-88325-783-6　Printed in Japan　定価はカバーに表示しています。

乱丁・落丁本はお取り替えいたします。

# 淡海文庫について

「近江」とは大和の都に近い大きな淡水の海という意味の「近（ちかつ）淡海」から転化したもので、その名称は「古事記」にみられます。今、私たちの住むこの土地の文化を語るとき、「近江」でなく、「淡海」の文化を考えようとする機運があります。

これは、まさに滋賀の熱きメッセージを自分の言葉で語りかけようとするものであると思います。

豊かな自然の中での生活、先人たちが築いてきた質の高い伝統や文化を、今の時代に生きるわたしたちの言葉で語り、新しい価値を生み出し、次の世代へ引き継いでいくことを目指し、感動を形に、そして、さらに新たな感動を創りだしていくことを目的として「淡海文庫」の刊行を企画しました。

自然の恵みに感謝し、築き上げられてきた歴史や伝統文化をみつめつつ、今日の湖国を考え、新しい明日の文化を創るための展開が生まれることを願って一冊一冊を丹念に編んでいきたいと思います。

一九九四年四月一日